JN289554

技術者のための
実践リスクマネジメント

関根 和喜 編著
E. ホルナゲル
丹羽 雄二
高木 伸夫　共著
北村 正晴

コロナ社

まえがき

　今世紀に入って8年近くが過ぎたが，産業や市民生活における災害事故は頻発し続けている．それも，単なる技術的欠陥や失敗ということでなく，複雑化した高度技術社会のシステム的要因に誘発されて発生したと思えるものが多い．われわれの社会の安全や安心を脅かす"災害リスク"を科学的に回避，低減するための技術であるリスクマネジメントが真に必要な時代となっている．

　リスクの本質は「不確実性」という概念であり，それには将来起こり得る不都合な事態や災害事象ならびに起こり得る結果の期待値からのずれ，変動性といった二つの含意がある．本書は前者のリスク，すなわち"災害リスク"を対象にした実践的なリスクマネジメントの考え方，方法論と具体的手法を体系的に学ぶための教科書として書かれたものである．

　編著者が勤務する横浜国立大学では，2004年に文理融合型の全学レベルの研究教育拠点として，「安心・安全の科学研究教育センター」を設置して，安心・安全社会の構築に必要な，各種の研究プロジェクトと人材養成のための教育プログラムを実施している．人材養成では，文部科学省科学技術振興調整費による新興分野人材養成プログラム「高度リスクマネジメント技術者養成ユニット」(2004～2008年度)を教育特設プログラムとしてセンターを拠点に，いわゆる災害リスクマネジメントの方法論および実践的知識とスキルを身につけさせるため，工学技術と人文・社会科学の両面から大学院レベルの教育を行っている．この教育体系と内容は新しい試みであり，そこで実施したカリキュラムの主要な講義とワークショップと呼ばれる演習のうちのいくつかをベースに，一つの実践的なテキストとして作り上げたものが本書である．災害リスクマネジメントを初めて学ぶ大学の学部生や大学院生，ならびに企業や政府・自治体に務める社会人技術者にも応え得るよう，その全体像を系統的に学

べるような構成をとっている。基本概念や考え方を明確に理解でき，それが現実問題へ応用できるように，できるだけ具体例を用いながら解説していただくよう各章の執筆者にお願いした。特に，1章と6章以外の各章には演習問題を設けて，理解が進むよう工夫していただいた。

本書は，全6章で構成されていて，執筆者はすべて教育プログラムを実際に担当された先生方である。

1章では，産業システムの発展過程において，われわれが災害リスクをどのように捉え，いかに理解してきたか，さらにそれは社会技術システムと人間の行動・挙動との関係からどのように位置付け，定義したらよいのか，ということに論点をすえながら，今後の新しいリスク論への展開が書かれていて，本書の前奏的な章となっている。この章の担当は，パリ国立高等鉱業学校のErik Hollnagel教授で，原著は英文（タイトルはThe Changing Nature of Risks）であるが，それを丹羽雄二先生に翻訳していただいたものを掲載した。

2章では，リスクマネジメントの目的や目標および基本的概念と手法などの基本事項を記述，リスクマネジメントの全体像と流れを理解できるようになっている。3章では，リスクアセスメントの中心的な作業であるハザードやリスクの同定やその具体的分析手法を解説し，さらに，4章においては，確率論的リスクアセスメントの考え方とその実践的枠組を具体例を示しながら紹介する。

リスクマネジメントのアウトプットである実際の作業は，リスクアセスメントを実施した結果として得られたリスク関連情報に基づく行動・作業，すなわちリスクベースの意思決定であり，特に産業分野で行われているそれら作業の実践例を紹介しながらこれを5章に説明する。

リスクマネジメントの最終目標の一つに社会やそれを構成する市民に対する安心感の醸成があり，それには関係者間での信頼をベースとするリスク情報の共有と相互理解の作業であるリスクコミュニケーションが重要な位置付けとなる。しかし，従来，リスクコミュニケーションはリスクマネジメントのプロセスのなかで最も下流側の作業との位置付けが一般的である。本書でも，形式的

には最終の6章で記述されているが，むしろ本来は，リスクマネジメント作業の上流側からも実施されるべきとの新しい視点で，具体例を多く引用しながら説明がなされている。このような立場は戦略的なリスクマネジメントを実践する場合，きわめて有効であり，他書には見られない本書の特色の一つでもある。

なお，本書の各章の執筆担当者は以下のとおりである。

1章　E. ホルナゲル（Erik Hollnagel）
　　　（日本語訳　丹羽　雄二）
2章　関根　和喜
3章　高木　伸夫
4, 5章　丹羽　雄二
6章　北村　正晴

本書は災害リスクの科学的な見方，リスクの分析と評価，それらの結果を用いたマネジメント手法ならびにリスクコミュニケーションなど，リスクマネジメントのプロセスに則した流れで各章を系統的に編集してあり，できれば1章から通読していただけると幸いであるが，各章はその章だけで完結したものとして記述されているので，読者は関心のある章のみを読むこともできるように配慮したつもりである。

最後に本書をまとめるにあたり，有益なご助言とご指導をいただいた横浜国立大学「安心・安全の科学研究教育センター」の教員の皆様と，編集・出版作業でお世話になったコロナ社の方々に感謝いたします。

2008年9月

著者を代表して　関根　和喜

目　　　次

1.　変貌するリスク概念──新しいリスク学に向けて──

1.1　は じ め に …………………………………………………………1
1.2　リスク理解の必要性 …………………………………………………2
1.3　リスクを理解することの困難 ………………………………………3
　　1.3.1　単純なリスク：喫煙とがん …………………………………4
　　1.3.2　複雑なリスクの例：地球温暖化 ……………………………5
1.4　重大なリスクと軽微なリスク ………………………………………6
1.5　社会技術システムの複雑さの増大 …………………………………7
1.6　リスクアセスメントの力 ……………………………………………12
1.7　新しい事故分析とリスクアセスメント手法の展開 ………………15
　　1.7.1　ゆるく結合していて制御しやすいシステムに適した方法 …………16
　　1.7.2　強い結合であって制御しやすいシステムに適した方法 …………20
　　1.7.3　ゆるく結合していて制御できないシステムに適した方法 …………23
　　1.7.4　強い結合であって制御しにくいシステムに適した方法 …………24
1.8　考 察 と 結 言 ………………………………………………………26
訳　者　注 …………………………………………………………………30

2.　リスクマネジメントの基礎

2.1　リスクマネジメントの定義と目標 …………………………………39
2.2　社会的受容と受け入れ可能なリスク ………………………………42
2.3　リスクの意味と分類　──純粋リスクと投機的リスク── ………43
2.4　リスクマネジメントの手順とリスクマネジメントシステム ………45

2.5 リスクと安全性 …………………………………………………… 48
2.6 確率論的リスク評価 ………………………………………………… 49
　2.6.1 リスクの確率論的表現 ………………………………………… 49
　2.6.2 リスク曲線と安全性指数 ……………………………………… 50
　2.6.3 リスク曲線による災害リスクの比較評価 …………………… 57
2.7 リスクアセスメント手法 …………………………………………… 61
　2.7.1 基本的事項 ……………………………………………………… 61
　2.7.2 ベイズの定理 …………………………………………………… 67
　2.7.3 FTA の基礎 ……………………………………………………… 70
演 習 問 題 …………………………………………………………………… 79

3. リスクの同定と分析手法

3.1 危険源同定手法 ……………………………………………………… 81
3.2 リスク分析作業チームと必要資料 ………………………………… 82
3.3 予備的危険解析 ……………………………………………………… 83
3.4 What - if 分析 ………………………………………………………… 85
　3.4.1 What-if の基本形態 …………………………………………… 85
　3.4.2 What-if 分析における検討項目のカテゴリー化 …………… 86
3.5 HAZOP ………………………………………………………………… 87
　3.5.1 HAZOP の基本思想と特徴 …………………………………… 87
　3.5.2 HAZOP の基本手順 …………………………………………… 88
　3.5.3 HAZOP の他の産業分野への応用 …………………………… 93
3.6 FMEA ………………………………………………………………… 94
演 習 問 題 …………………………………………………………………… 97

4. 産業リスクアセスメントの実践

4.1 現代産業のリスクアセスメントにおけるリスクの定義 ………… 99
4.2 定量的リスクアセスメントのフレームワーク …………………… 102
4.3 ET と FT の情報分散 ……………………………………………… 106

4.3.1　フロントライン系とサポート系 ……………………………106
　4.3.2　FTL と ETL ………………………………………………107
4.4　実践的ET構築 ……………………………………………………110
　4.4.1　故障率データベースの選定 …………………………………111
　4.4.2　設備のリスクアセスメントの実践 …………………………116
4.5　現代産業システムの災害リスクアセスメント …………………130
　4.5.1　現代産業システムの災害 ……………………………………130
　4.5.2　人間-機械系のリスクアセスメントのフレームワーク ……135
4.6　人間信頼性解析 …………………………………………………136
　4.6.1　OAT 法 …………………………………………………138
　4.6.2　HCR 法 …………………………………………………140
　4.6.3　THERP 法 ………………………………………………142
　4.6.4　SLIM 法 …………………………………………………146
　4.6.5　HRA まとめ ……………………………………………148
4.7　身近な話題で体験できるQRAとそれに基づくマネジメント ……149
　4.7.1　フィギュアスケートの最近の動向 …………………………149
　4.7.2　荒川の演技と安全への教訓 …………………………………153
演 習 問 題 ………………………………………………………………154

5. リスクアセスメント結果を用いたマネジメント

5.1　リスクマネジメント ………………………………………………155
5.2　リスク重要度によるマネジメント ………………………………158
5.3　リスクマトリクスによるマネジメント …………………………159
5.4　評点付けによるマネジメント ……………………………………161
5.5　QRAにおける簡単なマネジメントへの応用 ……………………161
5.6　リスクマネジメントに付随して考察すべきこと ………………162
5.7　これからのリスクマネジメントのあり方 ………………………164
演 習 問 題 ………………………………………………………………165

6. リスクコミュニケーション

- 6.1 基本方針 …………………………………………………………… 166
- 6.2 状況認識 …………………………………………………………… 168
  - 6.2.1 受容から懸念の時代へ ……………………………………… 169
  - 6.2.2 組織への懸念 ………………………………………………… 171
  - 6.2.3 社会側の安全意識 …………………………………………… 172
  - 6.2.4 「技術と社会」関係の改善への道と専門家責任 ………… 172
- 6.3 実践事例としての原子力対話フォーラム …………………… 174
  - 6.3.1 背景状況 ……………………………………………………… 175
  - 6.3.2 対話の方式 …………………………………………………… 175
  - 6.3.3 実践 …………………………………………………………… 177
  - 6.3.4 教訓 …………………………………………………………… 178
  - 6.3.5 「リスク」コミュニケーションの要件 …………………… 183
  - 6.3.6 リスクコミュニケーション指針 …………………………… 184
- 6.4 フレームワークの提示 ………………………………………… 185
  - 6.4.1 言語学的対話モデル ………………………………………… 185
  - 6.4.2 対話モード …………………………………………………… 189
  - 6.4.3 指針としての要約──基本指針 …………………………… 192
  - 6.4.4 指針としての要約──実践時指針 ………………………… 193
- 6.5 リスクコミュニケーションの事例解説 ……………………… 199
  - 6.5.1 事例1：チェルノブイリ事故の日本版への心配 ………… 200
  - 6.5.2 事例2：医療放射線への懸念 ……………………………… 203
  - 6.5.3 共通の留意点 ………………………………………………… 206
- 6.6 コミュニケーションへの基本姿勢 …………………………… 207
- 6.7 リスクコミュニケーションのあり方と組織管理 …………… 208

引用・参考文献 …………………………………………………… 210
演習問題解答 ……………………………………………………… 217
索　　引 …………………………………………………………… 219

1

変貌するリスク概念
──新しいリスク学に向けて──

　本書では，産業リスクマネジメントについて学ぶが，リスク先進国と呼ばれる欧米でどのような考えに基づいてマネジメントを行うのかを知っておくことは，本書からさらに進んだリスクマネジメントを行う上で重要なヒントとなる。そこで，1章では，欧米のリスクの歴史をまず紹介し，最近の複雑化された産業のリスクに対してどのように向きあってきたか，あるいはこれから向き合えばいいのかを概説する。素朴な産業革命以降の機械システムから始まり，産業の複雑化やさまざまな災害を引き起こす因子が密接にからみ合う現代産業でのリスクの捉え方は異なってくる。広範な読者に対応するために，それらの歴史を踏まえ，産業全体を俯瞰(ふかん)した形で，リスクとそのマネジメント方法について解説するので，読者は本書全体のイントロダクションとして本章を精読して欲しい。後の章の理解がより促進されるであろう。

1.1　は　じ　め　に

　日々の生活において，人々はリスクに怯えてきた。しかし，19世紀の最初の数十年間までには，リスクという概念は，システムや設備の故障ではなく，人間行動に関して多少なりとも本質的に存在するものとして受け入れられてきた。事故は，陸上，海上の旅行中，主要な建築工事中──むろん，戦争中も──職場あるいは自宅での作業の一部の現象として起こった。それまでのリスクに対する認識は1830年9月15日以降，劇的に変化した。ウィリアム・ハスキソン訳者注[1] は列車事故の最初の犠牲者となった。リバプールとマンチェスター鉄道の開通式において，不幸なハスキソンを死に至らしめたものはジョージ・スティーブンソンのロケット号であった。ボイラー爆発，脱線，正面衝

突，橋脚腐食などのさらに大きな事故がその後続くことになった（余談ながら，最初に記録された自動車死亡事故は 1869 年 8 月 31 日にアイルランドでメアリウォードいう女性が投げ出され，実験段階の蒸気自動車により轢死している）。2002 年には，世界中の道路交通事故により，少なくとも 2 000 万人が負傷，120 万人が死亡したと推定されている。

19 世紀に起こった重要な変化は，進歩と文明の名において，人々が設計，製作，仕事の一部として使用するようになった技術システムに関連するようになったことである。人間の行動の本質として，行動に失敗したとき（「尖端」という訳者注(2)）だけでなく，人間のつくったシステムが故障し，突然に事故が起こってしまう。その上，起こっている故障は，足場落下や車軸破損のように簡単ではない。故障は通常，それらが人々の思いつき的な理解を越え，ついには「尖端」で終わるという意味で複雑である。要するに，人間の知識と能力は，どのように変化するかに関して注がれるのであって，科学技術がどのように作用し，またはどう機能したかに関してではない。産業の変遷が起こる前は，人間が使用したツールと人工物を十分に理解していたので，事故に対して人々は作業で合理的な注意を払うことができた。しかしながら，産業の変遷が起こったあとは，もはやそれに期待できなくなっている。

1.2 リスク理解の必要性

リスクは，のぞましくないことが起こる可能性があり，実際に起こるという意味で実体のあるものとして考えられる。したがって，われわれ（社会，組織，および個人）はリスクに対応しなければならない。しかし，リスクに適切に対応する，すなわちリスクをしっかりと理解していることが重要である。リスクには多くの定義があるが，それらの大部分は何らかの現在のあるプロセス，あるいは，将来の事象から生じる不利な結果か，考えうる負の影響を対象とする概念と考えている。将来のことはわからないか，あるいは何らかの確率で起こるので，事象の発生はわからないというよりも起こり得ると考える。ま

た，これは，損失が確定しているというよりむしろ損失があり得ることを意味する。事象の発生確率が高く損失が大きいならば，リスクは大きいとみなす。同様に，確率が低く，損失がわずかであるなら，リスクは小さいと考える。

　負の結果というものはのぞましくないため，これらの結果が起こるのを避ける方策を見つけることに人（個人，組織，および社会）の注意は向けられる。例えば，われわれはみな，道路で車を運転することや，交通量の多い交差点を渡ることのリスクが大きいことを知っているが，われわれは，自分に交通事故がいつ降りかかるかを予測することができない。したがって，われわれは安全維持に可能な限り注意深く歩みを進める。同じことは，作業における個人と，より大きい社会技術システムにもいえる。しかし，個人の行動が常識と経験に依存する通常の条件下においては，社会技術システムはより直接的で，明確な方法を採用しなければならない。システムで事故を避ける（すなわち，通常の環境下で安全であることと等価である）ために，リスクを同定し，制御することがきわめて重要である。したがって，リスクが何であるかを理解することが重要となる。例えば，通常，古典的なリスクアセスメントはFT (fault tree，フォールトツリー）の頂上事象などののぞましくない結果から解析を始める。これを実施するために，こののぞましくない結果は，以前，起こったことがあるか（個別かさまざまな経験をまとめたものの一部であることを意味する），または想定の範囲であるかの理由で，解析者が認識できるものでなければならない。換言すれば，通常はそれが以前起こったことがある何かの「リニアな」訳者注[3] 推定であることを意味する。

1.3　リスクを理解することの困難

　安全の定義は，不利益を被る結果（事故，事象訳者注[4]，個人の傷害，被災による欠勤）が存在しないことであり，2章でも述べるが，正式には，人への傷害あるいは物的損害のリスクが，受容可能なレベルかそれ以下に維持されている状態をいう。この安全な状態はハザード（危険源）の同定とリスクマネジメ

ントを継続的に実行することにより得られる。厳密な定義の是非はさておき，安全を担保するための重要な前提条件は，あらかじめ不利な結果につながる可能性のある事象や不利な結果そのものを同定する能力である。実際，上記の事柄がリスクアセスメントのすべてであり，何年にもわたって，多くの手法と解析技術が，このプロセスをより効率的で信頼性の高いものが得られるように開発されてきた。しかしながら，この手法と解析技術に関しては，関連する学問分野の適切な理解と作業に基づいていない場合，限定的な価値しかない。どんなリスクアセスメント手法も，機械的にあるいは慎重な考察なしに行われるものであってはならないし，有効なリスクアセスメントは，支障をきたす可能性のあるものを想像する能力をもった解析者と，その解析評価者に決定的に依存する。

この能力，すなわち必要な想定能力[1]† は三つのステップからなっている。第1ステップは問題の本質か，本当にそれが問題となり得るかを理解することである。第2ステップは，事故発生「メカニズム」か，不利な結果の生じる可能性があるかを評価できる方法を理解し，結果を考察し，リスクの大小を区別することである。3番目の（最終的な）ステップは，リスクを低減するか，排除する，または不利な結果からの防御に対する適用可能な手段を考えるか，または見つけることである。これらのステップのどれか一つでも失敗すると，通常は何かが起こるまで，リスクに気づかないか，気がついても遅すぎるかになる。これらのステップの意味をはっきりと理解するために，以下に二つの特徴的な例を示すので，理解の促進に役立てて欲しい。

1.3.1　単純なリスク：喫煙とがん

もし読者が専門家でない場合，リスクを理解する簡単な例として，喫煙と肺がんとの関係を考察してみよう。イギリス人の医者の研究成果が 1950 年代に公表されて以来，喫煙が肺がんのリスクを高めることは，恐らくたばこ業界の関係者を除いて常識として捉えられている（しかし，この研究の前にわずかな

---

† 肩付き番号は巻末の引用・参考文献を示す。

人々しか喫煙のリスクに気づいていなかったことに注意しよう．研究により，喫煙と肺がんに関する議論における，余地のない統計的かつ因果関係を確立した）．これが起こる方法，すなわち「メカニズム」は説明も簡単で理解しやすい．例えば，喫煙者と受動喫煙者の間でリスクの大小を区別するのは簡単であることを考えればよい．最終的に，問題解決はすでに確立されており，問題はかなり単純である，時として個別に適用するのが難しいように思われる（したがって，この事実は，リスクの存在が必要条件であっても十分条件でないことを知るための適例であろう）．それにもかかわらず，喫煙とがんとの関係は理解しやすいリスクである．

1.3.2　複雑なリスクの例：地球温暖化

理解が難しいリスクに関する例として，別の「喫煙問題」を考えることができる．また，「温室効果」として知られている地球温暖化は，大気中の二酸化炭素のレベル変化が，地球の表面温度における変化を誘発する可能性のある現象である．二酸化炭素による地球温暖化は，「気候変動に関する政府間パネル」訳者注[5]に見られるように，科学者と関連専門家の間で一般的な合意が得られないものであるが，地球温暖化が現実のものとなっている．それにもかかわらず，それが激しい討論課題のままとなったままである．この期に及んでも，地球温暖化の存在を否定する多くの人々，有名な作家，科学者，および政治家がいる．

前述の三つのステップで，1番目のものは正に困難であるように思える．すなわち，必ず問題が存在すると認めるのが難しいように思える（これは他の理由，例えば経済的興味や政治的な便宜主義によるであろう．その結果，問題は理解されても承認されないかもしれない）．何人かの人々にとって問題は現実のものであるが，ある人にとってそれは環境問題専門家の幻想にすぎない．第2ステップは「メカニズム」と結果を考える能力を理解することである．メカニズムに関する限り，1895年のスウェーデンの科学者スバンテ・アレニウスが，ストックホルムの物理学会に「地面温度の空気における炭酸の影響」と

題する論文[2]を発表して以来，それらはよく知られている（論文は翌年発行された。今日，温室効果がそれほど昔に説明されていたのは驚きである）。影響に関する限り，それらの大きさの評価はかなり異なる。ある者は，温暖化は地球に良い結果をもたらすとさえみなしている（事実，アレニウスはその意見であった）。また，第3ステップも難しい。リスクか結果を低減できる方法を考えるのが困難なので（この場合，地球温暖化をもたらすような多くの人々の「喫煙」を止めるのは個々の喫煙者が喫煙を止めるよりさらに難しいかもしれない），地球温暖化ということは，わかりにくいリスクの例である。

1.4 重大なリスクと軽微なリスク

実際にすべての産業が，表立って重大なリスクに対処しようとしているし，これを認識している。それらを行うことによる便益を理解していることがほとんどの理由であるが，時として，やらなければならないので仕方なく行っている場合もある。何年間にもわたって産業と学問領域にまたがり，リスクの認知とその取扱いにおける実用的な理解を確立している。その一つの例がアラープ(As low as reasonably practicable：ALARP，リスクを合理的に実行可能な範囲でできるだけ低くする。ただし「合理的に実行可能な」レベルの決定については，経済的，実用的，倫理的な関心の組合せを反映したもの）である。同じことが，それほど目立った結果を伴わないリスクに当てはまるとは思わない。この場合，問題が起きるまで，それが何であるかを理解するか，またはまったく問題として存在するのが理解できないケースもある。「メカニズム」が理解しやすい場合に成功をもたらし，理解困難な問題が，避けることのできない理由や運悪く残った場合に必ずしも有効といえないのが，リスクアセスメントの皮肉である。不利な結果は，いつも原因-結果の因果関係の連鎖かリニアな事象の伝搬で生ずるとは限らないが，社会技術システムの，よくわかっていない特性を伴う条件の珍しい組合せから生じる可能性がある。

かりに社会技術システムが比較的安定していて，ゆっくり変化するだけな

ら，起こった事故と事象からの経験は，時間が経つにつれて，リスクを受容可能なレベルに低減することを十分確実にするだろう．しかし残念ながら，現代産業社会は継続的に発展していて，社会技術システムはかつてより複雑になってきている．これはまた，リスクそのものが変容して，蓄積された経験がけっして十分でないことを意味する．必要なリスクアセスメントと事故解析法は蓄積した経験の産物であるので，変化と実社会の間のずれ（ラグ）が残念ながら必然的に生ずる．そこでモデルと手法の変更や更新も必要となる．言い換えれば，システムのリスクが時間内のある一点で完全に理解されているとしても（むろん，これも論争の余地があるかもしれない），これは，将来安全な状態を保証するために十分とはいえないのである．

1.5 社会技術システムの複雑さの増大

一つの有用な説明が，（完全な説明になっていないかも知れないものの）アメリカ人の社会学者チャールズ・ペローによって書かれた『Normal Accidents』[3]と呼ばれる本のなかに与えられている．この本の基本的な理論は，産業化された社会，および特にそれらの社会に基礎を提供した技術環境が1970年代の終わりまでに非常に複雑になったので，事故が必ず起こるようになったということである．事故は，その結果，必然的に供用中の複雑システムで起こるものであり，まれであるというより，正常な現象とみなすべきである．ペローがこの分析結果を公表して以来，社会技術システムとそれに伴う問題の分析はいくらか簡単になった．

ペローは，さまざまなタイプの事故と自然災害の多数の足跡を分析することにより，自身の理論を築き上げた．彼が扱った領域は，原子力発電所事故，石油化学工場事故，航空機事故，航空会社の事故，海難事故，その他の地上システム（ダム，地震，鉱山，湖など）と，最終的にこれらとは異なるシステム（宇宙，兵器，DNAなど）であった．挙げられた災害項目は，後で起こったチャレンジャー号の事故，チェルノブイリの事故や，ツィーブリューゲの事

故^{訳者注(6)}などのように重大事故が欠落しているとはいえ，十分な量になっている。ペローは事故の相違を特徴付けるために二次元的考察を提案した。すなわち，「相互作用性」と「結合」である。相互作用性に関して，本章でいうところのリニアシステムに対する，いわゆる複雑システムは以下のように特徴付けられた。

- 間接的であるか推論に基づいた情報源
- 故障した機器があっても隔離が制約条件で完全にできないこと
- 代替部品，材料の制約された供給
- プロセス（変換過程に関連したもの）の限られた範囲での理解
- 隠された相互作用をもった多くの制御パラメータ
- 生産ラインにはない多くの共通モード接続の機器
- 社員の専門化によってもたらされる相互依存性の制約された認知
- 最も近い生産ステップ
- 狭い機器スペース
- 特異でかつ，意図しないフィードバックループ

ペローによると，複雑システムは理解するのが困難であるとしている。また，複雑システムは安全操作（通常性能範囲）の制限ための限界値が非常に小さいので不安定である。ペローは，われわれがリニアシステムによって同じ出力を生産する方法を知り得ないので，基本的に複雑システムをつくることになると主張した。いったんそれが構築されると，われわれは，複雑システムに依存してしまうことになるので，変えようとしないのである。また，結合に関してもシステムは説明可能である。それは，結合がゆるいか強いかによって異なる可能性がある。結合とは，サブシステムまたは機器が接続されているか，または機能的な意味でたがいに依存しているということである。したがって，強い結合のシステムは以下によって特徴付けられる。

- 緩衝機能と冗長性は，設計の一部であり，検討すべきものである
- 避けることができない処理における遅れ
- 事象の進展は不変である

- 供給，設備，人員の交換・交代は制限があり，それらは設計段階で想定されている
- 供給，設備，および人員で可能なゆるみがほとんどない
- 目標を達成するために，唯一の方法しかない
- 強い結合システムは，システムの一部の故障が他の部品に高速に広まるので制御するのは難しい

ペローは「相互作用」と「結合」の程度で形成される二次元平面で，さまざまなシステム間の相違を示した。それを**図1.1**に示す。

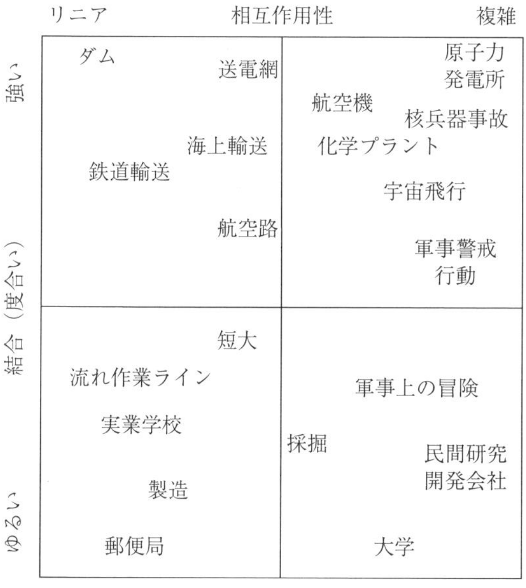

	リニア　　　　　　相互作用性　　　　　　複雑
強い　　結合（度合い）　　ゆるい	ダム　　　送電網　　　　　　原子力発電所 　　　　　　　　航空機 　　　海上輸送　　　　　　核兵器事故 　　鉄道輸送　　化学プラント 　　　　　　　　　　　宇宙飛行 　　　　　　航空路 　　　　　　　　　　　軍事警戒行動 　　　　　短大 流れ作業ライン　　　　軍事上の冒険 　　実業学校　　採掘 　　　　　　　　　　　民間研究開発会社 　　　　製造 　　郵便局　　　　　　　大学

図1.1 結合――相互作用性ダイヤグラム[3)]

リスクと事故要因に関する考え得る最悪の組合せは，もちろん複雑で強い結合のシステムである。ペローの解析からわかる主要な適例としては，スリーマイル島の原子力発電所事故が挙げられる。同じカテゴリの他の産業では，例えば，航空機，および化学プラントである。ペローは自書で詳述したように，すべてのシステムは強い結合性でかつ，異なる複雑性のみが異なっている。したがって，ほとんど右上の象限に分布している。リスクアセスメントにおいて，

図1.1によって示されるようなペローの理論は，リスクアセスメントと関連している。事故調査かリスクアセスメントにおいて，リスクを理解し，相互作用とシステムの結合の本質を考慮しなければならないからである。議論のために図1.1の四つの象限を再度見てみよう。左下象限のシステムと右上象限のシステムは，重要な点で相違のあることが見てとれる。左下象限にあるシステムにおけるリスクと不利な結果を理解するのに適当な方法として，組立てラインで負傷している人のリスクと不利な結果のアセスメント方法をもって，国際原子力事象評価尺度（INES：International Nuclear Event Scale）訳者注[7]）で2や3といった評価値が下されるほどの，重大な原子力発電所の事象のリスクと不利な結果をアセスメントできそうにないであろう（逆は必ずしも真ではない。簡単なシステム事故調査かリスクをアセスメントするのに，より複雑で強力な方法を適用して効率が悪くなることもあり得る）。したがって，ダイヤグラムは一貫性，信頼性，利便性ほかの，より伝統的な要求に加え，リスクアセスメント法に概略のアセスメントのフレームワークを提供するものと期待される。

ペロー[3]によって提案された説明では，結合の概念は比較的簡単である。しかし，複雑さの概念を使用するときには多少の注意は必要である。それは，認識論的あるいは，存在論的訳者注[8]な複雑さ——すなわち，システムに対する説明や記述の文の複雑さかシステムの「本当」の複雑さのどちらか[4]の概念を用いている——からである。実用的な理由で，システムの管理と制御がどの程度容易か，極端にいえば，「システムが制御容易かまったく手に負えないくらい制御しにくいか」という観点から，ペローのダイヤグラムを見直すことがのぞましい。もし，システムの機能訳者注[9]がわかっており，細目についてほとんど触れることなく簡単に特徴を記述でき，より重要なことであるが，特徴を理解している間にシステムが不変ならば，システムかプロセスは制御可能である。

逆に，機能の一部だけが知られているか，または未知な場合，あるいは特徴付けが詳細にわたって長々と入念に説明されているシステムやプロセスは，特徴付ける前にシステムが変化するかもしれないので，著しく制御が困難なものとなる。制御しやすいシステムの好例は，郵便局の正常な業務，または家庭用

暖炉の操作などを挙げることができる．同様に，制御困難なシステムの好例は，原子力発電所での供給停止か病院の救急部門で作業である．後者の場合では，作業が標準化されておらず，状況が非常に急速に変化するので，詳細で完全な説明[5]を作成するのはなかなか困難である．

ペローが用いた各用語に上記の変更を施して，**図1.2**に示されるようなペローのダイヤグラムの改訂版を提案したい（この図では，ペローのものから，いくつかの項目の位置が変わっていることに注意して欲しい．さらに，いくつかの例——例えば，核兵器事故——を削除したが，他のもの——金融市場——を加えている．これらの変更はたいへんではあったが，ペローの考えをさらによく説明するのに適している．

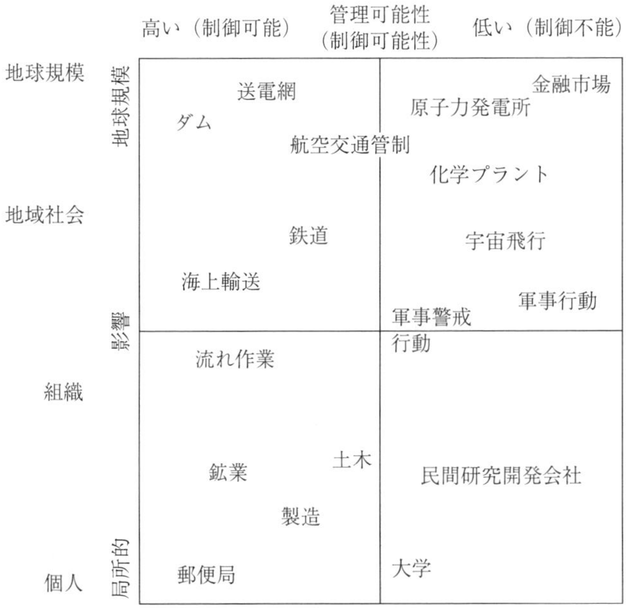

	管理可能性	
	高い（制御可能）　（制御可能性）　低い（制御不能）	
地球規模	送電網 ダム 　　　航空交通管制	金融市場 原子力発電所
地域社会	鉄道 海上輸送	化学プラント 宇宙飛行 軍事行動
	軍事警戒	
組織	流れ作業	行動
	鉱業　　土木 　　製造	民間研究開発会社
個人	郵便局	大学

図1.2 改訂版ペローダイヤグラム

この原則に従って，説明・記述できるシステム（条件）という点から，リスクアセスメント手法は特徴付けられねばならない．例えば，簡単なリニアモデルである，ドミノモデル[6]は，ある種のリスクを説明するのに用いられる．ド

ミノモデルはゆるい結合で制御が容易なシステム——したがって事故——に適している。ドミノモデルが開発されたときは，われわれが使用し，接しているシステムが簡単なものであったので，これは驚くに当たらない。しかし，複雑システムである原子力発電所は，強い結合で多少なりとも制御が困難である。そこで，これらを十分説明できるモデルとリスクアセスメント手法が必要である。したがって，どのアプリケーションが説明可能かを調査することは妥当なことである。本質的にある方法が「別のものより良い」かどうか決定できないが，明確な目的やシステムに適した方法を選ぶか，または，与えられた要求に対する必要条件を満たすことができない方法を除くということはできる。

1.6　リスクアセスメントの力

　問題の理解が困難な場合，事象の結果を予測し，意味のあるリスクを正確に摘出するのは難しい。誰もが避けたがっている事象はきわめてまれに起こるだけで，例えば，ウェストラムがいうところの，不規則な脅威[7]と呼ばれる。これはめったにない出来事——ほとんど繰り返されないことという意味で——のカテゴリに属するのであろう。それらの因果関係学が伝統的な説明や事故予測モデルとは相容れないので，通常，どんな結果が起こり得るのかを決定することや，それらの「確からしさ」を評価するのは難しい。リスクを評価できるときでさえ，最終的に容易に理解できる原因が欠落していると，具体性のある提案が行いにくく，費用を優先させた対策になってしまう。明確な絞り込みがなければ，とるべき方法を知るのは非常に難しい。

　リニアからノンリニア事故[訳者注(10)]への変化，安全モデルの変化があると，問題はより困難になる。この変化は，自身の故障か異常ではなく，機能か事象内の結合か相互作用のため起こり得るという，広がりつつある認識の結果である。したがって，伝統的なリスク分析で見つけることが不可能である。それを表す一つの方法は，事故が異常な環境における異常な行動よりも，異常な環境における正常な行動により，しばしば起こり得るということに注意することで

ある。言い換えれば，故障や異常は，運転員かインタフェースなどの社会技術システムの一つの「部品」に押し込めてしまっては，うまく説明はできないが，それらが通常の性能の変動性が予期していなかった方法で結合して起こってしまうと考えると説明が容易になる。これをもとに，なぜのぞましくない事象が故障のみではなく，通常の性能の変動から生じるかを説明できるモデルや方法が構築できる。

　問題がないわけではないが，まず「メカニズム」を理解し，さらにさまざまな結果を分類し，最後に効果的な手法を見つけるという，リスクアセスメントにおける三つのステップに関する説明はともにリニア，ノンリニア事故の両方の解析にとって有効である。しかし，古典的なリスクに対して，その「メカニズム」が理解しにくいなら，より複雑な社会技術システムから発現するとされるリスクに関しては，いっそう理解しにくいものとなる。分析のレベルだけではなく，マネジメントと対策立案のレベルでも，われわれがそれを実行することになるようにできることが肝要である。もしそれができなければ，安全マネジメントは場当たり的（reactive）なものに限定され，リスク分析はエラーの回数のカウント以外，何物でもなくなる。失敗はわれわれがなすことにあるのでもなく，われわれがどのように行うかのどちらにもない。

- **リスクと安全概念の変遷**

　今日，安全上，重要な産業に使用されるリスクアセスメントと事故調査のための手法の大部分は，1960年代にそれらの原点がある。この時代は科学技術システムが複雑となり，リスクも増大して新しい解析法が必要であった。典型的な解析方法はフォールトツリー（FT）である（フォールトツリーは，1961年にミニットマン大陸間弾道ミサイルの発射制御方式を評価するために開発された）[8]。1960年代前半に英国 Imperial Chemical Industries（ICI）によって開発された Hazard and Operability Study（HAZOP）[9]，およびもともと1949年の米軍で開発された Failure Mode Effect Analysis（FMEA）および，さらにこれを発展させた Failure Mode Effect Critical Analysis（FMECA）[10]などがある。

つぎの急成長の時期は1980年代の始めである。おもに1979年のスリーマイル島発電所（TMI）事故が米国で起こり，ヒューマンファクタとヒューマンエラーがシステム安全性における重要な役割を担うことから，リスクアセスメントと事故調査方法が技術システムという枠を越えて発展する必要があるという認識につながった。ヒューマンファクタに関する関心はのちに，好例として「安全文化」という言葉で代表される，組織と組織的要因の考察研究まで拡張している。また，このようなケースの直接的な動機は，1986年に起こったきわめて深刻で重大な事故，すなわち，チェルノブイリ事故であった。1990年代の半ば以来，革新的な発展は遂げていないが改善が続けられている。社会的要求を満たすために，より効果的な適用方法とアプローチの発展と，これらの概念をより現実に立脚したものにするために，安全にかかわる研究者の学問領域を越えた再配置が起こっている。1990年代の半ば以来の安全とリスクの分野における大きな変化と発展のいくつかは以下のとおりである[訳者注(11)]。

- 組織事故に関するジェームス・リーズンの本[11]によって提案され，考察が始まった組織因子
- ソフトウェアの重要性（例えば，セーフウェアの概念[8]）の高まり
- 高信頼性組織に関する注目の高まり（例えば，文献[12]）
- 因果に関連した見方の変更，事故進展逐次モデル[訳者注(12)]から全体モデル[訳者注(13)]への変更[13]
- 「ヒューマンエラー」の捉え方に関する変化——「古い」見方から「新しい」見方へ——[14]
- 特定の技能訓練から全体へのコミュニケーションと協働訓練への変革[15]
- 場当たり的な再発—reactive—対策から，未然防止対策—proactive—への変化：レジリエンス工学[訳者注(14), 16]

さらに，同じ時期，1990年代の半ば以降，社会技術システムの複雑さが増大することによる，基本的な分析の考えに関するより強力な事故調査法の発展，リスクアセスメント法，および見直しが必要とされている。この複雑さ（ペロー[3]によって適切に診断された）は，残念ながら，しばしば重大な事故

によって,新たに「複雑性から引き起こされた新種の事故」として,加えられ,減少の兆候をまったく示していない。よく知られている例のいくつかが,東海村のJCO事故(1999)と,スペースシャトル・コロンビア号の事故(2003),ウーバリンゲン空中衝突事故(2002)と,文字どおり実際にあらゆる産業領域の何千もの大小事故がある。上記の発展は特定の領域にとどまらず,多くの異なった産業で適用可能であり,これらは成果を上げるであろう。

この結果,事故・災害が起こった後(回顧的に—— retrospective)か,起こる前(将来的に—— prospective)に同じ事象か現象であるかを考察するという意味で,事故調査とリスクアセスメントは表裏一体ということを認識しなければならない。将来的な予測の場合には,事象がけっして起こらないであろうという可能性を指摘することはもちろんあるが,リスクアセスメントのための主要な役割はそれを保証することである。

事故調査とリスクアセスメントの間の依存関係は,ともにいわゆる第2世代人間信頼性解析手法[訳者注(15)](ATHEANA[17],CREAM[18],MERMOS[19])などの評価手法で脚光を浴び,レジリエンス工学[16]のための中心的な前提となっている。

1.7 新しい事故分析とリスクアセスメント手法の展開

新手法の開発の理由の一つめは,すでに確立された方法が新しいタイプの事故と事象を説明できないことにある。二つめの理由は,普通の説明に基づいて得られた設備・運用の改善と留意事項では,所期の効果と改良が得られないという意味において,効率が悪いことである。さらに三つめの理由は,それがいままでのものとはほとんど独立になされていたにもかかわらず,新しい理論上の洞察が行われたということである。

いずれにせよ,技術革新,商業問題,およびユーザ要求が組み合わさって,絶え間なく,急激に発展している社会技術システムに対して,既存の方法では効率が悪いか,役に立たないということである。古典的な,あるいはゆっくり

としたペースで開発されたリスクアセスメントと安全管理方法では，産業システムの実際の複雑さを表すことができない。方法が開発されるにつれ，通常「新しい」タイプの事故に対する反映という事態が起こる。解析結果に関して，新手法では，事象（例えば，チェルノブイリ事故の違反）の特定の隠れた要素に焦点を当てるか，または集団的の経験の集約と見方，捉え方を変えることによって，よりわかりやすくなる可能性がある（例えば，第2世代人間信頼性解析手法）。

与えられたシステムとシナリオに，適用しようとする方法が適切であるかどうか決定するために，両方の特徴を見いだすことが必要である。結合と管理可能性（manageability：図1.2の2次元平面をを参照のこと）を使用すれば，システムまたはシナリオであってもよいが，うまく都合よく説明をすることができる。論議のために，われわれは各象限は真か偽となると仮定してみよう。すると以下の四つのクラスのシステムになる。

- ゆるく結合していて制御しやすいシステム（左下の象限）
- 強い結合であって制御しやすいシステム（左上の象限）
- ゆるく結合していて制御できないシステム（右下の象限）
- 強い結合であって制御できないシステム（右上の象限）

これらをベースにリスクの本質を論ずるときに行う仮定と同じようにさまざまな事故調査とリスクアセスメント法を特徴付けることができる。例えば，リスクは単一エラーか故障の結果，ヒューマンファクタ，故障と劣化した事故防護手段の組合せ，または，全体的な故障で観測されるかを評価することができる。これらの特徴を総合すると，1.7.1項に示されるような以下の問題が生じる。

1.7.1 ゆるく結合していて制御しやすいシステムに適した方法

頻度的な見方をすれば，数からいえば，ほとんどのシステムが，今日でもゆるく結合されてさえいて制御しやすいものとなっている。共通に使用された調査方法の多くで，それらの特徴のあるシステムに最もよく合う。実際的ないい

方をするなら，これはシステムの多少なりとも完全な記述を提供して（例えば，故障か異常），事象を個々に，あるは要素ごとに説明することが可能なことを意味する。これらの仮定は適用上，簡単で単純な方法に合致している一方で，そのような方法が，原子力発電，化学製品製造，または，航空管制などのようなハイリスク領域のシステムに対して，不適切であることを意味する。ゆるい結合と制御しやすいシステムに適切な多くの方法から，多くの特徴があるサブタイプを識別できる。

〔1〕 **バリアの不全の同定に注目した方法** 事故進展とバリア機能，AEB（Accident Evolution and Barrier Function[20]）は，防護に失敗したバリアの識別に焦点を当て，事故を理解しようとする方法である。それは主として事故か事象への進展を人間と技術システムの間の一連の相互作用と説明する素朴な事故調査方法である。相互作用は事故に至る可能性があるか，または至らない故障，異常または人間のエラーとして表現方法される。事故分析を実行するとき，分析者はやむを得ず人間と技術システムを統合化を行わなければならない。

この具体的な方法は，フローチャートによって事故進展をモデル化することから始まる。AEB法はエラーをモデル化できるだけであり，したがって，事象シーケンス全体を表すことは不可能である。フローチャートを最初に，二つの平行した系統の空の枠から書き始める。一つは人間関連，もう一つは技術的システムを書く空の枠である。つぎのフェーズはバリアの機能解析からなる。このフェーズでは，バリア機能は事故進展を構成する故障，異常またはエラーとして同定される。すなわち，エラー枠として一般に，ダイヤグラムによるエラー枠の順序（シーケンス）は事象の時間的な生起順序に従う。それぞれの組の連続したエラーボックスの間に，事象や事故の進展を捉えることができる訳者注[16]。

AEBモデルによれば，異なったバリア機能システムで同じバリア機能を実行できる。同様にある一つのバリア機能システムは異なったバリア機能を果たす可能性もある。AEB分析の結果は壊れたバリア機能をリストアップできる。

バリア機能がなぜまったくなかったか，あるいは既存のバリアがなぜ機能しなかったのかの分析を通じて改善提案を行うことが可能である．

〔2〕 **ヒューマンエラーに重点をおいた方法** HERA は，航空管制システム，航空管制（air traffic management：ATM）のヒューマンエラーなどのリスクとのぞましくない事象が，ヒューマンエラーに一意的に依存するとして，ヒューマンエラーに焦点を合わせる解析方法の一つの例である[21]．HERA の目的は，事故調査におけるヒューマンファクタの影響，新技術導入による新しいタイプの潜在的エラーの同定と定量化を行い，安全マネジメントを行うことである．ヒューマンエラーは，ATM システムで潜在的で弱いリンクとして観測される．したがって，対策としては，エラーとそれらの影響を防いで，エラー検出や回復など，人間の特性を最大に引き出すために実施されなければならない．

HERA 法は以下のステップで行う．

① エラータイプを定義する．
② フローチャートを通してエラー，規則違反の行動を定義する．
③ フローチャートを通してエラーの詳細を同定する．
④ フローチャートを通してエラーメカニズムと関連する情報処理の失敗を同定する．
⑤ 当該作業のタスクを同定する．
⑥ 当該作業にかかわる設備と情報を同定する．
⑦ フローチャートと表（機能，頻度，エラーモードの表）を参照し，すべての文脈上の条件を同定する．

HERA 分析の結果は，ヒューマンエラーと違反の同定であり，エラータイプと職場条件の相対頻度に関する定量的なデータが得られる．

〔3〕 **根本原因のみに焦点を合わせる方法** 根本原因分析（例えば，文献[22]）の目的は，対策を実施しても同様の事故が起こる場合にそれを防ぐ安全マネジメントシステムの欠陥を同定することである．根本原因分析は，事故の最も重要な理由か原因を決定するのに，事故の事実を使用するシステマティッ

クな以下のプロセスを指す。
① 事象シーケンスを決定する。
② 原因の因子を定義する。
③ 各原因の因子の根本原因を分析する。
④ 各根本原因の一般的な原因について分析する。
⑤ 対処方法を開発して評価する。
⑥ 対処方法を報告書にまとめ実践する。

〔4〕 **根本原因の組合せに焦点を合わせる方法**　特定の原因を探して，見つけるのがいくつかの場合，十分であるかもしれないが，ほとんどの産業システムでは，単一故障でリスクを生じさせないよう，また，事故に至らないように設計されている。したがって，リスクは個々の故障そのものより，それらの組合せであることが多い。そこで，それを扱える方法が必要である。

そのような方法に関する一つの例が HINT[23] である。その HINT は人間性能強化システム（human performance enhancement system：HRES[訳者注(17), 24]）の日本語版[訳者注(18)]に基づいている。HINT の総合的な考え方は，傾向を同定するために，些細(ささい)な出来事の根本原因分析を実施し，予見的な事故防止の基礎としてこれを使用することにある。SAFER[訳者注(19), 25]でも，同じ原則を見つけることができるが，後者の方法は，より広い範囲をもっており，強い結合システムの事故に適用可能であろう。

HINT の方法はつぎの四つのステップで行う。
① 事象を理解する
② 原因となる因子データを集めて，分類する
③ 根本原因分析を使用して原因分析を行う
④ 対策の提案

この方法は，小さなヒューマンエラー事象に焦点を当てるという点で伝統的な根本原因分析と異なっている，すなわち，事故よりむしろ事象の分析に重点を置くのである。これらの事象の傾向の経時的な傾向を把握することによって，安全を予見的に考察し，重大事故の防止に焦点を合わせることが可能とな

る。

1.7.2　強い結合であって制御しやすいシステムに適した方法

1980年代と1990年代の間の重大事故の頻度の増加から，原因と結果のシーケンスか連鎖に関する説明が不十分であることが明確となった。これは，リスクアセスメントを技術要素の単一故障か人間の単一エラーの結果として評価するのには限界があるということである。ますます複雑になるシステムに対処できるように，事象の複数の多数のシーケンスと，潜在している条件の組合せがどう事故を生じさせたのかを説明する必要が生じてきた。

これらの理由により，疫学モデル[13]と呼ばれる複雑なリニアモデルが提案された[訳者注(20)]。強い結合で制御しやすいシステムに適した主要な二つの方法は，スイスチーズモデル（Swiss cheese model：SCM）と人間-機械-組織（Man-Technology-Organisation：MTO）モデルである。前者とは異なる第3番目の解析方法は，cognitive reliability and error analysis―認知的信頼性とエラーの解析手法―（Cognitive Reliability and Error Analysis Method：CREAM）である。これらは，強い結合ではあるが制御しにくいシステムに適切な解析方法の先駆的なものと考えることができる。

〔1〕 **スイスチーズモデル（SCM）**　1990年代の最もよく知られている事故調査方法の一つは，いわゆるスイスチーズモデル[26]に関するものである。このモデルは事故・故障に対する組織の防護系を，スイスチーズのスライスとして表現された一連のバリアとして表す（正確にいうと，これは独特の大きい穴があるミディアムハードチーズであるエメンタールチーズにたとえている）。チーズ部分における穴は各スライスのなかで，穴の大きさと位置が絶えず変わるシステムの個々の部分における弱点を表す。したがって，各スライスの穴は，システムのリスクを表すといってもよい。この類似性を考えてみると，それぞれの部分における穴がハザードから災害に至るまで，リスクがすべての防護（スライス）の穴を通り抜けるように「事故となり得る機会の通り道」となってしまうと，事故が起こり得る。

SCMを使用するための基本的方法は事故後の精査である。この方法で分析することで、二つのつぎのようなおもな現象を見いだすことができる。一つは、「直接的過失（active failure）」であり、人によって引き起こされた不安の全行動である。具体的にはスリップ、ラプス、ミステイク、および違反[訳者注(21)]となる。もう一つは「潜在している条件」より引き起こされるものである（設計者、制作者、手順書制作者、トップマネジメントから生ずるものである）。「潜在している条件」とは、職場の中に存在するエラーを引き起こす条件といい換えることができる。この条件は防護における穴や弱点を生じさせる。「直接的過失（active failure）」とは異なり、特別は出現形態はあらかじめ予測することが困難である。「潜在している条件」は、同定が可能であり、出現する前に予防することも可能である。これを理解していると、場当たり的なリスクマネジメントよりむしろ予防保全的な、先を見越すリスクマネジメントとして活用できる。スイスチーズモデルに関連するいくつかの同定の方法論がある。最もよく知られるのがTRIPOD[27]と呼ばれる方法である[訳者注(22)]。

〔2〕 **MTOモデル**　　別の方法は、いわゆるMTO（人間-機械-組織）分析と呼ばれる方法である。この方法では人間、機械、組織の因子がどのように相互作用し、リスクを構成するのかということを「陽」の形で取り扱う。起こったことの説明が困難な事故に適用される[28),29)]。MTO調査は下記の三つの方法を含んでいる。

① 事象と原因ダイヤグラムの使用による構造解析[訳者注(23)]。
② 事故事象が以前の一般的事象や共通の習慣からどのように逸脱し、それが発生したかを記述する変化分析。
③ 失敗やミスが生じた技術的、管理的防護系の分析。

MTO分析における第1ステップは、イベントシーケンスを水平方向に展開して、ブロックダイアグラムのイベントシーケンスを書き下すことである。そして、それぞれの事象に関して、考え得る機械あるいは人間による原因を同定する。つぎのステップは、変化分析である。すなわち、事故に至っている事象が正常な状況、または一般的な方法からどう逸脱したかを評価することであ

る。さらに，機械システムや人間による，あるいは組織によるどの防護が喪失したかを分析する。この分析での基本的な質問は，事故シーケンスの進展がどのように防げ得たか，組織が過去に事故を防ぐために何をしたかということである。MTO分析における最後のステップは，分析結果からさまざまな勧告を提示することである。これらは，できるだけ現実的であって，具体的であるべきであり，技術的・設備的なものであるか，人間にかかわるものか，組織的にかかわるものかである。その結果，MTO分析によって，事故に至ったか，影響因子はどのようなものかの詳述を可能にし，明確にすることができる[訳者注(24)]。

〔3〕 **認知的信頼性とエラーの解析手法（CREAM）**　クリーム（CREAM）は，事故分析，事故予測が可能な再帰的[18)]方法を適用した分析方法である。スイスチーズとMTOアプローチとは異なり，CREAMには，情況決定（人間）制御モデル（contextual control model：COCOM）[訳者注(25)]で明確に定義された理論的基礎がある。CREAMは，リスクは社会技術システムの人間の制御度合い（degree of control，または人間の制御モード）によって規定されるということに基本を置いている。四つの異なったモードを「戦略的」「戦術的」「機会主義的」「混乱状態」モードと呼んでいる。後述の制御モードほど，人間信頼性が低くなる。制御モードは一般性能条件（common performance condition：CPC）[訳者注(26)]でおもに決定する。すなわち，人間の失敗確率より，外部要因で制御モードが決定されるのである。CREAM（事故調査）の過去方向への適用は観測できること（phe-notype―植物学で用いられる）と，原因として推論しなければならないこと（genotype）を明確に区別することに基づいている。CREAMのなかに使用されたgenotypeは三つのカテゴリ，MTOに分割することができる。事故調査のためのCREAMの手順は以下のステップに沿って進めればよい[訳者注(27)]。

①　何が実際に起こったかに関する記述を行う。
②　一般的な性能条件（CPC）を決定する。
③　重大な事象の時間に沿った記述を作成する。
④　解析対象すべての行為を選択する。

1.7 新しい事故分析とリスクアセスメント手法の展開 23

⑤ 各作用のために，失敗モードを同定する（この作業を繰り返す）。
⑥ 各失敗モードに関しては，関連する前例——結果のリンクを見つける（再帰的にこの作業を繰り返す）。
⑦ 総合的な解析結果をまとめ，結論を出す。

分析結果は，関連する前例のグラフ，またはネットワーク構造のダイヤグラムとして文書化でき，事故に関する要領を得た説明が提供できる。グラフはさまざまな作用と条件が与えられた状況で，どうたがいに影響し合うのかを示している。CREAM のリスクアセスメントにおける人間信頼性の定量化も提案されている[30],訳者注[28]。

1.7.3 ゆるく結合していて制御できないシステムに適した方法

ゆるく結合していて制御できないと考えられる社会技術システムに適用可能などんな方法もない。その理由は事故調査とリスクアセスメント法の歴史的発展と関係にある。1930 年代頃まで，実際に産業システムは，まだゆるく結合していて制御しやすいものであった。技術と社会が発達するにつれ，ペローのダイヤグラムでの，垂直方向と水平方向への統合化を通して，システムの強い結合化が進んだ。それと同時に新技術により，さらに速い操作と，より大規模な「自動化」が現実のものとなったので，制御がしにくいものとなった。ここでいう「自動化」は，ほぼ正常な状況では，システムが，いうなれば，自己調節するようになることで，システムの制御のしやすさを小さくすること意味している。これは，制御——問題解決の見通し得ること——が困難となった。事故がこれらの技術発展につれて起こったので，さまざまな方法は新しく生み出された問題を扱えるように開発されてきた。逆に，ゆるく結合していて制御しにくいシステムで何か事故が，まったく起こらなかったか，ほとんど起こらなかったので，それを説明するための方法は開発されなかった。根本的な理由はそのようなゆるく結合していて制御しにくいシステムが技術的であるというより，むしろ社会的であって，例えば，大きな事故が起こらない大学と，民間研究開発会社などと同類であるということである。したがって，システムは同じ

意味で設計されていないし，それらは人間の生命や施設の安全を脅かすことはほとんどない．

1.7.4　強い結合であって制御しにくいシステムに適した方法

社会技術システムの複雑性の継続的増大と，それに起因してシステムの制御がしにくくなったことにより，リスクと安全へのアプローチに関して基本的変化が起こった．その最も際立った例は，レジリエンス工学[16] (regilience engineering) の提案である（レジリエンス工学は，失敗や故障といったものから，通常起こっている性能の変動に注意を払うことに視点を変える）．事故調査に関していえば，その目的は，不都合な事象がどのようにして，予期していなかった通常行動の変動のどのような組合せの結果生じたものか，を理解することを意味している．その結果，ヒューマンエラーか根本原因を探す必要性がなくなる．この見方はしばしば systemic ——俯瞰的—— と呼ばれる．STAMPとFRAMが，現在提案されている一つの方法である．

〔1〕　**事故のシステム理論モデル**(system theoretic model of accidents：STAMP)　　STAMPの基礎となる仮説は，システム理論が事故，特にシステム事故[31]を分析するのに役立つ方法の一つであるということである．外乱，機器故障，またはシステム要素間の機能不全をもたらす相互作用が制御システムのなかで適切に扱われないとき事故が起こる．安全は制御の問題としてみなされて，それは適応型の社会技術システムに設定された制御構造[訳者注(29)]によって制約条件のもとで管理される．事故がなぜ起こったかを理解するには，制御構造がなぜ効力がなかったかを決定する必要がある．将来の事故を防ぐのには，必要な制約条件をしっかりと規定する制御構造を設計する必要がある．システムは，関連する機器が情報と制御のフィードバックループ[訳者注(30)]で動的な平衡状態に維持されているものとみなされる．その結果，STAMPは特定の因果モデルとしてフィードバック制御システム[訳者注(31)]を使用する．STAMP分析はつぎの方法で進める．

　①　目的論的なシステムでは，さまざまなサブシステムは事故を防ぐ制約条

件を維持していると考える。
② 事故が起こったなら，これらの制約条件は破られていると考える。
③ STAMPは，喪失した，あるいは不適当な特徴（制約条件を維持しないもの）を同定するために，関連するシステム，人間，特に組織的なサブシステムを調査する。
④ フィードバックと制御の解析を通して分析を実行する。

STAMPの最も基本的な要素は事象ではなく，制約条件である。したがって，リスクと事故はシステム安全性制約条件に違反する要素間での相互作用から生じるとみなされる。これらの制約条件を強化した制御プロセスは，システムの振る舞いを十分に考慮しながら，意味のある安全管理方法の変更を行い，それを現場に適用しなければならない。不十分な制御は，安全制約条件の喪失，不十分に伝えられた制約条件，または低レベルで設定された不適切な制約条件から生じる。

〔2〕 **機能的共鳴事故モデル**（functional resonance accident model：FRAM）　リスクと事故が通常の性能変動性の予期していなかった組合せから生じるという考えが理解できるなら，因果関係の仮定についても，一部考えを変えることが必要となってくる。機器の故障と異常にリスクと事故が必ずしも関連付けられるのでないのであれば，解析方法を因果関係の説明のみを行うべきではないであろう。事故調査とリスクアセスメントのための代替手段は，機器か構造より機能[訳者注(32)]の面から事故，リスクを捉え，事象が非逐次的に進展するものとして考えることである。例えば，因果関係の代わりに機能的な共鳴を使用して，従来の故障の考えに代わって，通常性能の変動性を使用することによって事故を解析できる（例えば，文献[13],[32]）。

FRAMはつぎのステップで実施する。
① モデル化の目的を定義し，分析される状況について記述する。事故調査のどちらかのリスクアセスメントのどちらにも適用が可能である。
② 不可欠なシステム機能を特定する。具体的には六つの基本的パラメータ（入力，出力，時間，制御，事前条件，およびリソース）で各機能を特徴

付ける訳者注(33)。
③　チェックリストを使用して，（文脈に依存する）潜在的な変動性を特徴付ける。正常状態，最もひどい状態の変動性を想定する。
④　機能のなかで可能な依存関係（カップリング）に基づく機能的な共鳴を定義する。
⑤　変動性に有効なバリア（制動因子）を同定する。要求される性能モニタリングを考察する訳者注(34)。

分析は通常，見逃されている機能かタスクのなかで依存関係が明白になる。またそれは調査に必要な情報を特定する。具体的な結果は，事故がどう進展したかに関するグラフィックで詳細に記述可能である[33]。リスクアセスメントの基礎は正常な行動の性能の変動と考えるのは FRAM の根本原理である。

1.8　考察と結言

これまでに説明された各種の方法の特徴をまとめる一つの方向性は，図1.2に示されたダイヤグラムにそれらを描き出すことである。その結果は**図1.3**で見ることができる。これは，ほとんどの方法が制御しやすいシステムに適切であるか，またはむしろ，ほとんどの方法が，システムが制御しやすいと仮定することを示している。逆に，これらの方法が適切な説明をつくり出すことができないので，制御不能なシステムに使用されるべきでないと結論を下すかもしれない。また，根本原因分析，AEB，および HERA を含む，通常よく適用されているいくつかの方法については，ゆるい結合であることを要求している。したがって，これらの方法は，強い結合システムにおける事故の影響や結果を説明することが不可能である。

どんな方法でも，それが開発された時点では，対象となる課題に対してはきわめて適切なものであることは理解できることである。実際，その方法のどのようなもので構成されているか想像するのは特に難しいことが予想されるので，必要以上に複雑であるか，または強力な方法を開発する理由がほとんどな

1.8 考察と結言

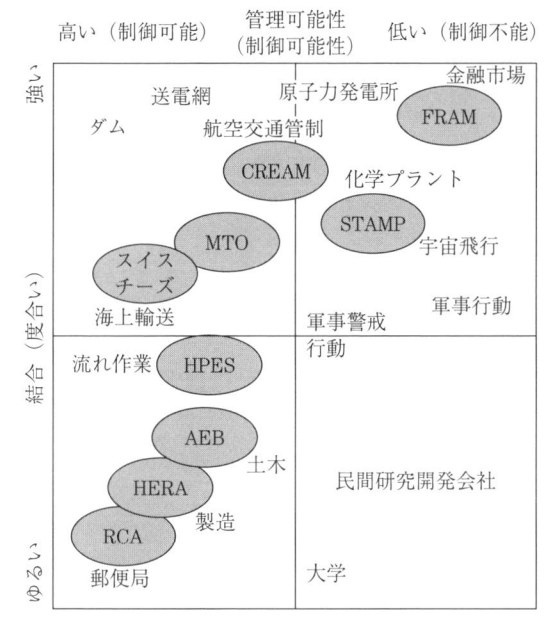

図1.3 事故調査方法の特性

いだろう．したがって初めに言及したように，分析のどこかで，既存の方法が効率が悪いか，または不十分であるという問題に行きあたるので，通常，新たな手法が開発されるのである．事故を生起するような社会技術システムが発展し，より複雑でより強い結合なものに成長することで，これは同時に起こるのである．必然の結果として，それらが最初に開発されたときの問題に対し，完全に適切であったかもしれないが，問題の本質が変化してしまうので，新しい手法ですら，すぐに力不足になるのである．図1.3のダイヤグラムで示したおのおのの方法の位置は，結合性と管理可能性の二つの次元を使用することで，それぞれの方法の特性を表すことができ，その結果，間接的に1980年代——より正確には1930年代——以降の社会技術システムの発展を示すものである．この発展の詳細を割愛することで，左下の象限に，情報技術の大規模導入の以前における20世紀前半の産業システムの様相を見ることができる．技術発展は，より強い結合（左上の象限）とシステムの制御のしやすさの損失（右上の

象限に移行する）をもたらす。このような背景がダイヤグラムで示されるような新たな手法の開発を必要としたのである。

　これまでに解説した方法が図中のどの位置にあるかは，明確に事故予測モデルと呼ばれるものの背後の仮定を明確な形で反映したものである。各方法に関する議論はすでに紹介したとおりである。各方法が置かれた位置がもつ意味は，例えば対極にある RCA と FRAM を考えることで理解できる。

- 根本原因分析（RCA）では，不都合な結果は，一連の事象の逐次的な進展の結果か，原因-結果の連鎖（チェーン）で記述できると仮定する。それゆえ，意味のある解析として原因にたどり着こうとすると，後ろ向き推論を適用していくことになる。したがって，適用方法がシステムが制御しやすいことが必要である。また，システムの結合がゆるいことが必要である。そうでなければ，根本原因を修正か排除することが，事故の再発を防ぐという自信を持ち得ることができないであろう。

- 機能的共鳴事故モデル（FRAM）は，不利な結果が，システム機能の正常な変動の予期していなかった組合せの結果であると仮定している。いい換えれば，それは原因-結果のシーケンスではなく，不利な結果をもたらす強い結合としている。その上，調査は構造よりむしろ機能に注目して行われるので，記述が複雑でもそれほど問題が多くない。実際に，システムの機器構造，配置は不変なのに対して，機能は時間が経つと変化する可能性がある。機能は作業の社会組織と特定の状況の要求に依存する。構造は物理的なシステムそのものと設備に関連していて，状況によって変化しない。

　この特性は，FRAM が絶対的に RCA より良い方法であるといっているのではない（同じ議論は，任意の二つの方法の比較についてもいえる）。しかし，それは FRAM に適した問題もあり，RCA に適した問題もあるということである。より正確には，FRAM が強い結合で制御不能のシステムのリスクに適用するのがのぞましいことを意味する（それは，もちろんどちらの方法も適用を誤ると問題があることを意味している）。

1.8 考察と結言

　近代のシステムで依存するリスクは10年か20年前に支配されたリスクと異なった因果関係をもっている。これには，二つの重要な相違点がある。

　1番目はこれらのリスクを理解するのが，より難しいということである。事故が少なくとも起こるまで，リスクが存在の可能性を理解しにくい。すなわち，「メカニズム」をより理解しにくい，リスクが通常の性能変動のなかのノンリニアな相互作用と故障や異常の結果から発生するので，リスクを減少するか，または排除する方法を考えるのはより難しくなる。制御しやすいシステムでは，リスクは特定の機器かサブシステム，または特定の操作にしばしば関連付けられる。したがって，ある（違反）操作を防ぐか，または災害をもたらす結果から防護することによってリスクを低減する。しかし，最後で言及した方法だけが制御できないシステムに適用可能である。性能の変動を排除するか，または防ぐと，リスクは多分減少するだろうが，一方，それは正常な機能を妨害するだろう。

　2番目は確立したリスクアセスメントと事故調査方法の多くが強い結合で，制御できないシステムに不十分であるということである。ペローが，事故を正常とみなすことができると提案したとき，このジレンマは明白なものとなった。リスクアセスメントと事故調査方法が自然に異常か，機能不全状態に焦点を合わせるので，それから学ぶべき教訓はわれわれが，批判的にわれわれの自由意思で方法を評価し続けなければならないということである。過去にある方法を適用したという事実はまた，将来，正当に適用できる保証はない。新しい社会技術システムの発展により，新しいリスクが現れて，既存の方法が，遅かれ早かれより強力なアプローチで補われる必要がある。この問題については，これから解決していかなければならない問題である。

訳　者　注

本章の解説については，ある程度のヒューマンファクタ，原子力関連の知識を要するため，これらの分野にあまり詳しくない読者のために，訳者が追加説明が必要と判断したところに関して，追加の説明を施した。本文中の番号（訳者注）と対応させて一読することにより，さらに理解が深まることを期待する。

訳者注〔1〕　英国の国会議員。1830 年，世界初の旅客鉄道路線の開通において政治的に貢献した国会議員である。

訳者注〔2〕　ホルナゲルの提唱するエラーのモデルからの引用である。さまざまな背後要因が原因となって，それが最終的に尖鋭化して事故となって現れるというモデルを提唱している。これを図に表すと**訳注図1**のようになる。背後要因は一般に顕在化しにくいので，「鈍い端」――鈍端と呼んでいる。

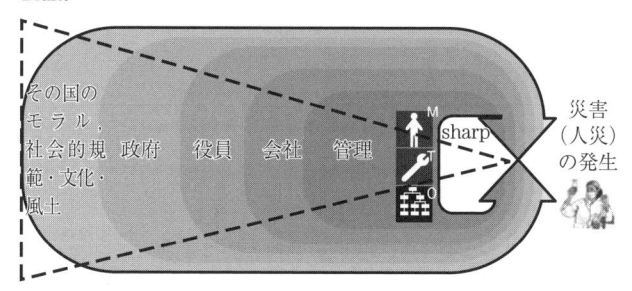

訳注図1　ホルナゲルの提唱するエラーモデル〔E. Hollnagel: The role of human error in risk analysis and safety management, 横浜国立大学「安全・安心の科学研究センター」公開セミナー（2005）より〕

訳者注〔3〕　このリニアは数学のリニアとは意味が異なる。一般に社会科学では「予測可能」なことを事象をリニアであると呼んでいる。

訳者注〔4〕　accident が（災害を伴う）事故であり，incident が（軽微な）事象である。このような使い分けはおもに原子力産業で行われている。

訳者注〔5〕　IPCC（Intergovernmental Panel on Climate Change：気候変動に関する政府間パネル）は，人為的な気候変動のリスクに関する最新の科学的・技術的・社会経済的な知見をとりまとめて評価し，各国政府にアド

バイスとカウンセルを提供することを目的とした政府間機構であり，つぎの特徴が挙げられる〔http://www.gispri.or.jp/kankyo/ipcc/ipccinfo.html（2008年9月現在）より〕。

① 政府間パネルとの名であるが，参加者は政府関係者に限らず，世界有数の科学者が参加している。
② 参加した科学者は，新たな研究を行うのではなく，発表された研究を広く調査し評価（assessment）を行う。
③ 科学的知見をもとにした政策立案者への助言を目的とし，政策の提案は行わない。

訳者注〔6〕 ベルギーのBruges-Zeebruggeから英国に航行したフェリーで起こった事故で，閉め忘れたドアより浸水しフェリーが沈没。193人が死亡した。

訳者注〔7〕 INESは旧ソ連のチェルノブイリの事故以降，本格的に導入された原子力に関する事故を評価する国際尺度である。三つの基準，発電所外への影響，発電所内の影響，深層防御の劣化で評価する。深層防御とは，原子力の安全担保の考えで，事故の発生防止，事故が起こった場合は事故の拡大防止，さらに事故が拡大した場合に事故影響の緩和を考えた多重の安全設計に生かされている。INESで一番深刻な事故は，チェルノブイリで7（所外への影響）となっており，国内では，JCOの核燃料転換施設の4，関西電力美浜原子力発電所の蒸気発生器細管破損事故の2などの評価となっている。

訳者注〔8〕 英語でontology（オントロジー）という。もともとは哲学用語の「存在論」の意味であるが，人工知能，検索エンジン構築で最近注目されている概念である。すなわち，個々の単語そのものに注目せず，ある集合に共通の意味を見いだす。この共通の意味を見いだす場合，（メタ概念により）「概念化」「抽象化」を行うが，これを明示的に仕様の形で表したものをオントロジーと呼んでいる。例えば，オントロジーの適用を行えば，単なる単語による検索ではなく，意味の似かよった文の検索も可能になるとされている。

訳者注〔9〕 機能という用語も，この分野でも注意を要する。例えば，自動車のブレーキは車を止める機能をもっているという認識でよいが，この分野（システム学）では，抽象度の観点から機能が定義される。例えば，機器や構造物は抽象度が低く，これらの抽象度を上げたものが「機能」である。機能の抽象度をさらに上げたものが「目標」となる。デンマーク工科大学のリンド（Lind）の文献調査をおすすめする。

訳者注〔10〕 予測不可能という意味でノンリニアという言葉が用いられている。
訳者注〔11〕 ほとんどがアイデアか概念論構築段階で，具体的な適用方策の考察はこれからである。
訳者注〔12〕 一般に事故が逐次的に進展していくモデルでイベントツリー（ET）が用いられる。現在の定量的リスクアセスメントの主流となっている。後の章で解説する。
訳者注〔13〕 事故は逐次的に必ずしも進展しないので，全体から俯瞰的に見て評価するのが正しいという考え方で，本章後半でその手法を紹介する。
訳者注〔14〕 レジリエンス（regilience）の元の意味は，困難な状況にも打ち勝って適用することであり，（教育）心理学ほかで用いられる。打ち勝てない場合はトラウマとして残る。本解説の場合は，あらかじめ起こりうる不具合，事故を予測して，柔軟に対応する組織をいかに構築すればよいかという問題を扱っていこうとする新しい流れ。目に見える具体的な適用成果は挙がっていない模様である。
訳者注〔15〕 後章で特に CREAM の概要は解説する。MERMOS はフランスの新型の原子力発電所の運転員の信頼性評価に特化したものである。ATHEANA は，MERMOS と同じ発想によるものであるが，研究費打ち切りで開発中止となった。
訳者注〔16〕 具体的なイメージは**訳注図2**のようなものである。

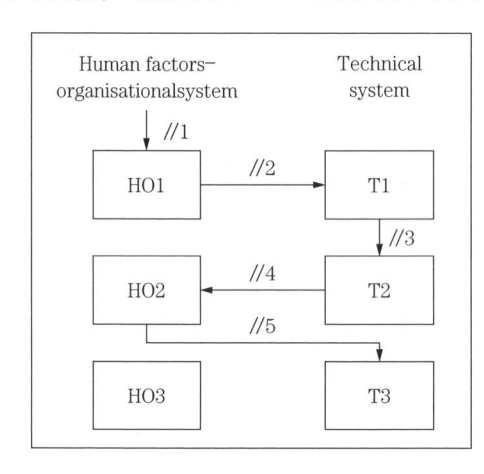

訳注図2 AEBによる解析例〔E. Hollnagel: ACCIDENT ANALYSIS AND BARRIER FUNCTIONS IFE TRAIN, Contract Report (1999)より〕

訳者注〔17〕 Institute of Nuclear Power Operations，原子力発電運転協会。米国スリーマイル島原子力発電所事故を教訓として組織された。おもな活動内容としては，プラントの安全評価活動，訓練計画の評価・認定，事象解

析,緊急時対応などへの支援,原子力事故事例の情報の交換などがある。

訳者注〔18〕 電力中央研究所で提案された手法で,さまざまな事故をヒューマンエラーの観点から分類し,トラブルの発生に役立てるフレームワークでJ-HPES として手順書化されている。基本的な考えはリスクマネジメントと同じである。おもに原子力関係の適用を主目的として考察されたものである。

訳者注〔19〕 SAFER とは,Systematic Approach For Error Reduction の略で,J-HPES の医療関係への適用版である。

訳者注〔20〕 疫学では,人身事故はホスト,エージェント,および環境の相互作用で起こるという考えに立脚したモデルで,ホストは組織や個々の人間であり,防護により守られている。エージェントが事故を起こす要因である。環境により,この防護が弱体化し事故に至るというモデルが提唱されている。

訳者注〔21〕 リーズンによるエラーの分類である。ラプス,スリップは,行動実行時のエラーで前者は,実行の最終に計画を忘れてしまうエラーである。後者は,計画そのものを忘れてしまうエラーである。ミステイクは計画そのものが間違っている場合をいう。

訳者注〔22〕 UK P&I クラブ東京セミナー参考資料「THE HUMAN FACTOR- an insight 人的要因への取り組み一考察」に,TRIPOD への取り組みが詳しく解説されている。TRIPOD の基本的な考えは,三角形の頂点に「低減」「管理」「学習」を考え,それらが,たがいにサイクリックとなる因果関係で結ばれているというモデルから構築されている。これから一つの因果関係モデルが導き出される。政策立案-潜在条件の存在-事前条件-直接的過失-システムダウン-災害・事故という因果関係である。前提条件とは,直接的過失を引き起こす環境的,心理的な「システムの状態」または「心の状態」をいう。すなわち,従来のモデルから組織まで考察範囲を広げたものとして注目される。具体的に潜在している条件を洗い出すには
・HARDWARE(ハードウェア)
・DESIGN(設計)
・MAINTENANCE MANAGEMENT(保守点検の管理)
・PROCEDURES(手順)
・ERROR-ENFORCING CONDITIONS(エラーを引起す状況)
・HOUSEKEEPING(日常業務)

- INCOMPATIBLE GOALS（矛盾する目標）
- COMMUNICATIONS（コミュニケーション）
- ORGANISATION（組織）
- TRAINING（教育）
- DEFENCES（防護措置）

の11項目により評価すべきと提案されている（同セミナー資料より）。

訳者注〔23〕 例えば，簡単なものとしてイベントツリー解析がある。

訳者注〔24〕 MTOダイヤグラムの概略は**訳注図3**のようなものとなる。

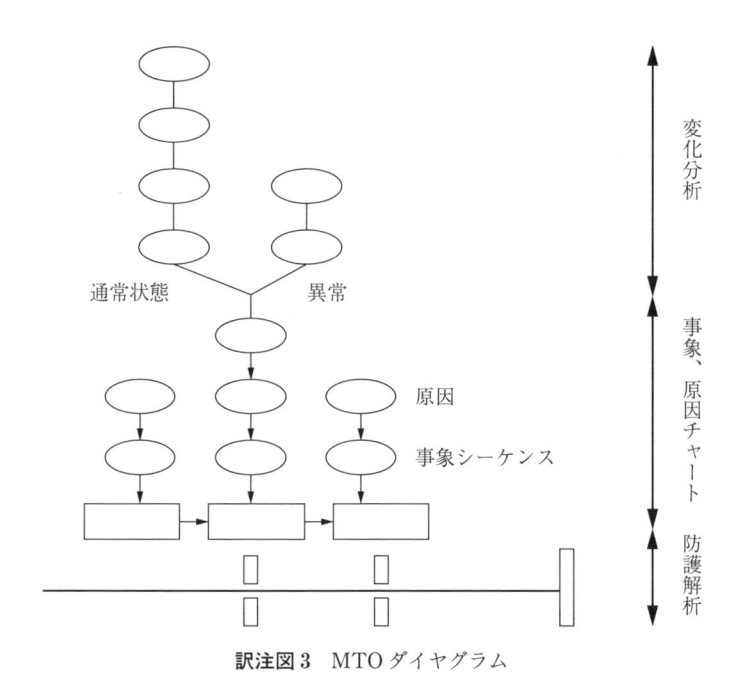

訳注図3 MTOダイヤグラム

訳者注〔25〕 情況下での人間の行動を**訳注図4**のようなモデルで提唱している。ここでテンプレート集合とあるのは，人間の情報モデル（ラスムッセンのはしごモデルが有名）を簡単化したもので，CREAMでは四つの制御モードと，テンプレートが重要になる。

訳者注〔26〕 組織，ヒューマンマシンインタフェース，職場の状態，サーカディアンリズム，計画の実現性，目標の数，利用可能な時間（時間余裕），訓練，現場の協業状態，コミュニケーションの10個の条件を提案している。

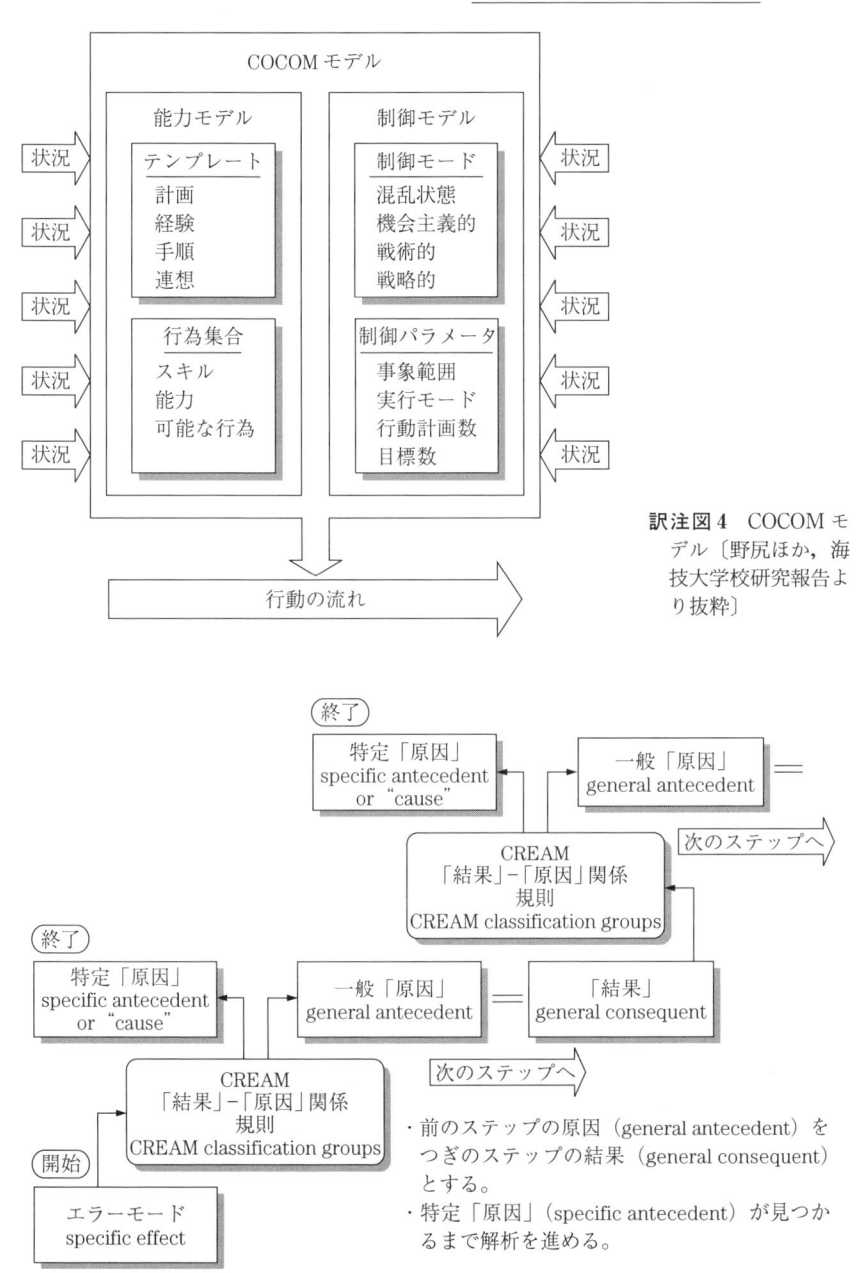

訳注図 4 COCOM モデル〔野尻ほか，海技大学校研究報告より抜粋〕

訳注図 5 CREAM による事故解析〔野尻ほか，海技大学校研究報告より抜粋〕

・前のステップの原因（general antecedent）をつぎのステップの結果（general consequent）とする。
・特定「原因」（specific antecedent）が見つかるまで解析を進める。

36　1.　変貌するリスク概念　——新しいリスク学に向けて——

訳者注〔27〕　簡単な説明ではわかりにくい部分もある。興味のある読者はホルナゲル自身「CREAM」（Elvesier）という題名で解析方法を詳細に記述した本を出しているので原著を精読されたい。あるいは，横浜国立大学「安心・安全の科学研究教育センター」に教育のスライドがあり，閲覧可能である。一般に，この解析方法を図で示すと**訳注図5**のようになる。

訳者注〔28〕　ホルナゲル自身は，CREAMは定量化のための方法論ではないとしている。CREAMによる人間信頼性の定量化については，国際会議でも実証を伴ったものでないとの批判が出ている。例えば，リスクマトリクスをガウス平面に重畳するような基本的な数学的な間違いのもとで，計算方法が提案されており，これを安易に使うと批判のもととなるので，読者は十分定量化に慎重であるべきである。むしろ，Elvesierの

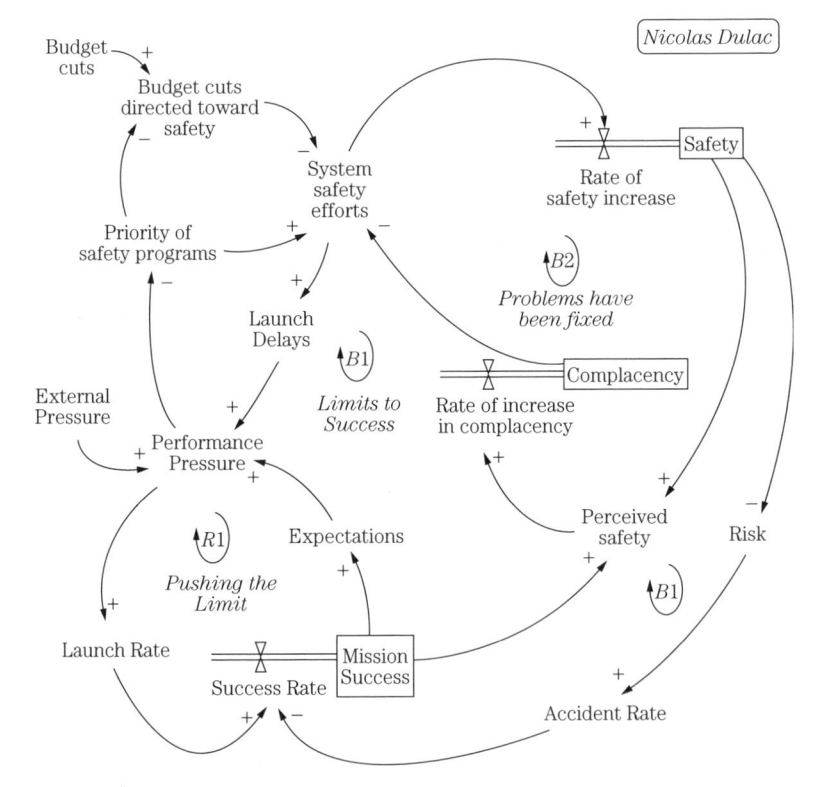

訳注図6　レベソンによるフィードバック図〔MITにおける講演資料 Managing Technical Risk and the Safety Culture on Your Project より〕

原著にある方法が，実際のデータベースを基に計算していくオーソドックスな方法で，この方法で定量化を試みるのがより説得性がある。CREAM による人間信頼性の定量化はファジー理論の適用として，ヨーロッパでも試みられている。今後，その成果に期待したい。

訳者注〔29〕 制御構造とは，この場合，会社の組織図をイメージすれば理解しやすい。

訳者注〔30〕 レベソンによって解析されたフィードバック図の一例を**訳注図 6** に示す。状態遷移図とも若干似ている。

訳者注〔31〕 概念図を**訳注図 7** に示す。制御理論でよく知られたダイヤグラムである。

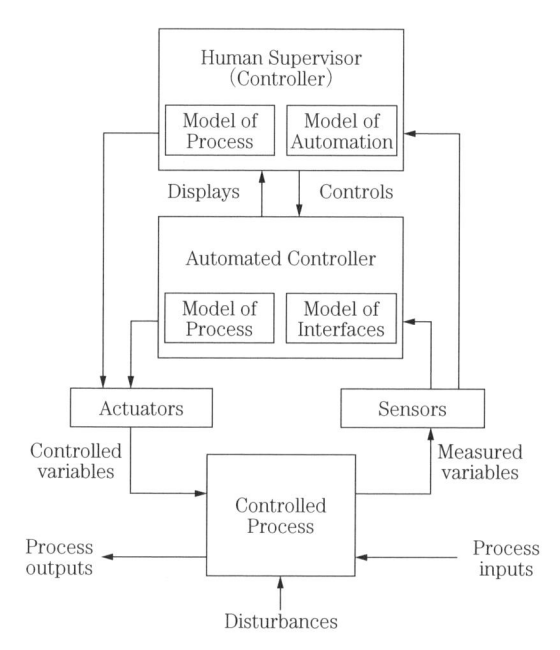

訳注図 7 STAMP による因果モデル

訳者注〔32〕 FRAM の場合に限り，「機能」という言葉は単一操作，機器の単一動作と考えるとわかりやすい。

訳者注〔33〕 FRAM における記述の最小単位を**訳注図 8** のように六角形で表し，これに各「機能」を割り当て，他の「機能」とのリンクを考えるのが FRAM の基本である。

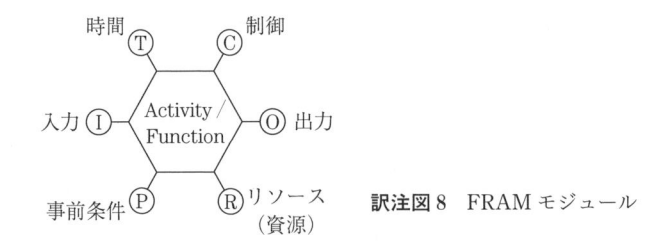

38   1. 変貌するリスク概念 ——新しいリスク学に向けて——

訳注図8 FRAMモジュール

訳者注〔34〕 例えば通常時に**訳注図9**のようなダイアグラムを書き下す。事故時には当然，リンクが変わる。これを「共鳴」する因子と呼んでモニタする。したがって，FRAMは定性的な分析のみに限られるのであって，定量的な分析には適さない。

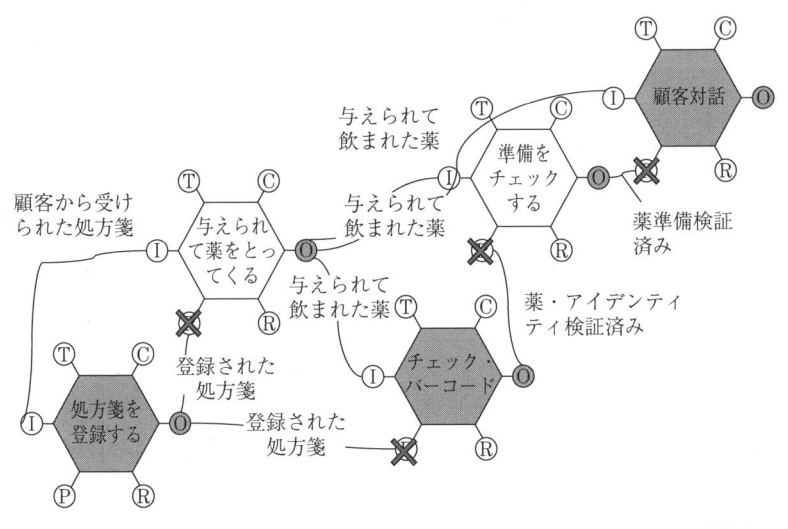

訳注図9 処方不具合に対するFRAM適用例〔E. Hollnagel: 横浜国立大学「高度リスクマネジメント技術者養成ユニット」ワークショップ1B資料より〕

2

リスクマネジメントの基礎

　この章では，"災害リスク"を対象とするリスクマネジメントとはどのようなもので，その目標，枠組みとプロセスなどの全体像と，さらにそこで用いられている基本概念と考え方など，リスクマネジメントを実践するための基礎事項について解説する。なお，本章では本書全体の内容を理解するために必要な事項の一通りの説明ということにも配慮したものであり，他章を読み進めるための参考とされたい。

2.1　リスクマネジメントの定義と目標

　リスクマネジメント（risk management：RM）は，もともと不確実な状況下で発生する損失や不利益な影響（**ハザード**，hazard）を特定，評価およびそれらをコントロールすることを通して，最小のコストでその結果（いわゆるリスク）を極小化するという経営管理手法を意味している。組織を前提に考える場合はさらに広い概念となり，経済的合理性を前面に出さず，「ハザードを特定・評価し，リスクをコントロールするための調整（formulated）された組織の管理活動」と定義されている。これがいわゆる JIS Q 2001[1] のリスクマネジメントシステムの考え方で，このリスクマネジメントシステムにはリスクに関する計画策定，リスクベースの意思決定の過程が含まれ，大事なことは，マネジメントシステムには組織のもつ安全文化，安全風土が強く反映されることである。

　一般によく使われる**危機管理**（crisis management：CM）とは，広い意味ではリスクマネジメントに含まれる概念ではあるが，リスクマネジメントがハ

ザードが顕在化するまえに行う管理活動であり，つねに行わなければならない作業であるのに対し，危機管理は，ハザードが顕在化し，それによって危機的状況が発生したときに行う管理業務をいい，限られた情報下での対応業務に関する意思決定が要求される。したがって，短時間での対応処理と優先順位付けが要求されるという特徴をもつ。危機管理は主として地震，水害やそれによる火災などの自然災害，テロ，大規模コンピュータネットワーク故障などの人為的災害を対象にすることが多い。

リスクマネジメントの出発点は，災害や損失が発生する事態を想定することで，すなわち"絶対安全の否定"であり，それにはその事態に関する事実の透明性（transparency）と説明責任（accountability）が付帯している。特に社会・市民（public）に対する公開と合理的説明は必須である。その際の合理的説明のベースになるものは，経済性（効用）との両立を考慮した科学的合理性，すなわち"リスクとベネフィット（効用）"のトレードオフに基づく科学的議論である。

マネジメントとは，できるだけ少ないコストで組織・システムの目標を達成するための手段と理解される。では，リスクマネジメントの目的は何か。直接的目標は，対象である組織・システムの"価値"を，与えられた条件内で最大化することである。

組織価値とは，例えば

$$組織価値 = \frac{便益・利益 - 損害・損失}{a + 必要コスト} \tag{2.1}$$

で定義できる。ただし，a は定数で単に発散を避ける意味のみを有すると考えてよい。ここで，便益や損失は単に財貨や物的なものばかりでなく，組織構成員の安心感と信頼感の醸成や社会的信用の失墜などの概念も含まれる。

リスクマネジメントの目標を"その価値の最大化"と理解すると，結局のところ必要コスト（リスクコストと呼ぶ）を最小化することに帰結する。この目的を達成するために具体的にリスクマネジメントのどのような方法を選択するかという意思決定の問題は，可能な方法，施策間でのリスクコストのトレー

オフ関係を勘案しつつ，価値最大化を指向することにある．この概念を図式化したものがいわゆる**費用-便益解析**（cost-benefit analysis）と呼ばれるものであり，これを**図 2.1**に示す．

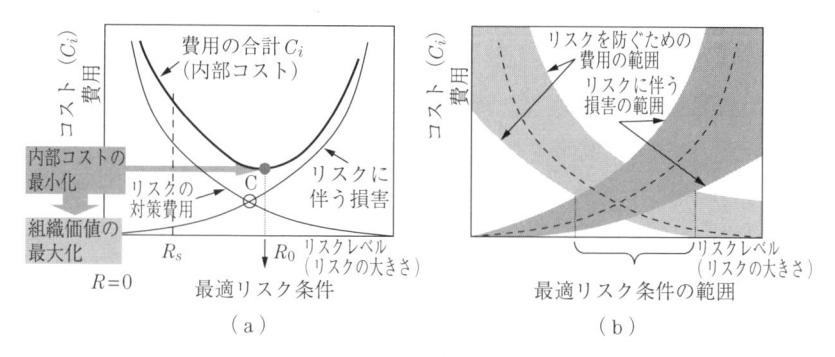

図 2.1 費用-便益解析

図 2.1 は，横軸に当該組織またはシステムのリスクレベルを，縦軸はリスク対策費用とリスクに伴う損害額をとったもので，両者はリスクレベル R に対し線形ではなく，リスク対策費用はリスクをきわめて小さくしようとすれば急増し，逆に損害額はリスクレベルの低いところでは低下効果は大きくならず，両者ともに下に凸の曲線を示すと考えられる．したがって，リスク管理の総額コスト C_i は対策費用と想定損害額の和として示され，これを最小にする最適値が存在する．

理論上この最小点は，リスク対策曲線と想定損害曲線の交点（C 点）近傍となる．なぜなら，C 点より右側のリスクレベル状態では対策コストより想定損害額が上回って，さらにコストをかけて安全性を向上することが効率的で，逆にC 点より左側では過剰な対策費用をかけることになり，このための投資は見込まれず，恐らくC 点近傍が均衡点となるからである．現実には，リスク対策曲線と想定損害曲線を一つの明確な曲線として決定することはできず，図（b）のように推定誤差を含むバンド状の分布となる．特に，リスクに伴う損害曲線は，リスクの発生確率とその損害との積としての統計的不確実性を含む厄介な計算となり，厳密に最適レベルは特定できず，それはある範囲となる．ま

た，これらの関係は単に経済性とのトレードオフのみではなく，技術の進歩や安全上の法規制の強化などによって大きく変わることを考慮する必要がある。

2.2 社会的受容と受け入れ可能なリスク

図2.1に関する議論では，企業や組織のみのリスクを直接対象とするものであって，そのリスクに影響を与え，また影響を受ける地域，環境あるいは社会との"相互作用"を考慮したものでない。それゆえ，図2.1で示される総額コスト C_i は**内部コスト**（internal cost）と称されるものである。社会への影響とその相互作用を考慮する場合，どのように考えればよいだろうか。その際必要となる概念は，社会におけるリスクの"許容性"である。その許容限界を**受け入れ可能なリスク**（socially acceptable risk）R_s という。ただし，これには"どれだけ安全ならよいのか（How safe is safe enough ?）"という議論を踏まえた社会的合意の形成という難しい課題があるが，R_s なる概念の存在を認めることがリスクマネジメントの基本で，これによりいわゆる**社会的受容**（public acceptance：PA）とその程度を定量的に扱うことができる。

いま，あるリスクレベル R に対し，内部コスト C_i を最小化するリスクレベル R_0 と受け入れ可能なリスク R_s を用いると

$$f = \frac{R_0 - R}{R_0 - R_s} \qquad (R_s \leq R \leq R_0) \tag{2.2}$$

なる f（無次元量）を考えることができる。f を**社会的受容係数**（public acceptance coefficient）という[2]。f は 0～1 の間の数値をとり，これが大きいほど社会的受容に対する適合度が高いといえる。社会的コスト C_r は，社会的適合度が高ければその代償は少なくてすむことを考えれば，C_r は f に関して単調減少関数として与えられる。

一方，内部コスト C_i は f について単調増加であるから，社会との相互作用を考える場合の総コスト（C_t）は，**図 2.2** に描かれるように点 f_m で極小値をとる。すなわち，合理的意思決定の目標が与えられる。ただし，ここでの議論

$f=1$ ➡ 適合性 100% ($R=R_S$)
$f=0$ ➡ 適合性 0% ($R=R_0$)

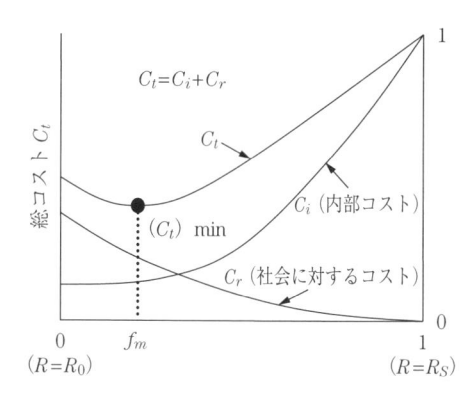

図2.2 社会的受容係数による費用-便益解析

（グラフ：縦軸 総コスト C_t、横軸 0〜1、$C_t = C_i + C_r$、C_i（内部コスト）、C_r（社会に対するコスト）、(C_t) min は f_m のとき。0 は $R=R_0$、1 は $R=R_S$）

は，あくまで，リスクとベネフィット（効用）とのトレードオフ問題として視点に基づくもので，社会的受容の問題は，その社会や時代の文化，価値観といったものに支配される"リスク認知やリスクコミュニケーション"などに関連した社会心理学的視点からも考えられるべきものである。この課題については，本書の4章と6章に取り上げている。

2.3 リスクの意味と分類 ——純粋リスクと投機的リスク——

ここまで，"リスク"という言葉を定義することなく使ってきた。本節では，リスクマネジメントで考えられている"リスクの意味"について整理しておく。

リスクマネジメントでのリスクとは，結果が不確実である状況をベースとする。この**不確実性**（uncertainty）には，事態の発生可能性（結果の生起確率）または結果の期待値と予想される結果からの乖離（期待値まわりの変動性）といった二つの含意がある。前者の意味でのリスクを**純粋リスク**（pure risk）といい，後者は一般に**投機的リスク**（speculative risk）と呼ばれる。ここで

いう投機的リスクとは，経営学的な狭義なリスクで，損害・損失と同時に利得もリスクに含まれる。その測度（measure）としては，主として「分散」あるいは「標準偏差」が用いられる。じつは，"投機的"という言葉はあまり適切ではない。不確実性あるいは蓋然性（確率）という概念には機会（opportunity）またはチャンスという含意もある。この意味を適用すればむしろ，プラスの結果をもたらす事態（potential positive event）のリスク，すなわち「チャンスとしてのリスク」として理解するほうが実践的リスクマネジメントの考え方により即しているといえる[†]。

純粋リスクは，自然災害，各種の事故，環境汚染，企業の賠償責任，テロなどの脅威（threat）など，損害・損失の発生可能性を対象にする。本書での対象はおもに産業事故，自然災害および環境汚染などのいわゆるハザード（危険源）に関する「災害リスク」である。したがって，この場合のリスク R は「危険事象の生ずる確からしさ（likelihood, P）とそれが生じたときの結果・その重大性（magnitude of consequence, C）との組合せ」と定義する。すなわち，リスク R は，P と C の両者の積概念的（厳密ないい方ではないが，数学用語でいえば交わり intersection，図 2.3）なものであり

$$R = C \cap P \qquad (\cap は集合の交わりを表す) \qquad (2.3)$$

と書くことができる。要するに，事象の起こりやすさと，その結果の両方の概念が含まれているものであれば，それはリスクの指標として取り扱ってよいことを意味する。式(2.3)の最も簡単な具体例が，結果（損害）期待値 $C \times P$ である。半定量的なランク付け表現として，例えば，**図 2.4** のような**リスクマトリクス**を用いてもよい。

環境リスク管理の分野では，最終的に避けるべきのぞましくない事象をよく，**エンドポイント**（end point）という言葉で表現する。このとき，エンドポイントの生起確率（または頻度）をもってリスクと定義することがある。結

[†] リスクの語源は，古いイタリア語の動詞 risicare の名詞形 risco に由来するといわれている。この動詞の意味は英語でいえば "dare，勇気をもって試みる"ということで，本来，ポジティブな意味をもつとされる（例えば，ピーター・バーンスタイン，青山護 訳：リスク，日本経済新聞社（1998））。

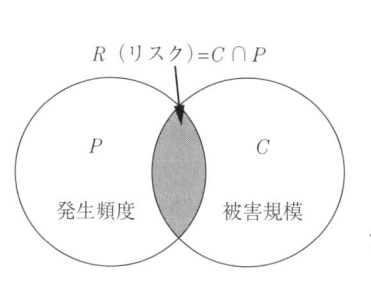

図 2.3　純粋リスクの概念　　　図 2.4　リスクマトリクス

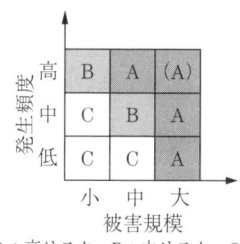

ランク　A：高リスク，B：中リスク，C：低リスク，
　　　　(A)：現実にはあり得ない

果の重大性である C を固定して，likelihood P で議論するというきわめて明快ではあるが，何をエンドポイントと考えるのか，また，質やタイプの異なる災害リスクをどのように比較・重み付けをしていくかということが，今後の重要な課題となる。

2.4　リスクマネジメントの手順とリスクマネジメントシステム

　リスクマネジメントのプロセスはリスクベースの意思決定とリスクのコントロールに関する行動と作業であり，それは，図 2.5 に示すようにリスク（ハザード）の発見・推定から始まって，安心感の醸成につながるリスクコミュニケーションまでの全ステップをいう。ここで，リスクの算定までのプロセスを**リスク分析**（risk analysis），これを含んで，算定されたリスクがどのようなレベルにあり，それが受け入れ可能か否かの評価のステップまでを**リスクアセスメント**（risk assessment：RA）と呼ぶことが多い。評価後，たとえ許容可能なリスク（acceptable risk）であっても，必ず残存リスクは存在し，その情報の明示（公開）は必須である。理想的には許容可能レベル以上の残存リスクのすべてに対して低減策がとられ，再評価というサイクルがなされるべきであるが，現実には難しい。このとき，ALARP[†] の原則による評価の適用が考

---

　†　as low as reasonably practicable の略。アラープと読む。

2. リスクマネジメントの基礎

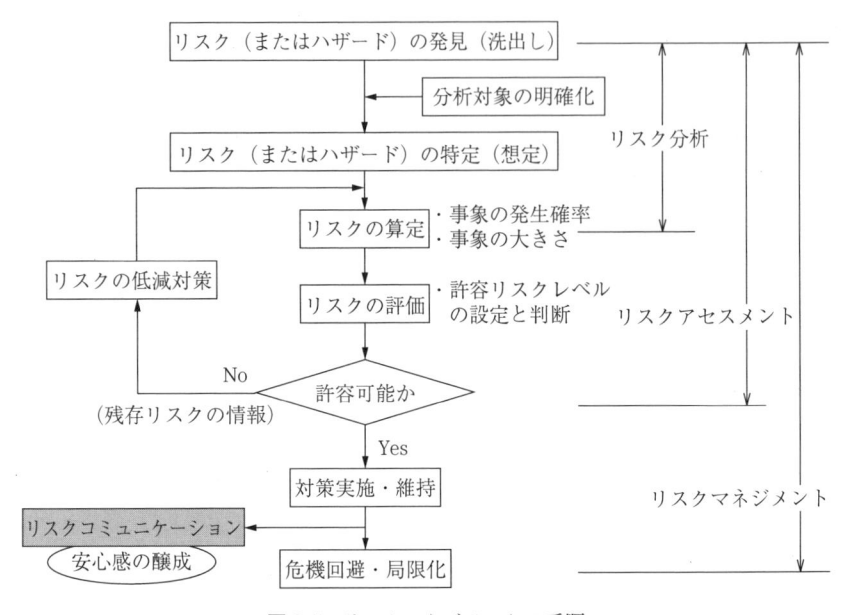

図2.5 リスクマネジメントの手順

えられる。

つまり，リスク低減に必要なコストを考慮して（コスト-便益基準の敷衍（ふえん）），合理的に実行できる範囲内で，できるだけ低いレベル（ALARP領域という）にリスクを抑えるという現実策である。

図2.5で示したプロセスを，組織（企業）に適応させる組織経営管理システムがリスクマネジメントシステム（risk management system：RMS）である。すなわち，リスクに関する戦略的な計画と策定，意思決定に関する図2.5の各ステップが含まれる。特に，計画方針と目標設定を行い，その目標を達成させるためのシステムであるので，組織の文化やその風土といったものが強く反映される。同時に基本プロセスモデルとして，plan（目標設定と計画），do（目標達成のための実施），check（目標達成度の検証と評価），act（システムのレビュー，是正と改善）といった，いわゆる**P-D-C-Aサイクル**を回すことによる継続的向上が求められる。**図2.6**にはマネジメントシステム（組織管理）の

2.4 リスクマネジメントの手順とリスクマネジメントシステム

組織管理プロセス	リスクマネジメント
計　画（P）	リスクマネジメント計画策定 リスクの識別・発見・分析 リスクの評価 リスクマネジメントの目標設定 リスクへの対応方法の決定
実　施（D）	リスクへの対応の実行
検証・評価（C）	実行結果の評価
是　正（A）	是正・改善活動

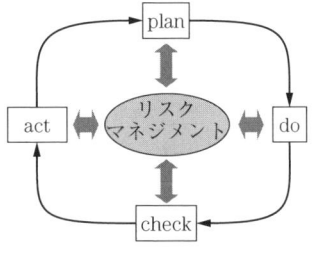

P-D-C-A サイクル

図 2.6　組織管理とリスクマネジメント

P-D-C-A とリスクマネジメントの各プロセスの関係を整理して示してある。

わが国では，ISO ガイド 73（リスクマネジメント ―用語―）をベースに作成された，システム構築のためのガイドラインとしての位置付けとなる JIS Z Q 2001[†] が発行されている。その目次項目を**表 2.1** に示すので参考にされたい。

表 2.1　リスクマネジメントシステム（RMS）構築のための指針

```
0. 序　文
1. 適用範囲
2. 定　義
3. RMS の原則および要素
   3.1 一般原則
   3.2 RMS 構築および維持のための体制
   3.3 RMS 方針の表明
   3.4 RMS に関する計画策定
   3.5 RMS の実施
   3.6 RMS の監視・測定および評価
   3.7 是正・改善の実施
   3.8 RMS 維持のための仕組み
   3.9 組織の最高責任者によるレビュー
付属書 1．リスク発見の実例
付属書 2．ISO 14001 との対比表
付属書 3．事前，緊急時および復旧時
```

---

† リスクマネジメント構築のための指針

2.5 リスクと安全性

リスクの基本概念は2.3節で説明した。ここでは通常（一般社会において），その対極概念であるとみなされている「安全」または，「安全性（safety）」との関係に触れておきたい。**安全**とは「災害や危害の生じる恐れ」がないこと[†1]，の意味が一般的理解である。「恐れ」は likelihood を指すので「災害…恐れ」の部分はまさにリスクを意味する。すなわち，安全はリスクを介して定義されるものであって，しかも対極の関係にあるものではなく，両者は相補的な関係であると考えたほうがよい。相補的とは，安全の程度 S とリスク R の関係が，例えば以下のようになることである。

$$S = I - R \tag{2.4}$$

ただし，I は定数で，いうなれば"理想的な"安全の目標値を表すと考えてもよい。式(2.4)では，リスクゼロの状態があり得ないならば，いわゆる"絶対安全"はないことをいい表している。では，どこまでが安全なのか。その境界はいろいろな要件から定められる許容レベルや目標レベルということになる。

ISO/IEC Guide 2[†2] に従えば，安全とは許容可能なリスクレベル（R acceptable）以下に抑えられている状態にあることである。このように考えると，われわれが取り扱う正味のリスクは R acceptable の上に乗せられている部分で，これを R' とすれば，式(2.4)の関係は

$$S = I - (R' + R \text{ acceptable}) \tag{2.5}$$

と書き換えられる。式(2.5)は必ず残存リスクがあることをいい表している。ただし，式(2.4)と式(2.5)で明示される相補性は，すべてのリスクが認識・カウントされるという理想的な条件（網羅性）を前提にしている。現実には，そのようなことはあり得ない。このようなことを考えると，いわゆる「安全性解

[†1] 辞書的定義として，広辞苑では，「安全：安らかで危険のないこと」，また，「危険：危害または損失の生じる恐れがあること」となっている。

[†2] Guide 2 の定義は「freedom from the unacceptable risk」となっている。

析」と「リスク解析」は同義語でなくなってくることに留意する必要がある。

2.6 確率論的リスク評価

2.6.1 リスクの確率論的表現

技術システムを対象にするリスクマネジメントにおけるリスクの定量的評価では，対象となる技術システムの危険源（ポテンシャルハザード）の同定とその顕在化プロセス，ならびにそれらの蓋然性（likelihood），すなわち「災害シナリオ（災害のシーケンス）」s_i とその発生確率 p_i を分析し，災害モデルを用いてその災害シナリオによってもたらされる結果の重大性 c_i を推定・評価するという，確率論的アプローチがとられる。このようなシステム工学的方法論を**確率論的リスク評価**（probabilistic risk assessment：**PRA**）という。狭義の PRA は，いわゆる原子炉安全性分野で開発されたものをいい，具体的な技術システムを想定した重要故障事象に対する原因事象や，信頼性データをもとに機能喪失（故障）の確率を推定する**フォールトツリー解析**（fault tree analysis：**FTA**）や，システムの事象展開の解析を行うイベントツリー解析（event tree analysis：**ETA**）など[†]を利用した評価手法を指す。

本書ではもう少し広く，災害シナリオ s_i，そのシナリオの生起確率 p_i および結果 c_i をベースに，リスクを定量的に評価する方法（quantitative risk assessment：**QRA**）を PRA と呼ぶことにする。このような立場をとるとき，リスク R はつぎのような三つのリスク要素の集合（set of triplets）として表現される。

$$R = \langle s_i, p_i, c_i \rangle \quad (i=1,2,3,\cdots,N) \tag{2.6}$$

ただし，s_i：i 番目の災害シナリオ
p_i：シナリオ s_i が顕在化する頻度（または確率）
c_i：シナリオ s_i によってもたらされる結果または被害の大きさ（被害規模）

[†] FTA の基本事項は 2.7.3 項を参照。また，FTA と ETA の実践例は 4 章で紹介する。

50   2. リスクマネジメントの基礎

式(2.6)は，1981年にKaplanとGarrik[3]が与えたリスクの基本表現 (basic expression) で，PRA（またはQRA）の出発点と考えられている。2.3節で考えたリスクの概念は，式(2.6)を抽象化したもので，いろいろなエンドポイントの組合せをシナリオ s_i の形で明確に与えた点で，式(2.3)よりも一般的な表示式となっている。

リスク R が式(2.6)のように書き下されても，具体的にリスクの定量化がなされるわけではない。それでは，どのような形で数値（スカラー量）としてまとめ上げればよいのか。数値化の方法論と形式は一義的である必要はない。式(2.6)の含意をもつものならば，どのようなリスクに対して，またいかなる目的でリスク評価を実行するのか，に応じて種々の形式（数値化様式）がとられてよい。これが本書でいうPRA（QRA）の本質でもある。

最も単純で，しかも工学的な応用性の広いものとして

$$R = \sum_{i=1}^{N} c_i \cdot p_i \tag{2.7}$$

なる表示式がある。すなわち，リスク R は結果の期待値そのものとみなす。この場合のリスクの次元は形式上，結果がもっている単位と同一であるが，p_i を一定観測期間での事象の発生確率という含意を考慮すれば，リスク R は単位時間当りの「結果」，すなわち，［損失・被害の大きさ/時間］で示されるものである。じつはKaplanとGarrik[3]は，リスクの基本表現式(2.6)中の不確実性の測度である p_i に，頻度的意味での確率（probability）解釈を与えている（彼らは p_i を the probability of frequency と呼んでいる）[†]。

2.6.2 リスク曲線と安全性指数

リスクの基本表現式(2.6)の具体的図式表現の一つである**リスク曲線**（risk curve）と，それから導かれる安全管理機能の程度を示す統計的指数（**安全性指数**，safety index）について説明する。

災害のシナリオ s_i に対し，p_i と c_i を結果の重大性の順（被害規模の順）に

[†] 確率の解釈は，2.7.1項で後述する。

2.6 確率論的リスク評価

並び替えて得られるグラフがリスク曲線である。ここでは，理解しやすいように，一定観測期間 T 内で発した災害統計データを用いる災害統計分析として考えよう。この場合，リスク R は，式(2.6)を敷衍して，つぎのように書き直せる[4),5]。

$$R = \langle s_i, t_i, c_i \rangle \qquad (0 \leq t_i < T, \quad i = 1, 2, 3, \cdots, N) \qquad (2.8)$$

ただし，t_i は s_i なるシナリオ（災害事象）が発生した時刻とする。この式は，式(2.6)中の p_i が t_i に置き換わっていて，一見，直接的には頻度または確率の概念が含まれていないように見える。しかし，この式には一定観測期間 T が付帯していることで，頻度の概念が陰の形（implicit）で包含されているとみなしてよい。式(2.8)は式(2.6)と同様に災害データ標本がもつリスクの基本表現にすぎないが，これをそのまま図式化すると**図 2.7** のようになる。

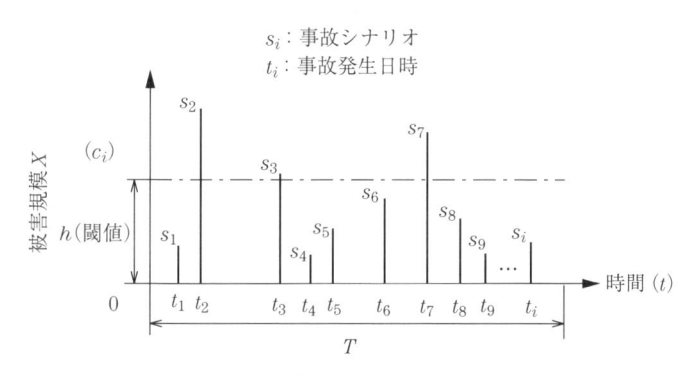

図 2.7 リスクチャート ―粗視化による分析手法（フラクタル分析）―

図 2.7 において，横軸は一定観測期間 T 内での災害発生時刻 t_i を表し，縦軸はそれぞれの災害シナリオ s_i に関する災害規模 c_i（結果の大きさ，magnitude of consequence）を意味する。つまり，この図は発生した災害事故の大きさをパルスの高さとし，それらを離散的時系列データとして図式化したもので，これを**リスクチャート**（risk chart）と呼ぶ。リスクチャートは災害事象群 s_i $(i=1,2,3,\cdots,N)$ に対する図示によるリスクの表現で，これを以下のように整理して得られる図が，いわゆるリスク曲線である。すなわち，ある一定

観測期間 T 内で発生した同一種類の災害データ群から，図2.7のようなリスクチャートがつくられたとする。災害規模 X（縦軸）について適当な閾値 h を決め，X が h より大きい値をもつ s_i の総和数を求める。これを $CF(X \geq h)$ とする。$CF(X \geq h)$ を一定観測期間 T で除したものを $F(h)$ としよう。すなわち

$$F(h) = CF(X \geq h)/T \tag{2.9}$$

である。$F(h)$ は災害規模 h 以上の災害発生に関する超過累積頻度となる。閾値 h を変えていったとき，超過累積頻度 $F(h)$ がどのように変化するか（このような整理を粗視化による整理，または**フラクタル分析法**という），すなわち $F(h)$ と h との関係を両対数グラフ上に図示したものがリスク曲線である[4),5)]。

リスク曲線は簡単に構成することができる。**図2.8**に説明するように，災害データをその大きさ順にソートし，両対数グラフ上の縦軸には順位の数を，また横軸にはその順位に対応する災害規模（magnitude of consequence）をとり，両者の座標点をプロットする。さらに，縦軸の値（上側累積件数または超

災害規模 h	h_1	h_2	h_3	...	h_n
順　位	第1位	第2位	第3位	...	第 n 位

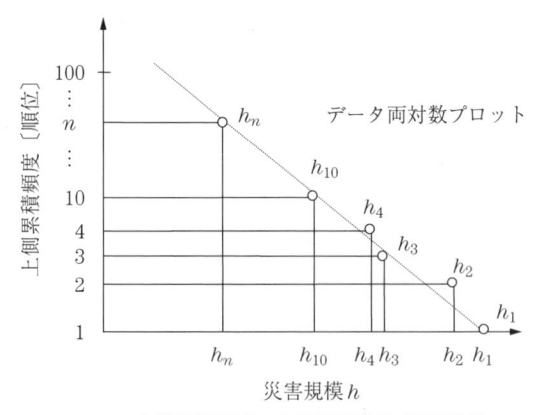

図2.8　リスク曲線の簡易的構成法

過累積件数）を一定観測期間 T で除すれば，縦軸は上側累積頻度となり $\ln h$-$\ln F(h)$ 曲線，すなわちリスク曲線が得られる．このようにして構成したリスク曲線の具体例を図 2.9～2.11 に示す[7],[8]．図 2.9 と図 2.10 は日本における工場火災事故に関するもので，被害の大きさを h として，それぞれ焼損面積〔m²〕と損害総額〔千円〕を単位としている．また，図 2.11 は航空年鑑

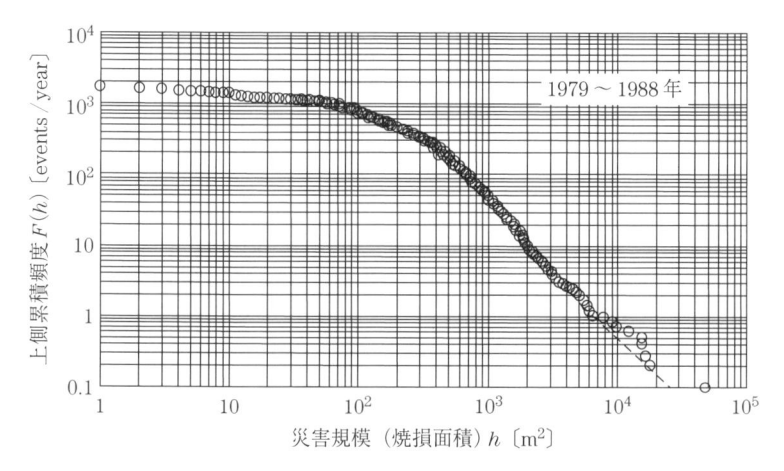

図 2.9 工場火災事故に関するリスク曲線

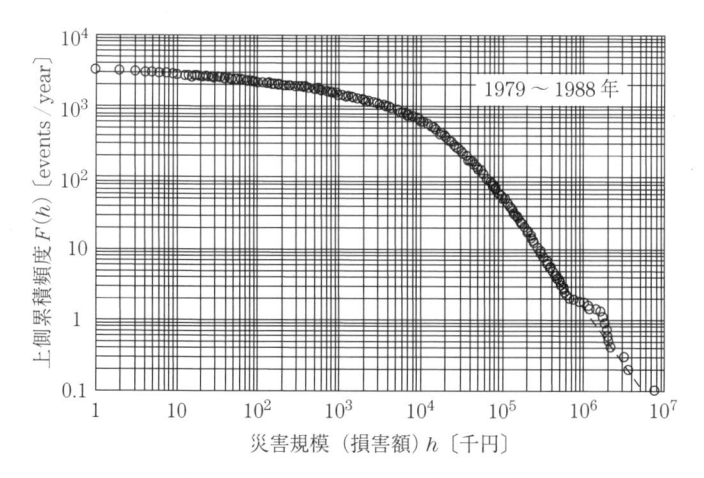

図 2.10 工場火災事故に関するリスク曲線

2. リスクマネジメントの基礎

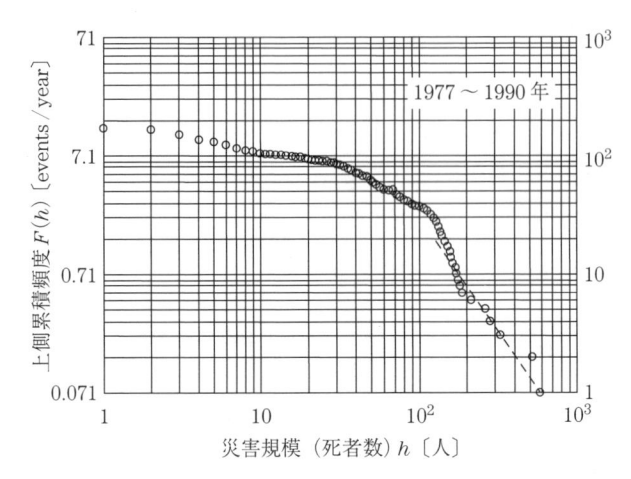

図 2.11 世界の民間航空機事故に関するリスク曲線

(財)日本航空協会発行）より調べた世界の民間航空機事故データをもとに構成したもので，横軸の h は死者数〔人〕である．

各種の災害事故についてリスク曲線を構成すると，同様な形状をもつことがわかっている．そして，その特徴は，**図 2.12** に示すように曲線全体は上に凸 (concave function) で，しかも災害規模の大きい領域（曲線のテイル部）で直線性を示す．

すなわち，リスク曲線テイル部は

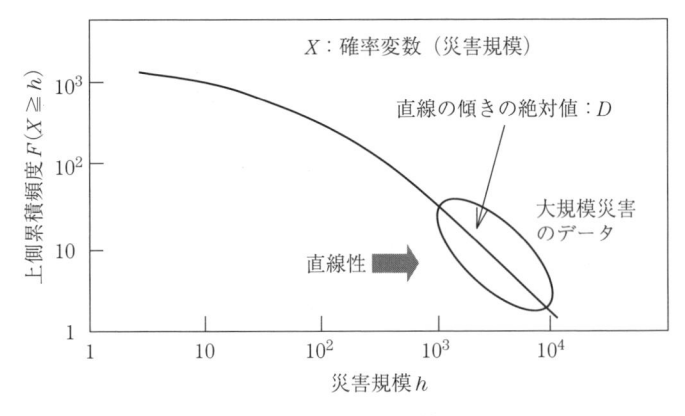

図 2.12 リスク曲線

2.6 確率論的リスク評価

$$F(h) \propto h^{-D} \tag{2.10}$$

という逆べき乗型の分布関数で表示され，これは複雑系事象の統計的挙動を表現する**フラクタル分布**となっている[6]。災害データが式(2.10)の形で整理できる事実は災害の生起特性にはフラクタル性が存在していることを意味していて，分布を支配する**べき乗指数** D はリスク曲線を特徴付ける定量的指標とみなせる。では，この D は何を意味しているのであろうか。傾きの絶対値 D は

$$D = -\frac{\partial \ln F(h)}{\partial \ln h} \approx -\frac{\Delta F/F}{\Delta h/h} \tag{2.11}$$

であるから，ある規模 h の災害（その頻度は F）を基準にして，それよりひと回り大きい災害 $h+\Delta h$ の発生難易度を示している。D が大きければ，より大きい規模の災害の生起頻度は急激に低下するので，より大きな災害への拡大が抑制されていると考える。つまり，D は対象技術システムの広義の**フェールセーフ機能度**と解釈できる。D が大きいほど健全なシステムであり，安全性の量的尺度として，これを**安全性指数**（safety index）と呼ぶ。また，D の逆数 $1/D$ を災害リスク R に対応するものと考えてもよい。ここで重要なことは，リスク R を被害期待値で表現する場合には，R は被害の規模や強度（severity）の絶対値やその物理的単位が直接反映した量であるのに対し，D はスケール変換に不変な量，すなわち被害規模・強度の量的な概念はもつが，その絶対値や単位・尺度には依存しない無次元量であることである。

つぎに，実際のデータで，安全管理の機能度（安全性指数）をグラフの傾き D が反映している例を紹介しよう[7,8]。**図 2.13** は，製造業分野の金属産業関連業種のみに着目し，この分野における 1980〜1985 年までの火災事故の火災保険データから整理したものの一例である。横軸には一定の算出方法で算出された火災損害の総額 h の対数，縦軸は h 以上の被害であった火災の累積頻度 $F(h)$ の対数がとられている。図(a)は金属製造業分野の全火災災害の保険データで，図(b)はそのうちで，特定物件と呼ばれ，安全管理の優れている事業所で保険料率上の優遇措置がとられている，いわゆる優良工場に関するものである。図(a)，(b)ともに，全リスク曲線の損害額の大きい部分のみを抽出

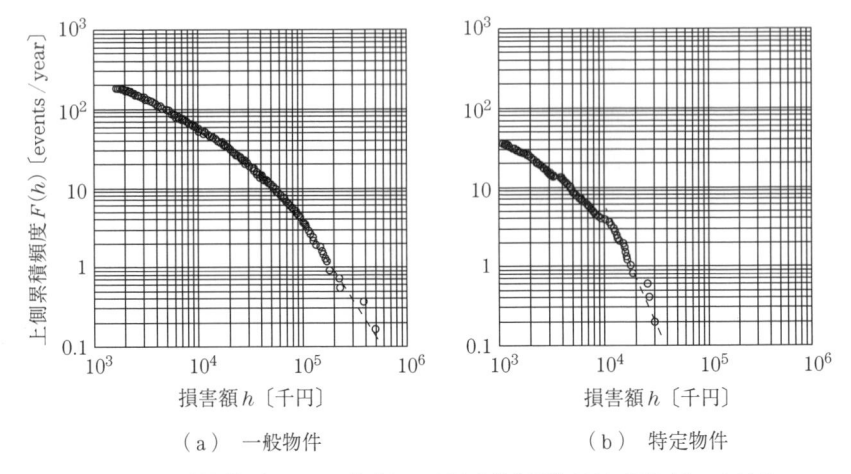

図2.13 火災保険データから構成した金属産業分野(1980〜1985年)における
リスク曲線のテイル部の例

した図である．図(a)，(b)ともに，全体は滑らかな曲線で，hの大きなテイルの部分は直線的になっている．各図のテイル部ではhによらず，傾きの絶対値Dが一定になっている．

図(a)の一般工場の災害データには，図(b)の特定優良工場のそれが含まれたものであり，両方のリスク曲線のテイル部を最小自乗法によって整理し，それらの直線の傾きを求めると，図(a)では1.87で，図(b)は2.72となっている．

Dの大きな特定優良工場とは，一般工場に比べ，安全整備や管理上の基準が厳しいものであり，Dの大小が安全管理の優劣を反映していることを示している．

以上のようなリスク曲線のテイル部の傾きの絶対値Dを，1980〜1985年までの火災保険データを使用し，各産業種別に一般工場と特定優良工場に分けて，各業種別および全業種総合のDを求めたものが表2.2である．表2.2から，特定優良工場のDが一般工場のそれより大きい数値となっている．すなわち，D値は，安全管理の優劣を反映した指数で，安全性指数としての意味を有することが実証されたと考えてよい．

2.6 確率論的リスク評価

表 2.2 工場火災保険データ（1980～1985年）より算出した各種産業分野における D 値（安全性指数）

産 業 分 野	金属製造および加工業	電気電子産業	紙，パルプ産業	化学プラントと化学産業	全産業分野
一般工場の D 値	1.87	0.81	0.78	0.96	1.68
特定優良工場の D 値	2.72	2.14	1.54	1.55	2.02

2.6.3 リスク曲線による災害リスクの比較評価

確率論的リスク評価を事故防止策や安全対策立案における合理的意思決定，政策の優先付けに関する方法論として用いる場合，種類や質の異なるリスク現象間での相対的リスク評価，つまり**リスク比較**（risk comparison）が求められる。リスク比較では，単なる客観的相対比較ばかりでなく，社会や個人の主観的，心理的な枠組みのなかで認知形成されるリスクレベルの比較まで広範なアプローチが考えられ，全体を包括するような考え方はいまだ示されていない。しかし，ここでは客観的な比較に関し，リスク曲線を用いた一つの方法論を紹介しよう[5]。

災害規模 h を使ってそのまま得られるオリジナルなリスク曲線では，図2.9や図2.11 に見られるように，逆べき乗型（パレート型）の分布関数に従う部分は h の大きな領域に限定されるように見える。しかし，中小規模の h の範囲において曲線であるものであっても，適当なパラメータ（これを γ で表記する）を導入して，全データを直線回帰することが可能である[†]。

このことはすなわち，**図2.14** に示すような再プロットを行うことを意味し，これは図2.7のリスクチャートを閾値 h に代えて，$h'=(h+\gamma)$ で整理することと同意である。

もし，これで全データが両対数グラフ上で直線回帰できれば，リスク曲線の関数表現式として

[†] このようなことは，例えば信頼性工学上よく知られるワイブル分布などでも確率変数を直接使って，いわゆるワイブルプロットした結果，曲線になって直線回帰できなくても，適当な位置・スケールパラメータの導入によって直線化できるのとまったく同じである。

2. リスクマネジメントの基礎

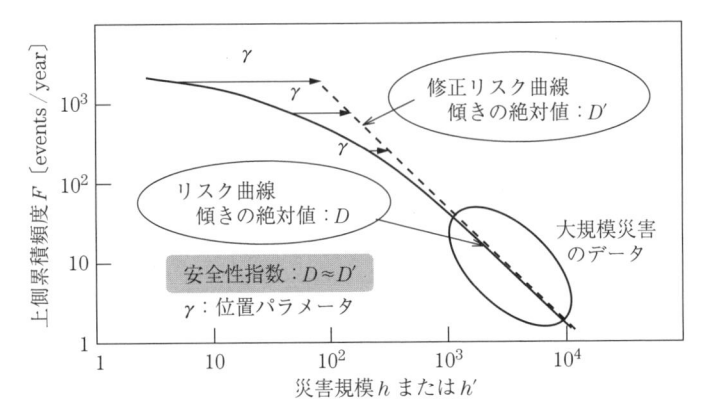

図2.14 リスク曲線と修正リスク曲線（位置パラメータによる全データの直線整理）

$$F(h) \propto (h+\gamma)^{-D'} = h'^{-D'} \tag{2.12}$$

が与えられることになる．各種の災害データから構成されるリスク曲線は，災害の種類または対象とする技術システムに一定なパラメータ値で直線に再整理できる．そのような修正したリスク曲線の具体例を**図2.15**と**図2.16**に示す．

図2.15は図2.9のオリジナルリスク曲線を $\gamma=150\ \mathrm{m}^2$ で整理したもの，また図2.16は，ボイラー事故の年代別の**修正リスク曲線**である．図から，1970年代の10年間でボイラー災害事象の安全性の改善が顕著であることも見てと

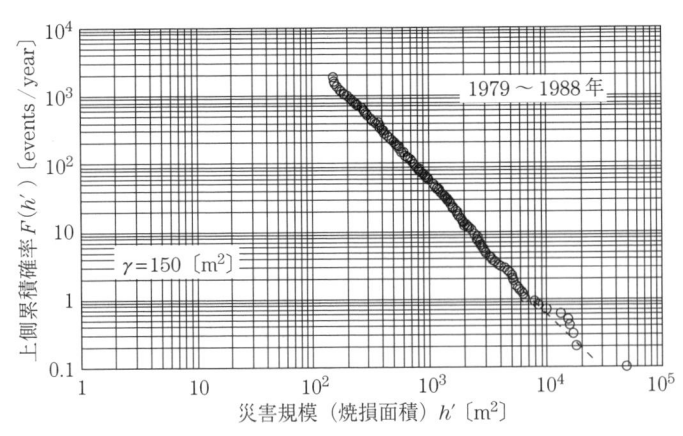

図2.15 工場火災事故に関する修正リスク曲線

2.6 確率論的リスク評価

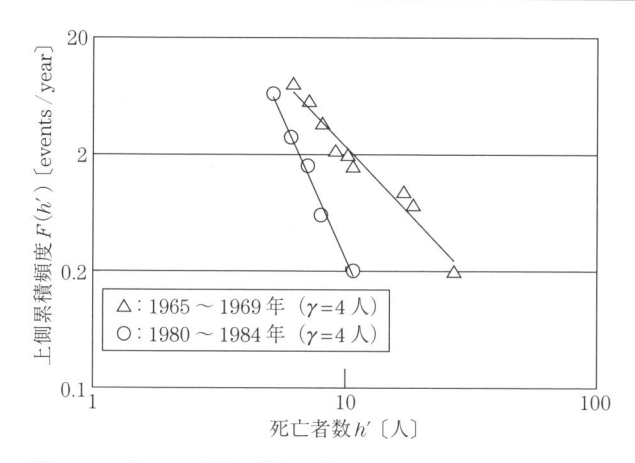

図 2.16 ボイラー事故に関する修正リスク曲線（1965～1969 年と 1980～1984 年の 5 年間の比較）

れる。さらに大事なことは，いずれも観測期間が変わっても災害が同一種であれば，パラメータ γ の値は同じとなっていることである。このように，パラメータ γ は単なるフィッティングパラメータではなく，技術システムや災害の種類に対し固有な値をもつ意味のあるパラメータと考えられる。そこで，ある一定観測期間 T 内で想定される災害シナリオ s_i の全数を N とすれば，$F(h)/N$ は上側累積分布関数（または超過分布関数）の意味をもつ。上側累積分布関数の性質（$h=\infty$ で 0，$h=0$ で 1，ならびに単調減少関数），を考慮すれば，式(2.12)は，つぎのように一般パレート分布（Pareto distribution）として書き下せる。

$$\frac{F(h)}{N}=\left(\frac{h}{\gamma}+1\right)^{-D'} \tag{2.13}$$

この式から災害の種類によって固有の値をとるパラメータ γ は，災害規模 h を規格化するための尺度パラメータ（scaling parameter）となっている。そこで，h/γ を γ 値で基準化された無次元量 x とし，これを新たな確率変数とすれば，式(2.13)は

$$R(x)=\frac{F(h)}{N}=(1+x)^{-D'} \tag{2.14}$$

となる。$R(x)$ （$=F(h)/N$）と$(1+x)$を両対数紙グラフにプロットすれば，右下がりの直線となり，これを**正規化リスク曲線**（unified risk curve）と呼ぶ。直線の傾きの絶対値D'は，やはりフェールセーフ機能度の量的尺度としての安全性指数を表すもので，これを**統計的安全性指数**（statistical safety index）と呼ぶ。

正規化リスク曲線の縦軸と横軸は無次元量であり，災害の種類や技術システムが異なってもすべて同一のグラフとして議論できる。すなわち，**定量的リスク比較**（quantitative risk comparison）が可能となる。数量的比較はD'で行うことができ，D'が大きいほど安全性が高いとみなせばよい。実際に各種の異なる災害事故データを用いて構成した正規化リスク曲線を同一の両対数グラフ上にプロットしたものを**図2.17**に示す。使われたデータの一定観測期間T，災害規模の単位，尺度パラメータなどは**表2.3**に示してある。観測期間の年代差はあるが，五つの災害種のうち，ボイラー事故のD'が最も大きく，安全性が高いという結果が示されている。リスクマネジメントにおけるリスク比較が多様であってよいが，政策決定における定量的議論の一つのツールまたは定量的目標設定の一つの方法として，正規化リスク曲線は使える。

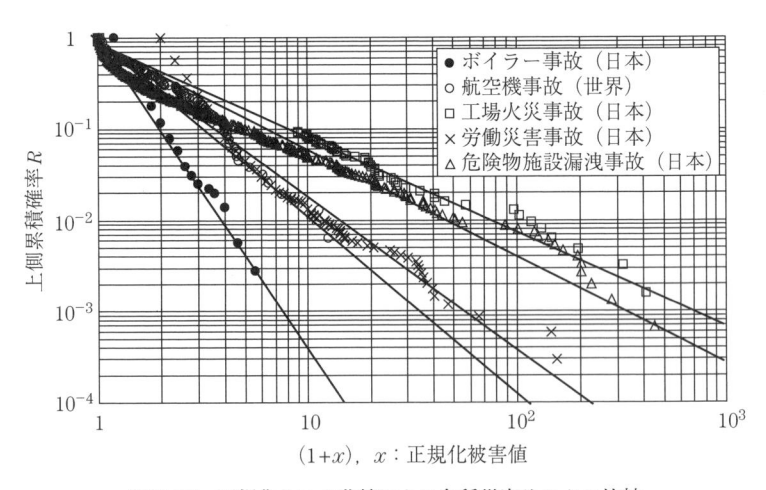

図2.17 正規化リスク曲線による各種災害リスクの比較

表 2.3 図 2.17 に用いられている各災害事故データの内容と尺度パラメータ（γ）の値

災害の種類	観測期間 T〔西暦年〕	期間〔年〕	災害規模の単位	尺度パラメータ〔γ値〕
ボイラー事故	1962～1995	34	死者〔人〕	4〔人〕
航空機事故	1977～1990	14	死者〔人〕	45〔人〕
工場火災事故	1989～1993	5	損害額〔円〕	500〔×10^4 円〕
危険物漏洩事故	1981～1989	9	損害額〔円〕	100〔×10^4 円〕
労働災害事故	1977～1994	18	死者〔人〕	3〔人〕

災害規模のユニットとしての意味をもつ γ によってスケーリングされた正規化リスク曲線の傾き D' は，一定観測期間 T におけるすべての災害データがなくても簡単に導出することができる．具体的には $h \gg \gamma$ なる条件を満たすような大規模災害に関するデータのみがそろえばよい．$h \gg \gamma$ の場合，式(2.12)は式(2.10)と近似的に等しくなるので $D' \fallingdotseq D$ がいえる．したがって，図 2.14 に示したようにオリジナルなリスク曲線のテイル部の傾きの絶対値 D が近似的に"統計的安全指数 D"を与えると考えてよい．それゆえ，かりにこの方法論では何らかの理由で中小規模の災害データが欠落していても重大災害データがそろってさえいれば，オリジナルなリスク曲線のテイル部のみから真の安全性指数 D' を求めることができるというきわめて特徴的な利点がある．

2.7 リスクアセスメント手法

2.7.1 基本的事項

リスクアセスメント手法（RA 手法）とは，現象（狭義にはのぞましくない事象）に関する不確実性をどのように理解・整理し，それをいかに評価して，対処していくかを，不確実性（uncertainty）のモデルに基づき検討するための具体的な方法論である．不確実性には，現象のもつ変動性（stochastic）または偶発性（randomness）からくるものと，現象生起に関する知識不足からくるものがあり，前者を aleatory uncertainty と呼び，後者は epistemic uncertainty という．リスクは不確実性を含むものであるが，確率や頻度といっ

た蓋然性の測度（measure）が与えられるものを，"ここではリスク"と考える。したがって**不確実性モデル**とは，端的にいうならば，現象の可能性を列挙して，それらにオッズ（odds, likelihood）を導入することである。代表例として，システム信頼性解析手法である **ETA**（イベントツリー解析，event tree analysis）や **FTA**（フォールトツリー解析，fault tree analysis）があるが，ここではそれら（特に FTA）を理解するための基礎事項と付随する概念について解説しよう。

〔1〕**頻度と確率**　ここまでは，蓋然性（likelihood）の尺度である確率や頻度なる概念をきちんと定義しないまま使ってきたが，ここで改めて説明しておく。

頻度（frequency）とは，単位時間当りに生起する**事象**（event）の数を指し，単位は〔events/time〕であり，0〜∞ までの数値が割り当てられる。一方，**確率**は不確実性の**測度**で，0〜1 の数値をとり，無次元量である。ここで，事象とは起こり得る結果の任意の集合（set）†を指す。

では，われわれが用いている確率の基本概念とはどのようなものなのか。以下に簡単に整理しておく。確率には，つぎの三つの解釈がある。

1）組合せ的定義（等可能性による定義）　偶然事象の起こり得る結果が有限個で，かつそれらの結果の起こりやすさが同程度であると仮定する。有限個の可能性の組合せの全数が N（possible outcomes），そのうち選択された n 個（chosen outcomes）の組合せ事象の生起する確率は

$$確率(P_r) = \frac{n}{N} \tag{2.15}$$

として定義される。例えば，まったく同じ立方体のサイコロ 2 個を振って，4 の目が出る確率は，$N=36$（組合せ），$n=3$（組合せ）であるので $P_r = 1/12$ となる。

2）頻度的定義　同じ条件下で N 回繰返された試行（実験）を観測し，ある決められた事象 A がそのうち $f_N(A)$ 回観測されたとする。相対的頻度

---

† 集合とは，物の集まりを表す数学用語である。

$f_N(A)/N$ は確率ではないが，N を十分大きくしたとき，$f_N(A)/N$ は安定した一つの値を示すと予想される．すなわち，事象 A の生じる確率は

$$P_r(A) = \lim_{N \to \infty} \frac{f_N(A)}{N} \tag{2.16}$$

で定義する．例えば，コインを投げる試行をしたとき，"裏が出る"という事象の確率として 1/2 という数値を与える．試行回数 N を無限大にすることは現実には不可能で，この確率には"有限の観察期間"での話という意味で，頻度的概念が付随している．

3） 主観確率としての定義　　前述の組合せ的定義や頻度的定義は，理解こそ容易ではあるが，じつはこれらの定義がそのまま適用できる状況は限定されている．等可能性を前提にする組合せ的定義でも，これがつねに保証されるわけでもない．また，頻度的定義でも，同一条件下での試行が数多く繰返される必要があるが，現実には無理で，また式(2.16)における収束の一様性も保証されていない．確率評価は繰返しのある場合とは限らず，むしろ試行や実験的観測が1回または数回といった状況下において行わなければならないことが多い．災害リスクアセスメントではほとんどがそのようなケースにあたる．リスクの推論，評価，災害モデルの構成などに確率を用いようとするとき，個別の偶然現象に依存しない広い適用性をもつ確率概念の定義が必要となる．これに答えられるものが，**主観確率**（subjective probability）の概念である．

主観確率とは，"合理的人間"個人がもっている情報や信念をベースにした主観的判断・確信の程度であると考える．このように，前記の1）と2）のような確率の客観的定義に対し，あくまで個人の確信度（belief）と解釈することによって[†]，広く社会的問題にも対応できるようになってきた．本書で対象と

[†] 客観的定義をフィッシャーとネイマン（R. A. Fisher and J. Neyman）流[9] の解釈といい，主観的なものとしての解釈をサーベジ（L. J. Savage）流[10] の概念という．ただし，確率のこれらの解釈を巡って決着がついているわけでなく，いまだに論争が続いている[11]．また，1）の組合せ的定義は"古典的定義（ラプラスの解釈，Simon Laplace）"とも呼ばれ，一見論理的ではあるが恣意性があるとされ，客観的確率とは区別する人もいる．

する確率論的なリスクアセスメントは，この確率概念をベースに成り立っているものとの理解が必要である。

では，ここでいう"合理的人間"とはどのような人を指すのであろうか。確率に関するつぎの三つの性質を容認する人ならどのような個人でもよい。

① 事象の確率は非負である。
② 全体の事象の確率は1である。
③ 確率は加法性を有している。すなわち，一緒に起こらない各事象の和事象（union）の確率は，各個々の事象の確率を加算したものに等しい。

以上は**確率の公理系**（axioms of probability，またはKolmogorovの公理系）と称されるもので，確率の定量的定義（確率測度としての数学的意味）の出発点となるものである。

主観確率の概念は，もともと**ベイズの定理**にあるとされ，それゆえベイズ的概念ともいわれる。この定理の数式表現は後述するが，数学的な正しさにまったく疑問の余地がないとされるベイズの公式を確率的計算（推定）の基礎に置こうとするとき，公式に用いられている確率は確信度としての意味をもたざるを得ないのである。このような一連の考え方をベイズ主義（Bayesianism）という人もいる[11]。

〔2〕 **集合の論理演算**　集合とは，ある一定の性質をもった物，事象（itemまたはelement）の集まりとして定義される数学用語で，ここではA，B，C，…のように記述する。確率論的リスクアセスメントでは，集合の論理演算を用いることが多い。論理演算には論理積（intersection）と論理和（union）が定義されていて，それぞれ∩（または*）と∪（または+）を記号として用いる。各演算をベン図（Venn diagram）でわかりやすく図形として表したものが**図2.18**である。ここで，Ωは全体集合（universal set），$\overline{A}$および$\overline{B}$はそれぞれAとBの補集合（complementary set），すなわち，$\overline{A}=\Omega-A$，$\overline{B}=\Omega-B$，を意味する。もし，図2.18において集合AとBとの共通部分がないならば，集合AとBとは相互に排反的（exclusiveまたはdisjoint）といい，$A\cap B=\phi$（ϕを空集合（null set）という）と書く。

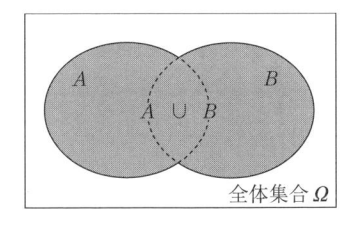

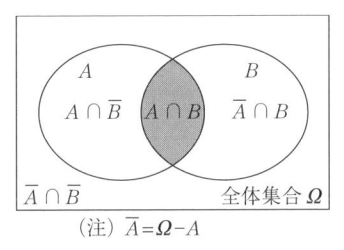

図 2.18 集合に関するベン図

図 2.18 で説明されるような集合に関する演算を定義しておけば、各集合間には閉じた形で、ちょうど実数の四則演算のような算法則（代数系）が存在することになる。それが**ブール代数**（Boolean algebra）である。ブール代数は二つの状態（例えば、生起と不生起，成功と失敗など）を取り扱う論理数学手法であり、PRA（QRA）での確率計算に利用さることが多い。基本算法則（ブール代数則）を**表 2.4** にまとめて示した。表 2.4 では演算記号として、論理積（*），論理和（+）を用いている。交換則，結合則および分配則は実数の場合と同じであるが，他は異なる。しかし，それらはベン図を使えば簡単に確認できる。

実数と同様に，ブール代数系にもいわゆるブール代数方程式が存在する。例えば

$$R = A + B * (C + D * (A + E * F + C)) \tag{2.17}$$

のような式である。この代数方程式の右辺は表 2.4 のブール代数則を使って，以下のように最終的に "積，和の形" に整理できる。

$$\left.\begin{aligned}
R &= A + B * (C + D * A + D * E * F + D * C) & \text{（分配則）}\\
&= A + B * (C + D * A + D * E * F) & \text{（吸収則）}\\
&= A + B * C + B * D * A + B * D * E * F & \text{（分配則）}\\
&= A + B * C + B * D * E * F & \text{（吸収則）}
\end{aligned}\right\} \tag{2.18}$$

このような操作を**簡略化**（simplifying）という。簡略化は後述する FTA における FT 図の整理、正しい確率計算、最小カットセットの特定などに効力を発揮する。

表 2.4 ブール代数則

法則	各演算
交換則	$A+B=B+A$ $A*B=B*A$
結合則	$A+(B+C)=(A+B)+C$ $A*(B*C)=(A*B)*C$
分配則	$A*(B+C)=A*B+A*C$
べき等則	$A*A=A$ $A+A=A$
完全則	$A+\overline{A}=\Omega$ $A*\overline{A}=\phi$ $A+\Omega=\Omega$ $A+\phi=A$ $A*\Omega=A$ $A*\phi=\phi$
吸収則	$A*(A+B)=A$ $A+(A*B)=A$
ド・モルガン則	$\overline{(A*B)}=\overline{A}+\overline{B}$ $\overline{(A+B)}=\overline{A}*\overline{B}$

注) Ω は全体集合，ϕ は空集合，
$\overline{A}=\Omega-A$（補集合）を表す

〔3〕 **条件付き確率と確率算法**　集合の演算に関する基礎事項を用いると，いわゆる合理的人間の要件を与える確率の公理系はつぎのような数学的表現となる。このとき，集合 A，B，C，…，は事象の生起というアイテムとみなし，例えば，事象 A の生起確率を $P_r(A)$ と書く。また，前述した確率の公理系をこれらの数学的表現を用いれば，以下のようになる。

（確率の公理系）

部分事象 E_i（$i=1,2,\cdots,n$）で構成される全体事象 Ω に関し

① $P_r(E_i) \geqq 0$　　（任意の $E_i \in \Omega$）

② $P_r(\Omega)=1$　　　　　　　　　　　　　　　　　　(2.19)

③ $P_r(E_1 \cup E_2 \cup E_3 \cup \cdots \cup E_n) = P_r(E_1)+P_r(E_2)+\cdots+P_r(E_n)$

ただし，$E_i \cap E_j = \phi$（$i \neq j$）で，数学ではこれを σ-加法性が成立するという。

図 2.18 のベン図を参照すれば，式 (2.19) の公理③より，ただちに

$$P_r(A \cup B) = P_r(A+B) = P_r(A)+P_r(B)-P_r(A \cap B) \quad (2.20)$$

という確率の**加法公式**が得られる。

確率事象は無条件下で生起する場合よりも，ある条件下で発生することを取り扱うことが多い。このとき，事象 E が起こったという条件下で事象 A が生起する確率を**条件付き確率**（conditional probability）といい，$P_r(A|E)$ と書き，次式で定義される。

$$P_r(A|E) = P_r(A \cap E)/P_r(E) \tag{2.21}$$

もし，$A = E$ なら $P_r(A|A) = 1$ となる。式(2.21)を変形すれば

$$P_r(A \cap E) = P_r(E) \cdot P_r(A|E) \tag{2.22}$$

となり，A と E を入れ換えても同じであるから

$$P_r(A \cap E) = P_r(A) \cdot P_r(E|A) = P_r(E) \cdot P_r(A|E) \tag{2.23}$$

も成立する。式(2.23)は確率の**乗法公式**と呼ばれる。

事象 A の生起確率が，他の事象 E が生起するかどうかによって変わらないとき，事象 A と B とは**独立**（independent）であるという。この場合

$$P_r(A|E) = P_r(A) \tag{2.24}$$

が成立し，式(2.23)は以下のようになる。

$$P_r(A \cap E) = P_r(E) \cdot P_r(A) \tag{2.25}$$

したがって，独立事象 A と E に関する確率の加法と乗法の公式は，以下のようにまとめられる。

$$\left. \begin{array}{l} P_r(A \cup E) = P_r(A) + P_r(E) - P_r(A) \cdot P_r(E) \\ P_r(A \cap E) = P_r(A) \cdot P_r(E) \end{array} \right\} \tag{2.26}$$

2.7.2 ベイズの定理

全体事象 Ω を考え，これをたがいに排反な有限個（無限個であってもよい）の事象 $A_1, A_2, A_3, \cdots, A_n$ に分割する（**図2.19**）。すなわち，$A_i \cap A_j = \phi$ $(i \neq j)$ である。このとき，Ω の任意の部分事象 E に対して

$$P_r(E) = \sum_{i=1}^{n} P_r(E \cap A_i) \tag{2.27}$$

が成立するので，乗法公式を使えば

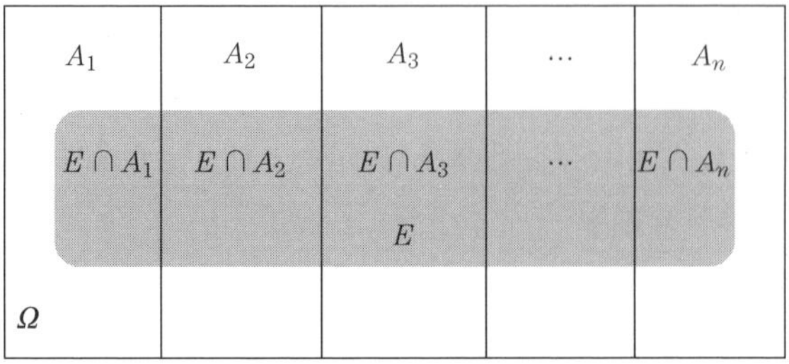

68   2. リスクマネジメントの基礎

A_1	A_2	A_3	$\cdots$	A_n
$E \cap A_1$	$E \cap A_2$	$E \cap A_3$	$\cdots$	$E \cap A_n$

E

Ω

図 2.19 全確率の公式の概念図

$$P_r(E) = \sum_{i=1}^{n} P_r(A_i) \cdot P_r(E|A_i) \tag{2.28}$$

となる。これを**全確率の公式**（low of total probability）という。

一方，事象 A_j と E に対して，条件付き確率の式(2.21)を用いれば

$$P_r(A_j|E) = P_r(A_j) \cdot P_r(E|A_j) / P_r(E) \tag{2.29}$$

となり，式(2.28)と式(2.29)を連立させることにより，つぎのような重要な式が導ける。

$$\left. \begin{array}{l} P_r(A_j|E) = \dfrac{P_r(E|A_j)}{\sum_{i=1}^{n} P_r(A_i) \cdot P_r(E|A_i)} \cdot P_r(A_j) \\[2mm] \text{または} \quad P_r(A|E) = \dfrac{P_r(E|A)}{P_r(E)} \cdot P_r(A) \end{array} \right\} \tag{2.30}$$

これを**ベイズの定理**（Bayes' theorem）†またはベイズの公式という。この定理が成立する要件は，$A_1, A_2, \cdots, A_n$ がたがいに排反であること，かつ起り得るすべての事象を網羅していることに留意する必要がある。式(2.30)の上段の式において，右辺第2項 $P_r(A_j)$ は**事前確率**（prior probability），また左辺は**事後確率**（posterior probability）と呼ばれる。さらに右辺第1項 $P_r(E|A_j)/\sum_{i=1}^{n} P_r(A_i) \cdot P_r(E|A_i)$（または $P_r(E|A)/P_r(E)$）は，観測されたデータによって定まる相対頻度の意味をもち，事象 A_j についての**尤度**（ゆうど）(relative likelihood) という。

---

† ベイズの定理は，18世紀イギリスの長老教会の牧師で数学者であったトーマス・ベイズによって発見された確率公式で，現代推測統計学の基礎式となっている。

ベイズの定理の式(2.30)は，つぎのようなことをいい表している。すなわち，E という事象が $A_1, A_2, \cdots, A_n$ という「原因」のいずれかの一つによって起こる。原因事象の生起確率 $P_r(A_j)$ の情報と原因 A_i によって E が生ずる確率が与えられれば，事象 E が生じた原因が A_j である確率 $P_r(A_j|E)$ を，原因 A_j の発生確率 $P_r(A_j)$（主観確率）を用いて推定できる（ベイズ推定という）。このようにベイズの定理は，観測された結果（データ）から原因を逆推定するという帰納法的性格をもっているという意味で，**逆確率の公式**ともいわれている。

ここで，簡単なベイズ推定の例題を以下に示そう。

例題 AIDS 予防のための血液検査では，人がヒト免疫ウィルス（HIV）に感染している場合は 98％の精度で HIV 陽性と判定可能であるが，一方，感染していない場合でも 5％の確率で HIV 陽性の誤った判定が下されることがある。いま，A 氏が血液検査で HIV 陽性と判定されたとしよう。10 000 人に 1 人が HIV に感染しているといわれている（という情報があり，A 氏が信じている）。このとき，A 氏が HIV に感染している確率をベイズの公式を応用して求めたい。

【解答】
$$P_r(A_1|E) = \frac{P_r(E|A_1) \cdot P_r(A_1)}{P_r(A_1) \cdot P_r(E|A_1) + P_r(A_2) \cdot P_r(E|A_2)}$$

$A_1 = \{$A 氏は HIV に感染している$\}$
$A_2 = \{$A 氏は HIV に感染していない$\}$
$E = \{$A 氏の検査結果は陽性$\}$
$P_r(E|A_1) = 0.98, \quad P_r(E|A_2) = 0.05$
事前確率 $P_r(A_1) = 1/10\,000, \quad P_r(A_2) = 9\,999/10\,000$
事後確率 $P_r(A_1|E) = 0.001\,96$ ◇

例題でもわかるとおり，ベイズの定理で使われている事前確率は A 氏に与えられた情報をベースにした単に当座の暫定数値にすぎず，これは A 氏のもつ"確信の度合い"と解釈せざるを得ない。これが，主観確率がベイズの定理

に起因することの意味である。ベイズの定理にはこのような恣意性、曖昧性があるにもかかわらず、この定理は現実問題（特にリスク問題）への適用性と操作性において、フィシャーとネイマン流の客観確率にはない、つぎのような決定的な利点をもっている。

① 1回の試行結果または観察結果をもとに、その情報を取り込んで事前確率（確信度）を正しい方向をもった確率の推定値（事後確率）として算出できる。

② たくさんの試行を観察した結果を繰り返し使えば、ベイズ推定はフィシャーとネイマン流の推定と同じ結論が得られる。

③ 過去のすべての情報（観察結果）を用いることなく、最新の情報だけでアップデートすれば、すべてのデータを用いた場合と同じ推定値を導ける（updating capability）。このような性質のことを**逐次合理性**という。

先験的な事前確率を、事実に基づき"真実の方向に更新できる"という、いわゆる Bayesian updating という操作性はベイズ定理の真髄というべきものであるが、これは PRA（QRA）やその後のリスクコミュニケーションにとってきわめて有効なツールとなる。なぜなら、技術者である専門家はその専門知識と経験を使い、"容易に"主確率である事前確率を設定でき、さらにベイズ推定で、事実結果からこれを正しい方向に更新するという、技術者個人のもつ専門知識（情報）と事実による科学的客観性の組合せ、という枠組みが成立するからである。例えば、原子力発電設備に対する"公衆の安全性に関する認知と感情"が低頻度で起こる原発事故によってどのように変化・改定されるか、といったような課題のモデル化にも適用することができる（例えば、松原望：統計的決定、放送大学教育振興会（1992年））。

2.7.3 FTA の基礎

〔1〕**FTA の基本事項** 具体的な技術システムを対象とするリスク評価には、おもなものでも what-if（ファット・イフ）分析、FMEA（failure mode effect analysis）、HAZOP（ハゾップ、hazard and operability study）

など†のシステムのもつハザードの同定を旨とする定性的な立場からの手法と定量的解析も可能な ETA や FTA が挙げられる。ここでは FTA の基礎的内容を説明する。

FTA は，解析対象となるシステムの特定災害（または異状）事象を**頂上事象**（top event）とし，それを発生するために必要な原因事象との論理的関係を表現した，いわゆるフォールトツリー図（fault tree diagram, FT 図）を用いる図式解析手法である。FT 図は，ある事象が生起するのにはどのような事象が発生しなければならないかという問いかけをし，すべての原因事象を挙げ，それら事象間の因果関係を**論理記号**で結ぶ。このような作業を頂上事象から順次反復し，もうこれ以上詳細に解析する必要がない**基本事象**（basic event）まで論理展開することによりつくられる。いわば，頂上事象であるシステム全体の危険事象発生要因の遡及（そきゅう）解析による思考整理方法というべきものであるが，問題は，挙げられた原因事象の網羅性の保証がないことである。

FT 図の作成（FT 図を展開するという）には，当然ながら解析対象となる技術システムについて十分な知識と理解をもったエキスパートによってなされるべきであるが，一度これができあがれば，そのような技術者でなくても以下のような解析が可能となる。

① 頂上事象の発生経路の明確化を行い得る。
② ブール代数則を用いて，基本事象の生起確率から頂上事象の生起確率の算定が可能となる。
③ システムの致命的事象（事象の組合せ）の抽出・明確化ができる。
④ 各基本事象の重要度などの評価が行える。
⑤ リスク要因の摘出と効率的システム改善などができる。

また，FTA によるシステムのリスク解析では，どのような頂上事象を選択すべきかはきわめて重要である。これに関する明確な基準が設定されているわけではないが，つぎの事柄を考慮すればよい。

---

† これら各手法については，3 章で詳しく解説する。

- 明確に定義でき，かつできれば定量的評価や計測が可能なもの。
- 下位レベルの中間原因事象を包括できるもの。
- 設計変更やシステムの変更管理などで対処できる性質をもつもの。

〔2〕 **FT 図に用いられる事象記号と論理記号**　FT 図にはどのような記号を使用してもかまわないはずであるが，地図や楽譜と同様に情報伝達媒体の意味から，第三者でも理解できる統一した記号を使うことがのぞましい。通常は，頂上事象および中間原因事象に対しては □ を，また基本事象には ○ を使う。当然ながら記号内に書かれる内容は「のぞましくない事象（欠陥事象）」でなくてはならない。そして，各事象は"生起"または"不生起"の二つの状態のみをとる。したがって，事象間を結びつける論理記号は基本的に 2 状態変数の論理演算である**論理和**（union）と**論理積**（intersection）である。確率論では，それらの演算記号はそれぞれ ∪（または +）と ∩（または *）と表記するが，FTA のような工学システム解析においては，論理和を"OR"そして論理積を"AND"と書く。そこで，FT 図では OR は ⌒、また AND は □ の記号を使う。また，それぞれを OR ゲート，AND ゲートと呼ぶ。

AND ゲートと OR ゲートを使った最も単純な FT 図を**図 2.20** に示す。電源，スイッチ（A，B，C）およびモータからなる回路系の FT 図で，頂上事象は"モータ起動せず"とした。AND ゲートの例（図(a)）ではすべての下位事象（これをゲートに対する入力事象ともいう）が発生したときのみ上位事

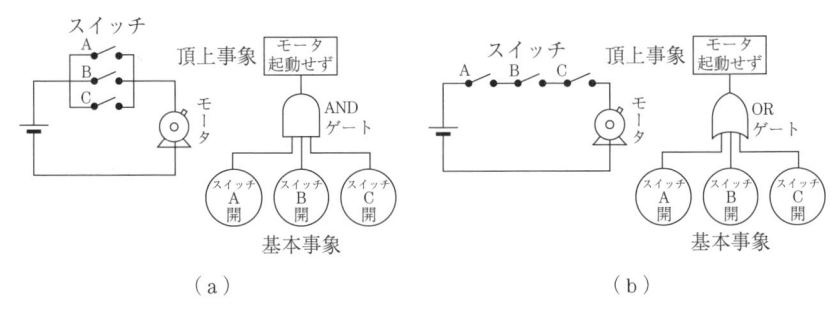

図 2.20　最も単純な FT 図

象（ゲートの出力事象という）が発生する。一方，ORゲートでは少なくとも一つの下位事象が発生すれば上位事象が生起することを示している。

原理的には，これら四つの記号でFT図を構成することが可能ではあるが，特殊な条件・状態への対応や，便宜上から他の事象記号や付加的な別のゲートなども導入されている。一般によく使われている記号を**表2.5**にまとめた。

表2.5 FTAに用いられる基本的な記号

番号	記号	名称	説明
1		事象（event）	頂上事象，および基本事象などの組合せにより起こる個々の事象（中間原因事象）。
2		基本事象 (basic event)	これ以上は展開されない基本的な事象または発生確率が単独に得られる最も低いレベルでの基本的な事象。
3		非展開事象 (undeveloped event)	情報不足，技術的内容が不明のため，これ以上展開できない事象を表す。ただし，作業の進行によりさらに解析が可能となったときは，再び展開を続行する。
4		通常（家形）事象 (normal (house) event)	通常発生すると思われる事象を示す。例えば，火災における"空気の存在"などである。
5	(IN) (OUT)	移行記号 (transfer symbol)	FT図上の関連する部分への移行または連結を示す。三角形の頂上から線の出ているものは，そこに移行してくることを示す。
			上と同じ。三角形の横から線の出ているものは，そこから移行していくことを示す。
6	出力／入力	ANDゲート (AND gate)	すべての入力事象が同時に生起するときのみ，出力事象が発生する。論理積。
7	出力／入力	ORゲート (OR gate)	入力事象のうち，少なくとも一つが生起するとき，出力事象が発生する。論理和。
8	出力／入力	制約ゲート (INHIBIT gate)	入力事象について，このゲートで示す条件が満足される場合のみ，出力事象が発生する。

〔3〕 **トップ事象の生起確率の推定** 得られた FT 図をもとに，上位事象を下位事象の論理表現で置き換えていく操作を逐次反復していくと，頂上事象の生起に関する条件が基本事象だけの論理表現として得られる。具体的には，基本事象の論理表現を変数とするブール代数方程式が立てられる。基本事象の生起確率が与えられれば，論理ゲート（AND と OR）の示す確率算法を用いて，頂上事象の生起確率が計算できる。ただし，以下の仮定が成立するとき計算可能である。

① 各事象は，生起と不生起の二つの状態のみとる。
② 各基本事象は，すべて相互に独立である。

実際の計算は，例えば，図 2.21 に対してつぎのようになる。

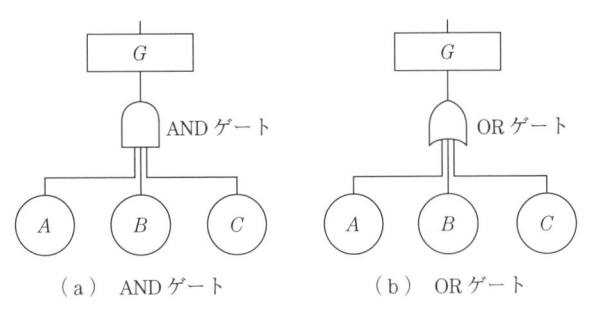

（a） AND ゲート　　　　（b） OR ゲート

図 2.21　AND ゲートと OR ゲート

・AND ゲート（図 2.21(a)）

$$P_r(G) = P_r(A \cap B \cap C)$$
$$= P_r(A * B * C) = P_r(A) \cdot P_r(B|A) \cdot P_r(C|A \cap B) \quad (2.31)$$

・OR ゲート（図 2.21(b)）

$$P_r(G) = P_r(A \cup B \cup C) = P_r(A + B + C)$$
$$= P_r(A) + P_r(B) + P_r(C) - P(A \cap B) - P(B \cap C)$$
$$- P(C \cap A) + P_r(A \cap B \cap C) \quad (2.32)$$

ここで，A と B は独立であるので，式(2.26)を参照すれば

$$
\left.\begin{aligned}
&\text{AND ゲート：} P_r(G) = P_r(A) \cdot P_r(B) \cdot P_r(C) \\
&\text{OR ゲート：} P_r(G) = P_r(A) + P_r(B) + P_r(C) \\
&\quad\quad\quad\quad\quad - P_r(A) \cdot P_r(B) - P_r(B) \cdot P_r(C) \\
&\quad\quad\quad\quad\quad - P_r(C) \cdot P_r(A) + P_r(A) \cdot P_r(B) \cdot P_r(C)
\end{aligned}\right\} \quad (2.33)
$$

FTA で取り扱われる事象は，通常，低頻度でその生起確率は 0.1 以下であることが多い。この場合，OR ゲートの出力確率は式(2.33)から近似的に

$$P_r(G) = P_r(A \cup B \cup C) \approx P_r(A) + P_r(B) + P_r(C) \quad (2.34)$$

と考えて計算しても実用上問題はない。これを**低確率事象近似**（rare event approximation）という。

入力事象（下位事象）が n 個になっても，それらが独立事象と低頻度事象であれば式(2.33)，(2.34)の関係は一般的に成立する。また，特殊な付加的ゲートとして制約ゲート（表 2.5 参照）が使われることが多いが，上位事象の生起確率は，下位の入力事象の確率に制約条件の確率を乗ずればよい。

各基本事象の確率が与えられれば，例えばブール代数則と上記の各論理ゲートの計算式を用いて，ボトムアップ方式で演算を行って，頂上事象の確率を推算する。その際，ブール代数による"FT 図の整理"を行って必ず論理的に正しい論理表現を得ておく必要がある。その具体例を**図 2.22** の簡単な FT 図で示す。

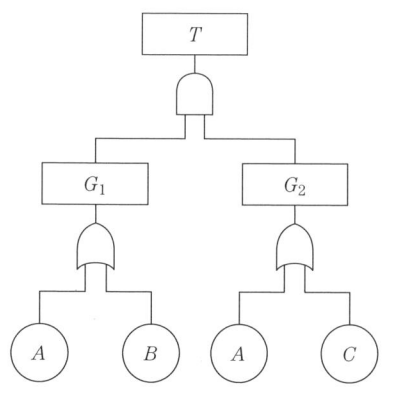

図 2.22 FT 図

図 2.2 の FT 図に対して，ボトムアップ方式で頂上事象の論理表現（すなわち，ブール代数方程式）をつくると

$$\left.\begin{array}{l} G_1 = A+B,\ G_2 = A+C \\ T = G_1 * G_2 = (A+B)*(A+C) \\ \text{すなわち，} T = A*A + A*B + A*C + B*C \end{array}\right\} \quad (2.35)$$

じつは，式(2.35)を直接使って確率計算すると正しい値は得られない。なぜなら，図 2.22 の FT 図には，2 箇所以上に同じ基本事象が含まれていて，基本事象は"相互に独立"という仮定を満足していないからである。

そこで，式(2.35)の方程式をブール代数則を使って簡略化すると，最終的に頂上事象の正しい論理表現として次式を得る。

$$T = A + B * C \quad (2.36)$$

式(2.36)を使えば正しい値が導ける。式(2.36)が示している FT 図は**図 2.23** のようになる。これが論理的に正しい FT 図で，図 2.22 のオリジナル FT 図に対しこれを**修正 FT 図**（modified FT）と呼ぶ。図 2.22 のようなオリジナル FT 図から修正 FT 図を得る操作を **FT 図の整理**という。

以上のことから頂上事象の確率計算は，必ずブール代数方程式の簡略化か，または FT 図の整理をしたのちに実行しなければならない。

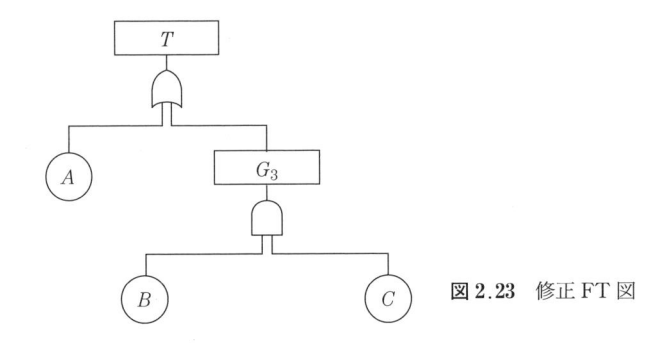

図 2.23　修正 FT 図

〔4〕 **最小カットセットと最小パスセット**　FTA に含まれる基本事項のうち，どの基本事項の組合せが頂上事象の発生に大きな影響をもつのかは，対象システムの弱点を捉え，効率的にリスク低減を行うためにきわめて重要であ

る。そのための概念として，最小カットセット（minimal cut sets）と最小パスセット（minimal path sets）がある。

カットセットとは，そのなかに含まれるすべての基本事象が同時に生起したとき，頂上事象を引き起すような基本事象の集まりである。カットセットのうちのどの事象を除いても頂上事象を引き起すことができないもの，すなわち頂上事象を生じさせるのに必要最小限のカットセットを最小カットセットという。最小カットセットは複数あり，通常つぎのように表記する。

$$\{A\},\{B,C\},\{D,E,A\},\cdots$$

$\{A\}$のような最小カットセットを1事象最小カットセットといい，最もクリティカルな基本事象として位置付けられる。

一方，パスセットとは，それに含まれる基本事象のすべてが同時に生起しないときに，頂上事象が発生しないような基本事象の集合を指す。最小パスセットは，パスセット内のどの基本事象を省いても，パスセットではなくなるものを除いた残り，すなわちパスセットのうちの必要最小限のものをいう。

カットセットが，失敗や危険事象が発生すればシステム機能故障や災害が起きるという条件を示すのに対し，パスセットは失敗や危険事象の生起がなければ，災害が生じないといういわば成功モードになっている。成功モードを表すツリーは，サクセスツリー（success tree）と呼ばれるもので，例えば図2.20のFTに対応するサクセスツリーは，各事象を生起から不生起に，また，ANDゲートとORゲートをそれぞれ入れ替えたものとなる。このような関係を，双対関係（dual relationship）という。したがって，最小カットセットと最小パスセットは双対性をもつ。

1) 最小カットセットの求め方　多くの基本事象と論理ゲートを含む大規模なFTでは，最小カットセットを求めることは容易でない。そのため，コンピュータを用いて機械的に最小カットセットを求めるアルゴリズムがいくつか開発されているが[12]，任意のFTに対し，最小カットセットを一義的に求める一般的解法はいまだ見いだされていない。小規模で簡単なFTなら，頂上事象の確率を推算するのと同様に，基本事象のみで表記されるブール代数方程式を

立て，それを簡略化することによって最小カットセットが得られる。この操作はボトムアップ方式でもトップダウン方式でも，どちらでもよい。得られたブール代数方程式を簡略化して，最終的に積，和の形にすれば，ただちに最小カットセットが見いだせる。

例えば，**図 2.24** のような FT 図の最小カットセットをトップダウン方式で求めれば，以下のようになる。

$$\left.\begin{aligned} T &= G_1 + G_2 \\ T &= A * G_3 + B * G_3 \\ T &= (A+B) * G_3 = (A+B) * (B+C+D) \end{aligned}\right\} \quad (2.37)$$

上記のブール代数方程式を簡略化して，積，和の形にすれば

$$T = B + A * C + A * D \tag{2.38}$$

となり，最小カットセットは $\{B\}$，$\{A, C\}$ および $\{A, D\}$ の三つであることがわかる。

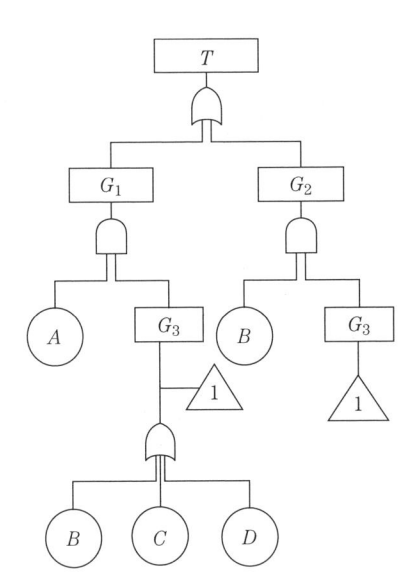

図 2.24 オリジナル FT 図の例

2) **最小パスセットの求め方**　パスセットとは，欠陥事象が生じなければ災害が起こらないことをいう．いわばシステムの信頼性を示す概念で，システムの不信頼性（リスク）を表すカットセットとは双対の関係にあることは述べた．この双対関係を利用して最小パスセットを求めることができる．

すなわち，まず，もとのFT図にある論理ゲートと各事象について**図 2.25**のような置換えを行い，いわゆる**双対 FT 図**（dual fault tree）をつくる．

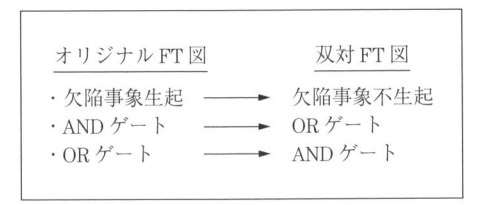

```
オリジナル FT 図            双対 FT 図
・欠陥事象生起    ──→    欠陥事象不生起
・AND ゲート     ──→    OR ゲート
・OR ゲート      ──→    AND ゲート
```

図 2.25　双対 FT 図の作成

置換えによって得られた双対 FT 図について最小カットセットを求めると，それはもとの FT の最小パスセットになる．ちなみに，図 2.24 の FT における最小パスセットは $\{A, B\}$ と $\{B, C, D\}$ となる．

演 習 問 題

【1】社会的受容係数を変数とする費用-便益解析を参考に Rational Public Claim の立場から，企業に対する公正賠償の判定条件はどのようになるか答えよ．

【2】現在，東京〜札幌間の A 社の航空料金は往復で 6 万円であるが，事故の発生確率は 150 万分の 1 である．新規参入の B 社は，同じ東京〜札幌間で A 社よりも 3 万円安くなるが，事故の発生確率は 100 万分の 1 になるという．この場合，あなたは B 社の飛行機を利用するか，それとも A 社を利用し続けるか．また，コストは市場システム（需要と供給との関係）に支配されると考えたとき，その結果としてどのようなことになるか，議論せよ．

【3】リスク曲線テイル部の傾きの絶対値 D の逆数 $1/D$ は純粋リスク R に対応した無次元数であることを導け．すなわち，被害期待値 $\propto 1/D$ であることを示せ．
（ヒント）　正規化リスク曲線の分布関数を用いて，期待値 $E(x)$ を求めよ．

【4】1〜6 の目が等確率で出る立方体のサイコロを振る．1/6 で生起する擬似乱数をパソコンで発生させ，サイコロを n 回（$1 < n < 10\,000$）振るシミュレーションをパソコンを用いて行え．そこで，偶数の目の出る相対的頻度（rela-

【5】 がん検診の方法がある。その方法によると，がんの人は 0.95 の確率でがん陽性と診断され，健康な人ががん陽性と誤診される確率は 0.05 であるといわれている。日本において，一般にがんの罹患率は 0.005 という情報がある。このとき，この診断方法をあなたが受け，「がん陽性である」という結果が出た。あなたは自分のがんの可能性をどの程度であると疑うべきか。また，実際には日本人全体を母集団と考えるのではなく，自覚症状がある人々が検診を受けることになる。このような場合，あなたのがんの可能性はどのように評価されるか議論せよ。

【6】 つぎのブール代数方程式を簡略化せよ（下式のどちらの表現を用いてもよい）。

$$R = \overline{\{(A \cap B) \cup (A \cap \overline{B}) \cup (\overline{A} \cap \overline{B})\}} \quad \text{または}$$
$$R = \overline{\{(A * B) + (A * \overline{B}) + (\overline{A} * \overline{B})\}}$$

【7】 問図 2.1 に示す FT 図の最小カットセットと最小パスセットを求めよ。

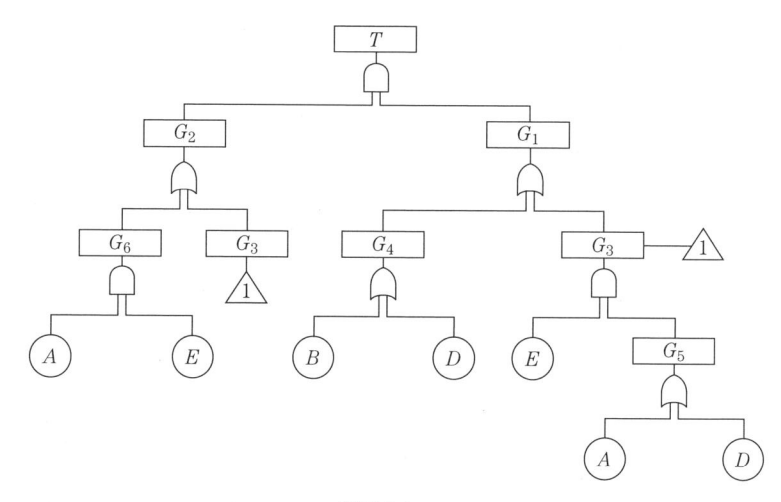

問図 2.1

3

リスクの同定と分析手法

2章で説明したように災害リスクとは，特定の危険源（ハザード）によってもたらされる「被害の大きさ」と「被害の発生確率」の組合せと定義される。なお，ここで被害とは人的な被害，物的な被害，財産損失などのさまざまな被害が含まれる。危険な化学物質を取り扱う化学プラントなどの大規模なシステムに対しては，リスクの大きさを評価するためにリスクアセスメントが実施されることが多い。リスク分析は，リスクアセスメントにおける中心となる分析作業であり，図2.5に示したように危険源の同定，発生確率の推算と被害の大きさの評価に基づくリスク算定という作業からなる。

英国のICI社（Imperial Chemical Industry）で長らく安全顧問をつとめたTrevor Kletzは，危険源の同定ができなければリスクを評価することも低減することもできないとして，危険源の同定がリスク分析において重要であることを示唆している。本章では，主として化学プラントを対象とするリスク分析にあたり重要な作業である危険源の同定に焦点を当て，危険源同定手法につき解説する。

3.1 危険源同定手法

化学プラントは危険物質を大量に取扱う大規模システムであり，リスク低減にあたっては，研究開発，概念設計，パイロットプラント，基本設計，詳細設計，操業というプラントライフサイクルを通してリスク分析を行い，プラント固有の危険源を同定し，設備面あるいは運用面においてリスク低減にあたっての対策を講じることが必要である。リスク分析においては，予備的危険解析 (preliminary hazard analysis)，What-if 分析，HAZOP (hazard and operability study），FMEA (failure mode and effects analysis)，FTA (fault tree analysis)，ETA (event tree analysis) などのシステム安全工学手法が組み合わされて使用される。これらの手法を体系的に解説した図書として米国のGuidelines for Hazard Evaluation Procedures[1] がある。これらの手法のうち，危険源同定に使われる手法としては，予備的危険解析，What-if分析，HAZOP，FMEA を挙げることができる[2]〜[5]。これら手法の概要を表3.1に示す。

表3.1 システム安全工学手法の概要

手　法	概　　　要
予備的危険解析	プラントライフサイクルの初期の段階で実施される。完成後のプラントの立地環境，取扱い物質，設備構成などに起因する危険源を洗い出し，リスク低減策を検討する予備的な分析。
What-if 分析	「もし…であるならば」という質問を繰り返すことにより，プラントの設計面，運転面における危険源を洗い出し，リスク低減策を検討する手法。
HAZOP	プラントを構成する1本のラインまたは一つの機器に着目し，流量，温度，圧力といったプロセスパラメータが正常状態から逸脱したことを想定し，その原因の同定，プラントへの影響分析を行い，リスク低減策を検討する手法。逸脱の想定にあたっては，あらかじめ決められたガイドワードを使用する。
FMEA	プラントを構成する機器に着目し，その機器に考えられる故障モード（例えばバルブでは，故障全開，故障全閉，作動不能など）を想定し，その故障モードが発生したときのプラントへの影響分析を行い，リスク低減策を検討する手法。

3.2　リスク分析作業チームと必要資料

プラントの危険源同定にあたっては，化学プロセス，回転機械，制御システムなどの設計者や安全，運転，保全のスペシャリスト，また研究開発担当者など専門分野の異なるメンバーからなるチームを編成し，多面的な視点から検討を行うことが重要である。分析チームの構成メンバーは，分析対象とするプラントやシステムの特性，実施時期，適用手法に応じて決定する。なお，分析作

業にあたっては，適用する手法に精通したリーダーが必要であり，リーダーは分析の目的を理解し，メンバーの知識を最大限に引き出すとともに自らが積極的に検討作業に関与し成功裡に分析を終了させる役目を負っている。

また，分析作業にあたっては，対象とするプラントの設計や運転に関する資料が必要となるが，分析の実施時期，適用する手法により資料の種類や詳細度は異なる。予備的危険解析を化学プラントの概念設計段階，What-if 分析を基本設計段階，HAZOP および FMEA を詳細設計段階で実施する場合に必要となる基本的な設計に関する資料の例を**表 3.2** に示す。

表 3.2 分析に必要な資料

分析に必要な資料	予備的危険解析	What-if 分析	HAZOP	FMEA
ブロックフローダイアグラム (BFD)	◎			
プロセスフローダイアグラム (PFD)	△	◎	◎	◎
配管計装系統図 (P&ID)		△	◎	◎
ユーティリティフローダイアグラム (UFD)		△	○	○
物質安全データシート (MSDS)	○	○	○	○
プロセス説明書	△	○	○	○
機器データシート		△	○	○
インターロック関連資料		△	○	○
安全弁設計資料		△	○	○
機器配置図		△	○	○
ガス漏洩検知器配置図		△	○	○
安全シャワーなどの配置図		△	△	△
立地場所の自然環境条件資料	○	△	△	△

注) ◎：特に重要　○：必要　△：あればのぞましい

3.3　予備的危険解析

化学プラントは大規模なシステムであり，取り扱う物質，プロセス特性，システム相互間の不整合などに起因する多様な危険源が存在する。予備的危険解

析は，概念設計やパイロットプラント建設時などプラントライフサイクルにおける初期の段階で実施し，完成後のプラントに想定される危険源や問題点を洗い出し，その後のプラント設計において詳細に分析すべき項目の摘出や操業面でのリスク低減にあたっての方策を洗い出すことを目的としている。プラントライフサイクルの初期の段階で実施することにより時間的な余裕をもって，また，整合性のとれたリスク低減策を講じることが可能となる。

本分析はプラントライフサイクルの初期段階で実施されるため，プラントの設計仕様など詳細な情報が十分に整備されていないが，ブロックフロー図や立地場所の自然環境条件などの資料やデータをもとに，以下のような視点から分析が行われる。

・原材料，中間製品，製品，廃棄物などの物質危険特性や留意点は何か
・原材料，中間製品，製品，廃棄物などの貯蔵はどのような方式がよいか
・特殊な機器や機器相互間のインタフェースで考慮すべき点は何か
・危険性の高い機器の配置，裸火を扱う設備の配置，計器室・事務棟など人が常駐する建築物はどのような配置がよいか
・電力，冷却水，計装用空気などの基盤システムの信頼性確保の方法は何か
・運転，点検，メンテナンスなどに関してプラント固有の特殊性は何か
・プラント立地場所における地震，台風，落雷，異常気象など自然環境要因に起因するのぞましくない事象としてどのようなものが想定されるか

分析の結果，完成後のプラントに重大な危険源が予見された場合には，設計段階あるいは運転段階で実施すべきリスク低減策を記録に残し申し送る。なお，分析を効率良く実施するためには，チェックリストや類似プラントでの過去の事故事例，類似の機器や物質を取り扱っているプラントのトラブル事例などの情報を整備しておく。分析結果は**表3.3**のようなワークシートに記録する。

表3.3 予備的危険解析ワークシート例

事象	影響・結果	安全対策	提言事項
異常寒波	冷却水系統の凍結により反応システムへの影響	保温材施工	設計段階で冷却水凍結対策を詳細に検討のこと

3.4 What‐if 分析

3.4.1 What-if の基本形態

What-if 分析は，プラント構成機器の故障やオペレータの誤操作，台風や異常気象などの外的要因が発生したことを想定し，「もしポンプが停止したら」「もし原料を取り違えたら」「もし異常寒波がきたら」というように，「もし…であるならば」「もし…が起こったら」という質問を繰り返すことによりプラントの設計面ならびに運転・操作面における危険源や問題点を同定し，リスク低減のための方策を検討する手法である．同手法は，研究開発，概念設計，基本設計，詳細設計，運転というプラントライフサイクルのいずれの段階でも幅広く使用できるが，一般的には概念設計や基本設計の段階で実施されることが多い．

分析作業は，リーダーの主導のもとに分析チームのメンバーそれぞれが関心をもった項目につき What-if の質問をし，ブレーンストーミング形式での検討を通して危険源や問題点の洗い出しを行い，リスク低減策の検討を行う．分析結果は**表 3.4** に示すようなワークシートに記録する．

表 3.4 What-if 分析ワークシート例

What-if	影響・結果	安全対策	提言事項
バルブ A を誤って開放したら？	アンモニアがタンクへ流入し，ベントより大気中へ放出し，人身危害の可能性	運転マニュアルによる操作手順書	1. バルブ A は通常使用しないバルブなので施錠閉とする 2. タンクまわりにアンモニアガス検知器を設置のこと

なお，What-if 分析は，抜け落ちなく質問をできるか否かが分析の成否を左右する．このため，対象とするプラントの特性に合わせて質問リストやキーワードを事前に作成しておく．質問リストは詳細なものである必要はなく，一つの質問を呼び水として参加メンバーが連想的に新たな質問を想起できるよう

なものでよい.

3.4.2 What-if 分析における検討項目のカテゴリー化

What-if 分析は，3.5，3.6 節で後述する HAZOP や FMEA のような系統的な手法ではないため，分析の抜け落ちが考えられる．これを防ぐために検討項目をいくつかのカテゴリーに区分し，それぞれのカテゴリーごとに検討を行うと焦点の絞れた分析ができる．What-if 分析にあたってのカテゴリーの例を表 3.5 に示す．

表 3.5 What-if 分析での検討項目のカテゴリー化の例

カテゴリー	検討内容	検討の視点
物質特性	物質に起因する危険源・問題点の同定	物質の取扱い上の危険性，サンプリング上の問題点，物質の流出危険性，閉塞危険性，不純物の混入による危険性，特殊な反応危険性，自然発火性，水との接触危険性など，物質に起因する危険性に焦点を当てて検討する．
機器特性	機器特性に起因する危険源・問題点の同定	特殊な機器による危険性，機器の使用材料や腐食・磨耗による危険性，機器相互間のインタフェースの問題点，貯蔵方式など機器固有の特性に焦点を当てて検討する．
機器配置	機器の配置に関する危険源・問題点の同定	危険性の高い機器の配置，裸火を扱う設備の配置，貯槽の配置，計器室・事務棟など人が常駐する建築物の配置などに焦点を当てて検討する．
コントロールシステム	制御システムの特性における整合性	コントロールシステムの妥当性，トリップシステム，緊急遮断システムの適切性など，制御システムに焦点を当てて検討する．
操作・運転	操作・運転に起因する危険源・問題点の同定	スタートアップ・シャットダウン，オフスペック製品の処理，誤操作防止への配慮，運転，メンテナンスなどプラント操作・運転に焦点を当てて検討する．
安全防災	安全防災設備の持ち方	防消火設備，緊急時対応，避難経路など安全防災に焦点を当てて検討する．
自然環境	自然環境に起因する危険源・問題点の同定	プラント立地場所における地震，台風，落雷，異常気象など自然環境条件に焦点を当てて検討する．

3.5 HAZOP

HAZOP (hazard and operability study, ハゾップと読む) は, 1960 年代の初めに英国の ICI 社が有機化学プロセスの安全性評価のために開発した手法である。最初に紹介されたのが 1974 年であり, 当初は operability study[6] と称していた。その後, 1977 年に英国 CIA (Chemical Industries Association) からガイドライン[7]が出版され, HAZOP という名称が定着した。

3.5.1 HAZOP の基本思想と特徴

「プラントは設計意図どおりの運転操作がなされれば基本的には安全であり, 危険事象は設計意図からの"ずれ (deviation)"が生じることにより発生する。プラントの設計意図からのずれを想定し, ずれの原因となる機器故障, 誤操作を特定し, それらが発生した際のプラントへの影響を検討することによりプラント固有の危険源(ハザード)が同定される。危険源が同定されたならば, 防護対策を講じることによりプラントの安全性は確保される」という考えが HAZOP の基本思想である。なお, ここでいう"ずれ"とは, 機器の故障や誤操作などによるプロセス状態量の正常運転範囲からの逸脱, すなわちプロセス異常をいうが, 広義には, プラントの正常な運転にあたり設計者が意図した計器が設置されていない, 異なった計器が設置されている, あるいは分析機器が設置されていない, などといった設計意図からの逸脱も含むといえる。

HAZOP は上記の考えに立ち, P&ID (piping & instrument diagram) を対象として分析が行なわれる。ここで P&ID とは, 機器・配管の連結状況とその諸元(サイズ, 材質, 設計圧力, 設計温度など), 制御システムなどの情報が記載された図面であり, 通常運転で使用される機器や配管はもちろんのこと, スタートアップに使用される機器や配管, 冷却水やスチームなどの用役の配管, 緊急時やメンテナンス時のみに使用される配管, 安全弁や安全インターロックなどすべての機器ならびに配管が記載され, プラントの多くの機能が表

現されている図面である。

　HAZOPは，上記の特性をもつP&IDに記されている1本のプロセスラインならびに一つの機器に着目し，そこに起こりうる正常運転状態からのずれ，例えば「流れがなくなる」「流量が増加」「圧力が上昇」「温度が上昇」「液面が降下」などといったプロセス状態量のずれを想定し，その原因の特定，プラントへの影響分析，講じられている安全対策の確認とリスク低減にあたっての方策の提言という作業手順からなっている。

　HAZOPはP&IDを対象とした分析作業であり，P&IDが作成される基本設計，詳細設計段階で実施される。また，操業段階で既設プラントの安全性の見直しのために実施されることも多い。

3.5.2　HAZOPの基本手順

　HAZOPの基本手順を図3.1に示し，主要な作業の概要を以下に説明する。

〔1〕　**スタディノード**　　プラントは大規模なシステムであり，ずれを想定する範囲を特定するために，分析対象とするP&IDをプロセス条件，機器の連結状況，システムの機能を考慮していくつかに分割する。分割された区分をHAZOPにおいてはスタディノードと称する。スタディノードへの分割は分析対象範囲の定義といえる。なお，スタディノードの分割にあたっては，蒸留塔や反応器などの主要な機器を始点とし，下流の主要な機器までを結ぶプロセスラインを一つのスタディノードとして定義するのが一般的である。スタディノード分割のイメージを図3.2に示す。なお，スタディノードへの分割は分析作業実施前に行っておくのがよい。

〔2〕　**ずれの想定**　　分割されたスタディノードの一つを分析対象として選定し，ずれを想定する。ずれの想定にあたっては，あらかじめ用意されている"No"，"Less"，"More"などといったガイドワードとプロセスパラメータとを組み合わせる。ずれの想定においてガイドワードを使用する点にHAZOPの特徴がある。

　HAZOPにおけるガイドワードとその定義を表3.6に示す。なお，プラン

3.5 HAZOP 89

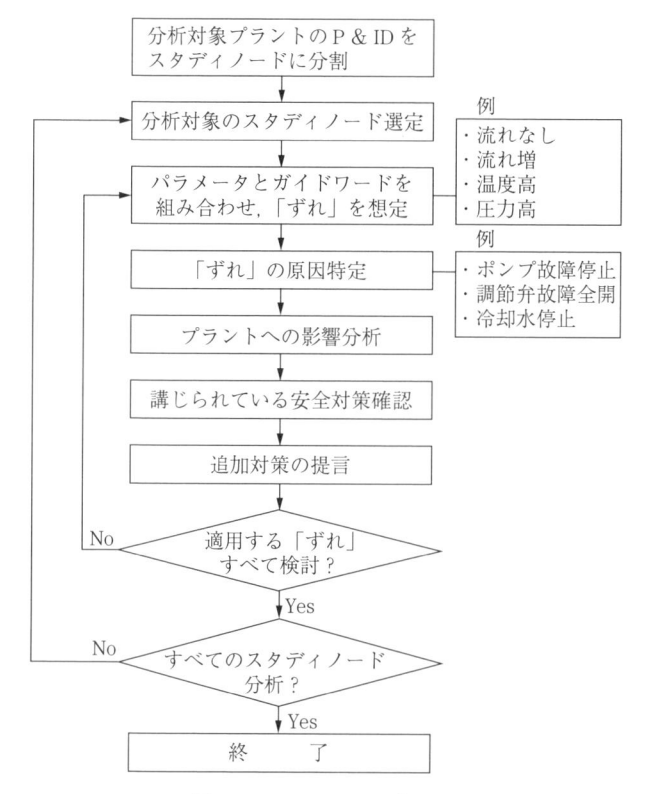

図3.1 HAZOPの基本手順

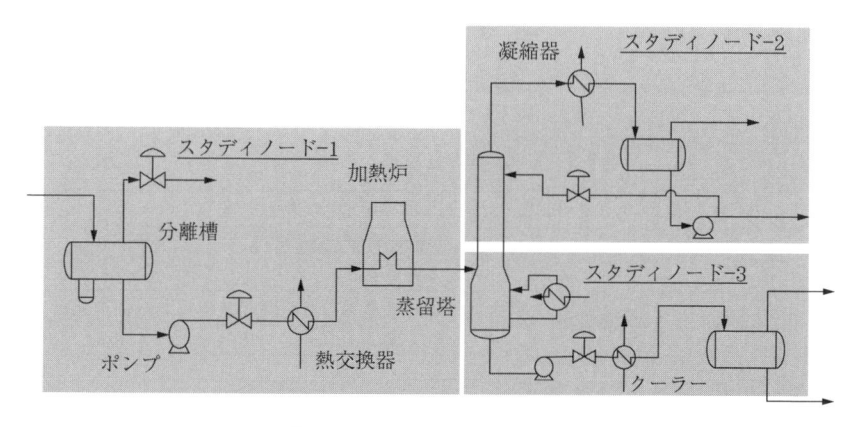

図3.2 スタディノード分割例

表3.6 HAZOPにおけるガイドワード

ガイドワード	定　義	解　説
No または Not	設計意図の全面否定	設計で意図したことがまったく起こらない。
More	量的増加	設計で意図した最大値を超える。
Less	量的減少	設計で意図した最小値を下回る。
Reverse	設計意図に対する論理的反対性	設計意図と逆の事象が発生する。
As Well As	質的増加	設計で意図したことはすべて達成されるが，その他余分なことが起きる。
Part Of	質的減少	設計で意図したことの一部しか達成されない。
Other Than	設計意図以外による代替	設計意図はまったく達成されず，まったく異なることが起こる。上記のガイドワードで表されない事象に適用。

ト運転にあたっての主要なプロセスパラメータは，流量，温度，圧力，液レベル，組成であり，これらのパラメータのずれは HAZOP での必須検討項目であるが，その他の重要な管理パラメータの"ずれ"もプロセス特性，取り扱う物質特性に応じて分析対象とする。例えば濃度が高くなると分解爆発の危険性が考えられる過酸化物のような物質を取り扱うプロセスでは，「濃度」のずれも分析対象とする。その他，反応，吸着，粘度，pH などのずれもプロセスの特性に応じて分析対象とする。また，回分操作†のバッチプロセスでは「時間」や「操作ステップ」「操作アクション」も管理すべきパラメータである。「時間」に関しては表3.7のガイドワードを用いてずれを想定する。パラメータとガイドワードを組み合わせたずれの例を表3.8に示す。

表3.7 時間のずれに対するガイドワード

ガイドワード	定　義	解　説
Sooner	時間的早まり	設計で意図した時間，タイミングより早く実行する。
Later	時間的遅れ	設計で意図した時間，タイミングより遅れて実行する。

† あらかじめ決められた手順に従い，バルブの開閉，反応器への原料の投入，撹拌器の起動・停止，加熱・冷却などを行う操作。

表 3.8 パラメータとガイドワードを組み合わせたずれの例

パラメータ	ガイドワード	ずれ	パラメータ	ガイドワード	ずれ
流 れ	No	流れなし	組 成	As Well As	組成変化（一部の成分が増加，不純物混入）
	More	流量増		Part of	組成変化（一部の成分が不足）
	Less	流量減	アクション	No	アクション実施せず
	Reverse	逆流		More	過剰のアクションを実施
圧 力	More	圧力高		Less	一部のアクションを実施せず
	Less	圧力低		Reverse	逆のアクションを実施
温 度	More	温度高		Other Than	別のアクションを実施
	Less	温度低			
液 面	More	液面高			
	Less	液面低			

〔3〕 **ずれの発生原因の特定** 一つのずれを想定したら，ずれの発生原因を特定する。ずれの発生原因としては機器の故障，誤操作のほか，気象条件などの外的要因が主たる原因といえる。例えば，「流れなし」というずれの原因としては，ポンプ故障停止，調節弁故障閉止，配管閉塞などが考えられる。また，「流量増」というずれの原因としては，調節弁故障全開，調節弁バイパスラインバルブの誤操作による全開などが代表的な原因例である。**表 3.9** にずれ

表 3.9 ずれの原因例

ずれ	ずれの原因例
流れなし	調節弁故障閉止，ポンプ故障停止，配管閉塞，手動操作弁誤操作閉
流量増	調節弁故障全開，手動弁誤操作開，調節弁のバイパス弁全開
流量減	フィルタの部分閉塞
逆流	ポンプ故障停止，上流側装置の減圧，下流側装置の圧力高
圧力高	調節弁故障閉，手動弁誤操作閉，配管閉塞，配管の液封
圧力低	脱圧弁故障全開，背圧制御弁故障開，上流での配管閉塞
温度高	加熱炉異常炊き上げ，スチーム調節故障全開，冷却水停止，異常気象
温度低	加熱炉燃焼停止，スチーム調節故障閉，加熱器熱媒停止，異常寒波
液面高	液面調節弁故障閉止，ポンプ故障停止
液面低	液面調節弁故障全開，フィード量減少，塔槽類液抜きラインの漏れ
組成変化	フィード原料変更，混合操作の失敗，仕切弁漏洩，熱交換器チューブ漏洩

の原因例を示す。

〔4〕 **影響分析**　ずれの原因となる機器故障や誤操作が特定されたら，それらが発生した際にプラントにどのような影響や結果が現れるのかを分析する。HAZOPにおいてはこの影響分析が最も重要な作業である。なお，プラントへの影響分析にあたっては，ずれの発生原因となった故障機器の上流側への影響，下流側へ影響という順序で検討を行うと抜け落ちを防止できる。

化学プラントには，プロセス異常発生時にオペレータに異常を知らせるプロセスアラームやプロセス状態が正常運転範囲から大幅に逸脱したときに事故防止のために自動で作動する緊急遮断システムなどの"安全インターロック"や，装置を異常過圧による破壊から保護する安全弁などの安全設備が多数設置されている。また，プロセス異常発生時には運転員による緊急対応がなされるが，影響分析にあたっては安全設備やオペレータの運転対応は一切ないものとして検討を行う。すなわち，安全設備がなく，または，オペレータによる対応がとられず異常がそのまま進展したらどのような危険事象が発生するのか，を分析することが必要である。この分析によりプラント固有の危険源が同定される。

また，影響分析にあたっては「圧力上昇」「温度上昇」「液レベル低下」というプロセス状態量の変動の確認で終了しないで，それらプロセス状態量の変動が運転トラブルで収まるのか，機器の破損や危険物質の流出といった危険事象につながるのかを明らかにする。例えば「圧力上昇」という異常に対しては，機器の設計圧力を大幅に超えて機器の破損につながるのか，設計圧力を超えることはなく運転トラブルで収まるのか，を同定する。また，「液レベル上昇」という異常に対しては，容器をオーバーフローする可能性はあるのか，オーバーフローした場合の影響はどうなるのかなどについて検討する。

〔5〕 **安全対策の確認**　プラントへの影響分析が終了したら，設計面においてすでに講じられている安全対策を確認する。安全対策の確認は，① 異常の発生防止策があるのか，② 異常の検知手段があるのか，③ 異常発生時の事故予防や影響の緩和・抑制策があるのか，という視点から行う。なお，安全対

策としては，安全弁や安全インターロックなどのハード面での対策のみならず，緊急運転対応などソフト面での対策も安全対策にあたる。

〔6〕 **追加対策などの提言**　異常発生に対してどのような安全対策が講じられているかを確認したら，想定される危険事象の過酷度とその起こりやすさ考慮して，危険事象の抑制や影響緩和にあたり安全対策が十分であるか，その妥当性を評価する。安全対策が不十分と評価されたら，設計面あるいは運転面においての追加対策，改善事項などのリスク低減策を提言する。

〔7〕 **HAZOP ワークシートへの記録**　以上の分析結果を HAZOP ワークシートと称するフォーマットに整理して記録する。HAZOP ワークシートの例を**表 3.10** に示す。

表 3.10　HAZOP ワークシートの例

ずれ	考えられる要因	影響・結果	考慮されている対策	提言事項
流れなし	流量調節弁 (FCV-01) 故障閉止	ドラム (D-01) 液面上昇によりオーバーフローし運転トラブル発生	・流量計 (FIC-01) 低アラーム ・液面計 (LIC-1) 高アラーム ・バイパス弁操作で運転対応	なし
		調節弁下流の熱交換器 (HE-01) の胴側の冷却流体の流れがなくなり，チューブ側の高温の流体が冷却されずタンクに流入し，可燃性ベーパがタンクから大気放出される	・温度計 (TI-65) 高アラーム ・タンク周囲に可燃性ガス検知器設置 ・バイパス弁操作で運転対応	現状の対策で問題がないか検討のこと
流量増加	流量調節弁 (FCV-01) 故障全開	ドラム (D-01) 液面低下し，液面がなくなりポンプ (P-01) 空引きによる損傷	・流量計 (FIC-18) 高アラーム ・液面計 (LIC-1) 低アラーム	液面異常低下でポンプ停止のインターロック設置のこと

3.5.3　HAZOP の他の産業分野への応用

すでに解説したように HAZOP は，ガイドワードと管理すべきプロセスパラメータを組み合わせ，正常状態からの逸脱を想定することから分析作業が始まる。化学産業に限らず他の産業分野におけるシステムにおいても，システムの特性に応じた固有の管理パラメータが存在する。例えば鉄道やタンクロー

リーなどの輸送システムにおいては，速度や積載量，積載物質などが管理すべきパラメータといえる。「速度オーバー」は脱線や衝突につながるように，これらの管理パラメータが本来意図したものから逸脱したならば事故や大きなトラブルにつながる危険性があるといえる。

HAZOPは化学プラントを対象として開発された手法であるが，他の産業システムでの管理すべきパラメータとHAZOPガイドワードを組み合わせることにより正常状態からの"ずれ"が想定でき，このずれを出発点としてリスク分析が可能となる。他の産業分野のシステムにおいて，HAZOPガイドワードと組合せ可能なパラメータの例を**表3.11**に示す。

表3.11 HAZOPガイドワードと組合せ可能なパラメータの例

システム	パラメータ
機械システム	動力，トルク，速度，加速度，頻度など
電気システム	電流，電圧，抵抗，周波数，インピーダンスなど
輸送システム	速度，積載量，積載物，頻度，経路など

3.6 FMEA

FMEAは故障モード影響解析と称され，1950年代に航空機エンジンの信頼性解析に使用されたのが始まりとされる。現在は，電気・電子産業，機械産業での信頼性解析のみならず化学産業におけるリスク分析に使われている。FMEAは分析対象とするシステムを構成する機器の種別に応じ，それぞれの機器固有の故障モードを設定し，設定した故障モードが発生した際のシステムへの影響を分析する手法である。化学プラントを対象とした場合，プラントの構成機器であるバルブやポンプ，制御系などを対象として，それぞれの機器固有の故障モードを想定して分析作業を進める。実施時期はHAZOPと同様にP&IDが作成される基本設計，詳細設計段階である。**図3.3**にFMEAの基本手順を示す。

3.6 FMEA

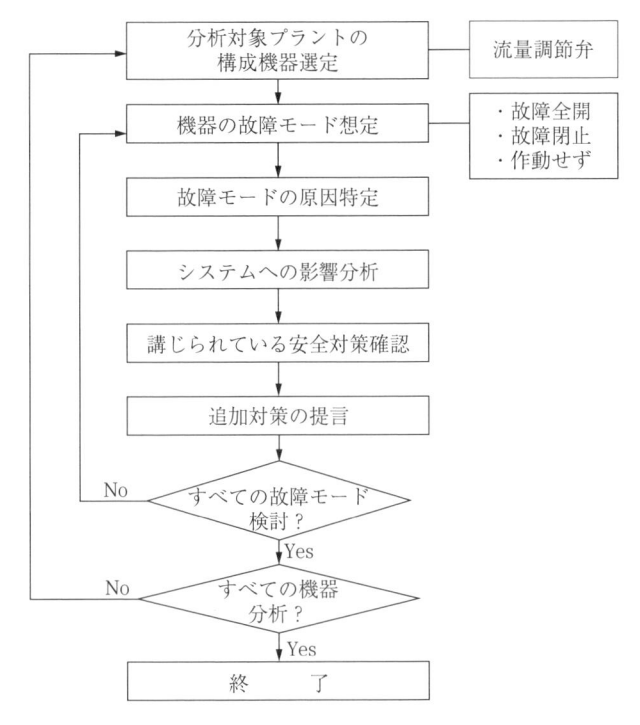

```
     ┌──→ 分析対象プラントの ──→ 流量調節弁
     │    構成機器選定
     │         ↓
     │    機器の故障モード想定 ──→ ・故障全開
     │         ↓                    ・故障閉止
     │    故障モードの原因特定       ・作動せず
     │         ↓
     │    システムへの影響分析
     │         ↓
     │    講じられている安全対策確認
     │         ↓
     │    追加対策の提言
     │         ↓
     │   ╱すべての故障モード╲ No
     │   ╲   検討？        ╱──┘
     │         ↓ Yes
     │   ╱すべての機器╲ No
     └───╲  分析？    ╱
              ↓ Yes
            終  了
```

図 3.3 FMEA の基本手順

表 3.12 FMEA ワークシート例

No	機 器	故障モード	原 因	影 響	安全対策	提 言
1.1	原料 A 流量調節弁 (FCV-01)	全 開	駆動系故障	原料 A, B の流量比率大となり，反応温度上昇し反応暴走の危険性	・反応器温度高アラーム ・反応器温度異常高で，原料 B 緊急遮断のインターロック ・反応器温度異常高で，反応器緊急脱圧のインターロック	インターロックの発信器の冗長化を検討のこと
1.2		閉 止	駆動用の計装用空気供給停止	原料 B のみが反応器に供給され，反応停止	・反応器温度低アラーム	なし

表 3.13　化学プラントの構成機器の故障モードとその原因例

機器	故障モード	原因例
バルブ	内部漏洩	・弁体，弁座の変形，損傷 ・弁体・弁座接触面での異物のかみ込み
	外部漏洩	・シール部の損傷
	破損	・長期使用による疲労などに伴う破損 ・腐食・外力などによる破損
	詰まり	・異物の混入 ・弁棒折損による弁体落下
	全開/閉止	・誤操作 ・誤信号
	開作動せず/閉作動せず	・異物のかみ込みなどによる固着 ・駆動装置（モータ，アクチュエータ）故障 ・動力源（空気，電力）の喪失
	制御不能	・異物のかみ込みなどによる固着 ・駆動装置（アクチュエータなど）の故障
ポンプ（電動）	起動せず	・モータの故障 ・電力喪失 ・異物のかみ込みによる固着 ・待機中の故障
	運転停止	・電力喪失 ・異物のかみ込みによる固着 ・長期運転に伴う損傷
	破損	・長期使用による疲労などに伴う破損 ・腐食・外力などによる破損
	外部漏洩	・シール部の損傷
熱交換器	チューブ破損・漏洩	・長期使用による疲労などによる破損 ・腐食・外力などによる破損
	外部漏洩	・シェルフランジ部シール部材の損傷 ・締め付け力の劣化
	チューブの詰まり	・異物の混入
	シェル破損	・長期使用による疲労などに伴う破損 ・腐食・外力などによる破損
指示計	指示しない	・断線・ショートなど ・構成部品の劣化，損傷など ・振動などによる校正のくるいなど ・構成部品の損傷，劣化など

なお，プラントへの影響分析にあたっては，HAZOPと同じく講じられている安全対策がないものとして分析を行い，プラント固有の危険源を同定する。化学プラントにおけるFMEAのワークシート例を表3.12に示す。

FMEAを効率的に実施するには，システム構成機器において適用する故障モードのリストを作成しておく。化学プラントの構成機器の故障モードとその原因の例を表3.13に示す。

FMEAは，システム構成機器の故障モードを逐一設定し，その影響を分析するという手順をとるので，大規模なシステムに対しては多大な時間が必要となるが，システム全体を網羅的に検証するため総合的な分析が可能となる。

演 習 問 題

【1】 What-ifやHAZOPを使用して化学プラントの危険源の特定を行うにあたり，最ものぞましい方法を一つ選べ。
 ① プラント特性を理解している安全の専門家が，1人で詳細に検討するのがのぞましい。
 ② 運転を熟知しているプラントオペレータが，1人で詳細に検討するのがのぞましい。
 ③ プラントのオペレータができるだけ多数参加して，チームで検討するのがのぞましい。
 ④ 安全の専門家，プラントのオペレータ，プロセス技術者など，専門の異なるメンバーが参加してチームで検討するのがのぞましい。

【2】 HAZOPの本来の目的としてのぞましいものを一つ選べ。
 ① 機器故障などによる影響が，プラント内をどのように伝播していくかを詳細に検討しプロセス特性を理解する。
 ② プラントにおける潜在的な危険源や運転上の大きな問題点の洗い出しを行う。
 ③ プロセス変動に対して，どのように運転対応をするかをメンバー全員で検討する。

【3】 問図3.1のシステムにおいて，HAZOPにより危険源を特定せよ。なお，機器の設計条件および各ストリームの運転条件は，問表3.1, 3.2のとおりである。

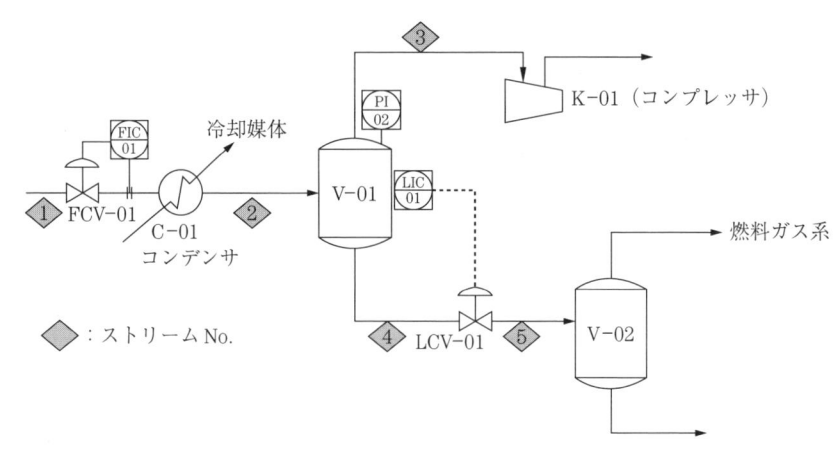

問図3.1

問表3.1　機器設計条件

機器	設計温度〔℃〕	設計圧力〔MPaG〕
C-01	シェル300/チューブ80	シェル2.0/チューブ0.5
V-01	80	2
V-02	80	0.8

問表3.2　各ストリームの運転条件

ストリームNo.	1	2	3	4	5
流体	灯油+メタン	灯油+メタン	メタン	灯油+溶解ガス	灯油+溶解ガス
温度〔℃〕	250	50	50	50	50
圧力〔MPaG〕	1.6	1.5	1.5	1.5	0.5

4 産業リスクアセスメントの実践

2章の基礎論で，リスクアセスメントを行うにあたっての必要な知識は網羅されている。しかしながら，これだけで，具体的にリスクアセスメントが可能になるかというと，それのみでは不十分で，さらに詳細な解説が必要である。本章では，リスクアセスメントを行うにあたってのさらに詳細な解説を行う。ここで解説するリスクアセスメントとは，危険源（ハザード）に何らかの異常が起こり，それが災害に至ってしまう予想頻度を求める方法論で，PRA（probabilistic risk assessment，確率論的リスク評価）や，QRA（quantitative risk assessment，定量的リスク評価）と呼ばれている。元来は原子力産業で考案，確立された方法であるが，現代産業のリスクアセスメントに有効な方法である。

4.1 現代産業のリスクアセスメントにおけるリスクの定義

リスクの定義は，すでに2章で述べられているが，実践の立場から再度考察してみよう。リスクの定義は一意でないが，最近，よく採用される定義としては，式(2.6)と同様なKaplanら[1]によるつぎのような定義である。

$$R \stackrel{def}{=} \sum_{i \in \tilde{\Omega}} c_i \cdot p_i \tag{4.1}$$

ここで，p_iは災害となる事象の発生確率，c_iは災害の**被害規模**（consequence）を表す。シナリオの数iについては，$i \in \tilde{\Omega}$で，$\tilde{\Omega}$はあるトリガとなる事象から災害に至る，考え得るほとんどすべてのシナリオの集合である。Kaplanらの提案したリスクの定義は，網羅性を要求していることに注意したい。この定義を採用する限りにおいて，リスクアセスメントの方法はほぼ一義

に定まってしまうということは知っておくべき事実である。元来，Kaplan は原子力産業の研究者であり，すでに確立されたアセスメントの方法論があり，後付けで，式(4.1)を提案したのではないかと思われるほど定義と方法論が合致している。式(4.1)をリスクの定義として採用するのであれば，アセスメントしようとする災害状態のトリガとなる事象を網羅性をもって，事前に見つけておく必要がある。

この方法について，現在のところ決定的な方法はないが，特に化学プロセスプラントにおいては，3章で解説した HAZOP が有効である。この方法は，関連する産業でガイドワードを適当に選択することにより，他の産業領域にも拡張可能である。FMEA も有効な方法である。発電プラントの FMEA の例を図 4.1 に示す。これは，システムの要素について，さまざまな故障モードを仮定し，システムへの影響を定性的に把握する方法である。災害に至りそうな要素の故障をトリガとなる事象と考えることで，完全ではないが，抜け落ちの少ないトリガ事象を見いだすことが可能である。原子力産業の分野では，評価すべき「事故」「過渡状態」を指針で規定しており，それらすべてをもって，リスクアセスメントのトリガ事象としている。この災害のトリガとなる事象は**起因事象**（initiating event, initiator）と呼ばれる。

通常の工学的な見地からすると，時間 $t=0$ で，状態変数に大きな"ずれ"が出た場合，すなわち，事故が起こった場合に

$$\left.\begin{aligned}\frac{\partial x}{\partial t} &= f(x,t) \\ y &= g(x,t)\end{aligned}\right\} \tag{4.2}$$

で状態は推移し，災害状態に至る。ここで，x は状態ベクトル，y は出力ベクトルを表す。例えば，シミュレーションコードでこれを解き，どのような初期状態（事故）でどのような災害に至るのかを予測するのが，従来，安全工学で取り扱われてきた問題であった。

システム工学的なアプローチでは，状態を離散化することがしばしば行われる。災害となる初期状態はさまざまである。また，災害に行き着くパスは，非

4.1 現代産業のリスクアセスメントにおけるリスクの定義

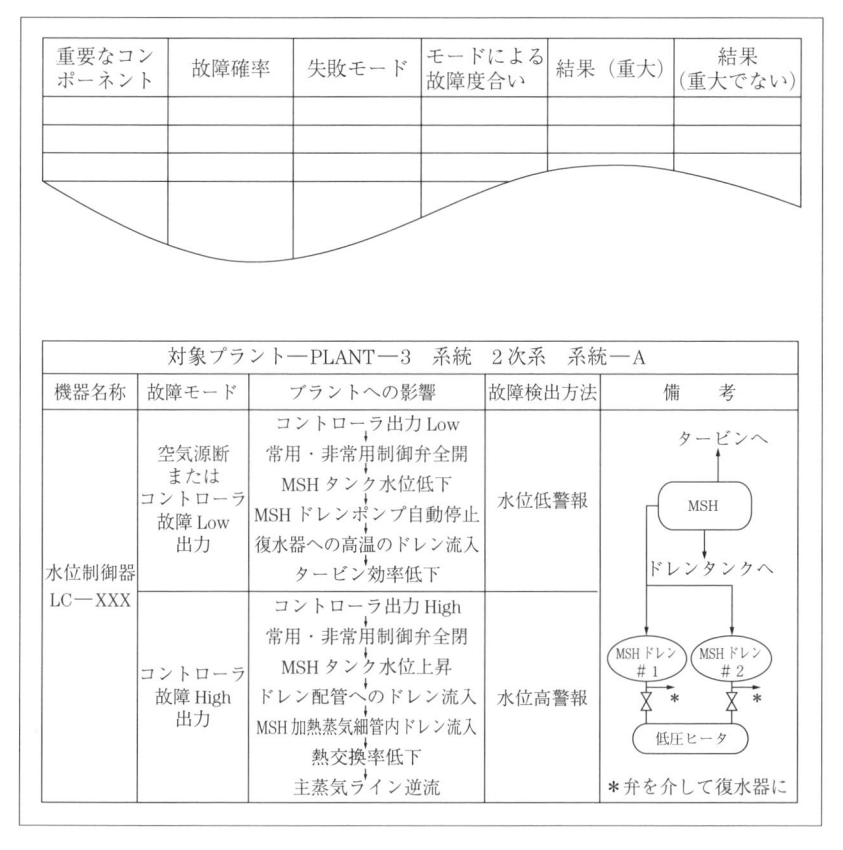

重要なコンポーネント	故障確率	失敗モード	モードによる故障度合い	結果（重大）	結果（重大でない）

対象プラント―PLANT―3　系統　2次系　系統―A				
機器名称	故障モード	プラントへの影響	故障検出方法	備　考
水位制御器 LC―XXX	空気源断またはコントローラ故障Low出力	コントローラ出力Low 常用・非常用制御弁全開 MSHタンク水位低下 MSHドレンポンプ自動停止 復水器への高温のドレン流入 タービン効率低下	水位低警報	タービンへ MSH ドレンタンクへ MSHドレン#1　MSHドレン#2 低圧ヒータ ＊弁を介して復水器に
	コントローラ故障High出力	コントローラ出力High 常用・非常用制御弁全閉 MSHタンク水位上昇 ドレン配管へのドレン流入 MSH加熱蒸気細管内ドレン流入 熱交換率低下 主蒸気ライン逆流	水位高警報	

図 4.1　FMEA の実施例

常に多く存在するであろう．また，災害の状態もさまざまである．式(4.1)は，そのような背景を踏まえて定義された式である．災害の負の結果の期待値とも考えることができる．ただ，式(4.1)は直観的に把握しにくい量である．ここで，災害となる状態を決めるとどのようになるであろうか．例えば，原子力発電所では，「炉心の損傷」と評価する災害状態を決めている．船舶であれば，「座礁」，航空機では「墜落」など，決定することが可能である．この場合，いわゆるエンドポイントを固定することと同意なので式(4.1)の c_i の項は定数となる．定数項は，災害状態を決めてしまえば，ほぼ一意に決定できるので，実用上わかりやすいリスクの定義は

$$R_{disaster} \stackrel{def}{=} \sum_{i \in \Omega} p_i \qquad (4.3)$$

となる。式(4.3)の場合，さまざまなシナリオで災害状態 X に至る確率の和となり，直観的にも理解しやすい。ただ，式(4.3)が1を超えないということは数学的には証明はできないので，一般的には，リスクは災害に至る予想頻度という捉え方が当を得ているであろう。

4.2 定量的リスクアセスメントのフレームワーク

リスクを式(4.3)と定義すると，災害リスクを求める方法は明確になってくる。図4.2が，前節で解説した離散状態の遷移の概念図である。これが，まずアセスメントで最初に必要になってくるイベントツリー（ET）[2] である。本来は，各状態はいろいろな状態に遷移する可能性があるわけで，ネットワークで表現するのがより正確であろうが，定量評価の可能性を考慮し，ツリー状の表現で図4.2の遷移を近似する。

基本的な ET の構築方法は，つぎのとおりである。例えば，火災が起きれ

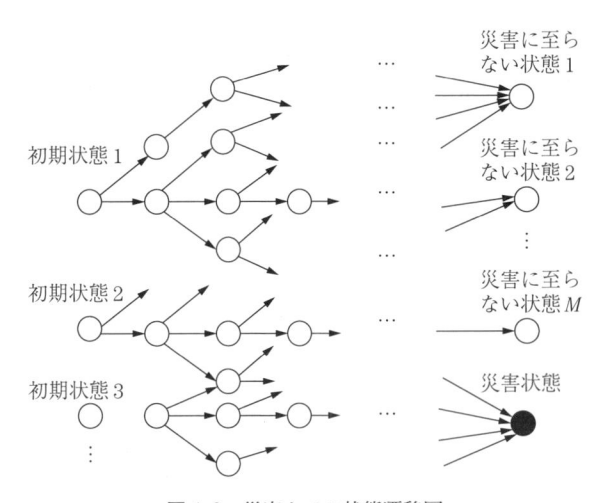

図4.2 災害までの状態遷移図

ば，消火装置が作動し，それが何らかの不具合で自動起動しない場合は人間が消火にあたり，火災の被害を最小にするというのが自然な成り行きである．現代産業システムの多くでは，起因事象が起こって災害に至るまでには，自動システムであれ人間であれ，災害を最小化するために何らかの動作を起こす．起因事象が起こって，機械，人間を問わず災害を最小化するためのこれらの動作を時系列に書き下したものを，**ノード**（node）や**ヘディング**（heading）と呼ぶ．以下に簡単な例を考えてみよう．

いま，船舶が航行しており，進行方向に障害物がある．通常なら舵を切って避ければいい話で，何の災害も起こらない．ところが電源ユニットへの燃料ポンプの停止により，常用の電源が急に停電になったとしよう．大きな船舶であれば，バックアップの電源システムが作動する．まずスクリューを動かしているシャフトによる発電機が作動し，制御システムに電気を供給する．それが失敗した場合は，最後のバックアップの非常用ディーゼル発電機が起動する．もし制御システムの電源が復旧すれば，方向舵で障害物を避けるか，自動車のブレーキにあたるピッチ制御で，衝突を避けられるはずである．これらの知見を利用して，図 4.3 の ET を構築できる．

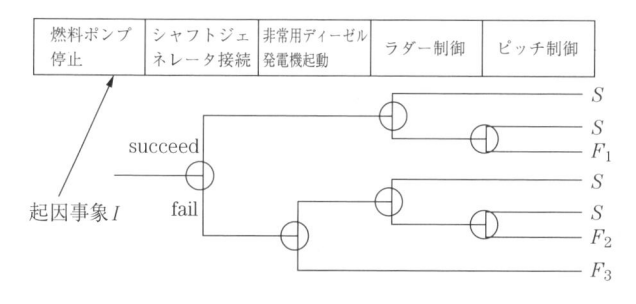

図 4.3 ET の例

通常，成功の分岐は上に書き，失敗の分岐は下に書く．このように，起因事象から始まり災害事故に至るには，機械化により，つねに災害を避けようとする動作が入る．インターロックシステムや，人間の回復行為を働く順番に個々の動作を枠内に書いたものがノード列であり，通常，各ノードでの分岐は，成

功か失敗の二つしか考慮しない。ノードの数が N 個あれば，シナリオの数は 2^N 個となる。このような簡単な例では，両方のバックアップ電源が回復しなければ制御システムは動作しないので，船舶は障害物に衝突してしまうという「工学的知識」で，シナリオの数を減ずることができるが，複雑なシステム（特にプロセスプラント）では意味のないシナリオを探し，減ずることには困難を伴う。併せて，最終状態がどのようになるのか，予測できない場合が多く，実際には各シナリオでシミュレーションを行う。したがって，アセスメント対象が複雑になればなるほどETの構築は困難を伴い，マンパワーを要する。

したがって，分岐を3以上考えることは実際の定量的解析という点から現実的ではなく，この点を考慮して二分岐としている。簡単なシステムでは，部分的な故障（partial failure）も考慮して，3以上の分岐を考慮できる場合もあるが，一般的ではない。

さて，図4.3の丸印の分岐の確率はどのように評価するかであるが，ここで，2章で解説したフォールトツリーによる解析（FTA）で分岐確率を評価する。一般にFTは，システム故障を**頂上事象**（top event）にして解析される場合が多く，分岐の失敗の確率を与える。

要は，定量的なリスクアセスメントは，膨大な情報をETとFTに分散させて，リスクを定量的に評価している。ETとFTの情報の分散のさせ方には二つあり，これについては，4.3節で解説する。

定量化の方法について簡単に解説する。この起因事象 I が起こって災害に至る予想頻度 p_I は，F_1，F_2，F_3 のパスが生じる確率をそれぞれ P_1，P_2，P_3 とするとつぎのようになる。

$$p_I = I(P_1 + P_2 + P_3) \tag{4.4}$$

確率 P_1，P_2，P_3 は，分岐点での失敗，成功の確率をパスに沿って乗じていけばよい。例えば，一番簡単な例は，F_3 については，「シャフトジェネレータ接続」ノードの失敗確率，「非常用ディーゼル発電機起動」ノードの失敗確率を乗ずればよい。おのおののノードを頂上事象としてまずFTを構築し，これ

を機器故障率データベースが引用できるまで展開し，頂上事象の非信頼度を計算する．これを分岐確率として採用するのである．シャフトジェネレータ接続失敗，非常用ディーゼル発電機故障，ラダー制御回復せず，ピッチ制御回復せずの確率をそれぞれ，p_1，p_2，p_3，p_4 とすれば，図4.3の場合は

$$P_1 = (1-p_1)p_3p_4 \tag{4.5}$$

$$P_2 = p_1(1-p_2)p_3p_4 \tag{4.6}$$

$$P_3 = p_1p_2 \tag{4.7}$$

となり，p_I は計算可能となる．起因事象がこれ一つの場合は，この例で考えた船舶の座礁のリスクの点推定値となる．実際は，船舶の座礁の起因となる事象はさまざま考えられるので，同じように各起因事象で p_I を求めて，それらを加算する．これで，ある災害状態，この場合は船舶が障害物に衝突するリスクを点推定値で定量化することが可能である．必要なら，被害による損害（金額，人命など）を乗じてリスクとしてもよい．

起因事象 I の頻度は，実績値より求める統計値の「頻度」である．また，FTの基礎データとなる機器故障率も実績から得られる統計値である．上述のように人間がある操作に失敗することもETのノードに含めることができる．この基礎となるヒューマンエラー確率も統計値である．したがってリスクは統計値であることに注意しなければならない．一般的に，信頼度5％の下限値，95％の上限値，平均値（点推定値）でリスクは情報として与えられる．ただし，一般に複雑なシステムの災害リスクの分布関数を解析的に求めることは不可能であり，産業としては，基礎データに乱数を発生させ，リスクがどれだけゆらぐかというモンテカルロ法を適用した実務的な方法をとっている．

さらに定量化されたリスクに関して，知っておかなければならない重要なことは，リスクアセスメントの過程で，多くの工学的見地からの仮定が置かれるということである．統計的なゆらぎとともに，工学的仮定により生ずる不確実性にも十分配慮が必要である．最もわかりやすい例は，FTであろう．FTは解析する人間により変わってくることを，FT解析を行ったことのある者であれば実感しているであろう．一般に定量化されたリスクの値は，科学的かつ客

観的な値であるように感じられるが，リスクの値は人工的（artificial）な値であり，質量や長さといった物理量とは一線を画することを十分に認識して欲しい。したがって，同じ対象に対して，例えば設備改造前と改造後でのリスクの値の評価を行い，これをもとにマネジメントに役立てるのが，リスク値の最も適した適用方法といえる。

4.3　ETとFTの情報分散

4.3.1　フロントライン系とサポート系

実際のプロセスプラントやサーボ系の機器を考えてみよう。例えば，電動ポンプを見ても，実際は，ポンプモータを動かす電源と，モータのON-OFFを制御する直流電源が必要である。実際の解析にあたっては，これらの電源システムの故障を見込むのが自然であり，電源系の故障も事故・故障として，多く報告されている。電動弁においても同じである。さらにプロセスプラントや飛翔体には空気圧，油圧で制御される機器も多く含まれている。

一般に，機能（または目標達成といってもよいであろう）の維持・達成に直接かかわる機器をフロントライン系の機器と呼んでいる。例えば，電動ポンプ，電動ファン，電動弁，空気作動弁などの機器がフロントライン機器に該当する。フロントライン機器を設計どおり動かす機器をサポート系の機器と呼び，具体的には，交流電源，直流電源，制御空気用コンプレッサ，軸受冷却機器，潤滑用機器などである。実際は，これらは複雑に干渉している。例えば，緊急時の重要な電源であるディーゼル発電機を見てみよう。これは，正常な交流電源が使用できない場合，機器の電源を供給するきわめて重要な機器である。ところが，当然回転機器なので，冷却が必要である。すなわち，冷却系がなければ電源の供給という目標を達成できない。ところがよく考えてみると，緊急時，冷却系のポンプ電源は，ディーゼル発電機から供給を受けている。したがってモデル化にあたって，永遠のループに入り込んでしまう恐れがある。現実的な解決として，多くの場合，冷却系は電源系に依存するとして1次の依

図4.4 サポート系の相互関係

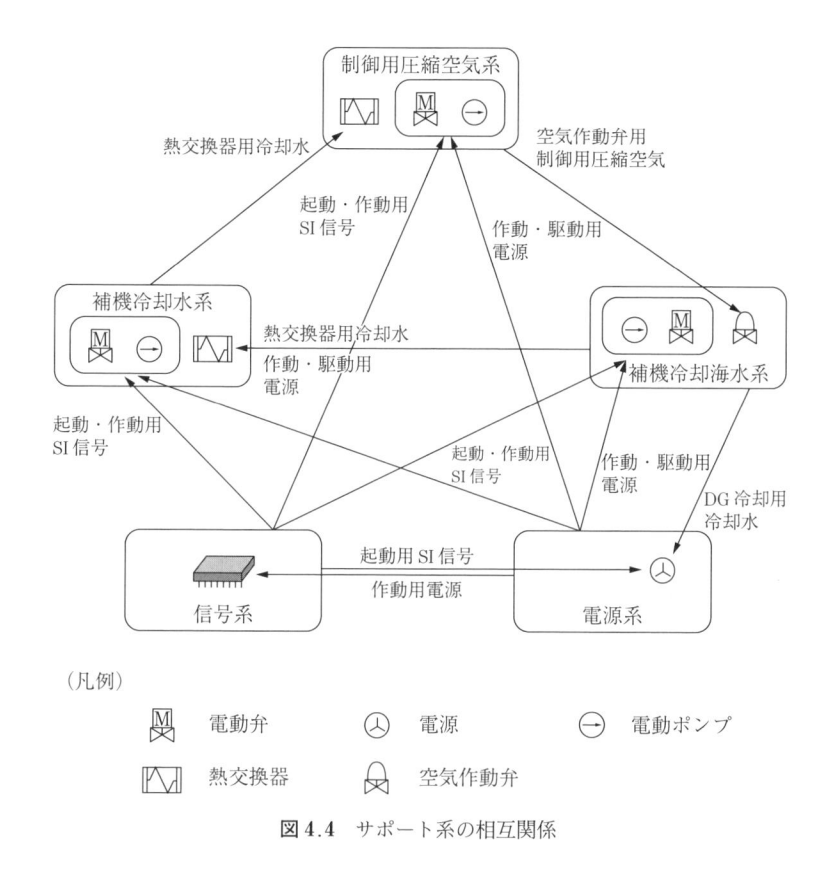

存性までを考慮して解析を行う（**図 4.4**）。

4.3.2 FTL と ETL

サポート系の情報を ET に含めるかどうかが FT と ET の情報分割問題で重要である．サポート系の情報を ET ノードに含めると ET のサイズが大きくなり，FT のサイズが小さくなる．これを「大 ET 小 FT」と呼ぶこともある．逆にサポート系の情報を ET に含めなければ，ET のサイズは小さくなり，FT が情報の多くを受けもつことになる．前者に対して，「大 FT 小 ET」と呼ばれる．

2章で解説した最小カットセットは，同じ基（本）事象が，同一のFTに現れたときにブール代数を適用して得られる次数が最小のカットセット集合であった。これをよく反芻してみると，サポート系，例えば，電源故障をFTに入れた場合，一般に一つの電源を多くの機器で兼用しているので，最小カットセットの概念が重要となる。最小カットセットは，サポート系の情報をETに入れない場合に考慮しなくてはならない概念である。最小カットセットは一つのFTについて求めるのではなく，一般的にはシナリオ単位で求めることが必要である。シナリオ単位の最小カットセットを使い，前節の方法で定量化しリスクを求める。このような一種のFTとETの統合化を**FTL**（fault tree linking）と呼んでいる。最小カットセットを求めるのは，一見非常に面倒な作業に思われるが，論理演算は計算機の得意とするところで，最小カットセットを求め，シナリオの定量化を行うツールが1980年代にすでに開発されている。

FTにサポート系の情報を含めた場合を考えてみよう。ETには電源故障や制御系故障というノードが入ってくるので，ノードの数は非常に多くなる。当然，シナリオの数は爆発的に増えていく。ただし，最小カットセットという一見面倒な概念は現れない。図4.5にサポート系故障をETに入れ込んだ場合の定量化の考えを示す。

例えばノードAを「電源故障」，ノードBを「制御系故障」，ノードCを「（それらをサポート系として使用した）ポンプ故障」としよう。二つ目のノー

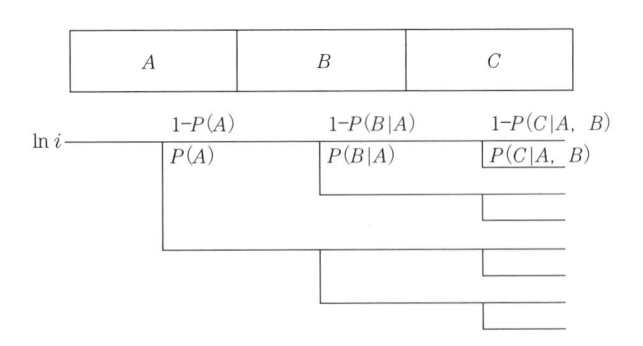

A	B	C
$1-P(A)$	$1-P(B|A)$	$1-P(C|A, B)$
$P(A)$	$P(B|A)$	$P(C|A, B)$

$\ln i$

図4.5 サポート系故障をETに入れ込んだ場合の定量化

ド分岐では，電源故障が起こっている条件での制御系故障のFTを考える。実際のプロセスプラントでは，交流電源は機器の駆動に，直流電源は制御用の電源に使われている。交流を整流して，直流としてすべての制御用電源をまかなっているシステムでは，ここでは失敗の分岐しか生じない。一般には，直流電源系はバックアップのバッテリー系が多重化されているので，ほぼ影響は出ず，制御系の他の故障を考慮してFTを書いていけばよい。ただし，わずかながらも交流系−直流系に依存関係がある場合には，十分に注意してFTを構築しなければならない。

　三つ目の分岐では，「電源が故障し，かつ制御系が故障した上でのポンプ故障」について考える必要がある。これでは実際，バックアップの交流電源，制御系がない限りポンプが動かないので，分岐は生じない。原子力発電所や，航空・宇宙関係では，多重冗長かつ独立なシステム構成をしている場合が多いので，ここでもFTは書けることとなる。定量化は最小カットセットを考慮することなく，各ノードでの失敗確率を乗じていけばよい。FTLに対し，このような統合化を**ETL**（event tree linking）や**バウンダリコンディション法**と呼んでいる。

　どの方法をとるべきかが1990年代に米国で盛んに議論された。国際学会[†]でも口角泡を飛ばす白熱した議論が行われたが，ETLに基づいたコードを開発していた会社が倒産したことにより，その後，議論は行われず，FTL主流のまま現在に至っている。ただ，ETLも必要に応じて適用されることもある。

　この二つの統合化の方法は，よくよく考えてみると非常に深淵な問題を含んでいる。上記のようにサポート系の影響をFTLではシナリオにとどめているのに対し，ETLでは，一つの起因事象すべてにおいて考慮されるべきとの原理に立脚している。これはすでに解析哲学の問題であろう。国際会議の席上，FTLを採用してもETLを採用しても同じ値が出てくるであろうという説得

[†] 1993年，米国フロリダで開催されたPSA'93では，FTLの正当性を主張するSAIC社とETLを主張するPLG社で大議論が行われた。座長の調停でどちらも正しいのだからと議論は打ち切りになった。

で，この議論はとりあえずの収拾を見たが，FTLのほうが大きな値になるはずである。ETLは最小カットセット[†1]をより広い範囲で捉える。各シナリオで出てくる非常用電源故障などは，FTLでは非常用電源故障が出てくるシナリオの分が，多重に加算されることとなるので大きくなるはずである。一般に安全に関する考え方で，多目に数値が出るということは，**保守的な評価**あるいは**安全側の評価**とみなされるので，その意味からFTLは受け入れられる。

アセスメント実施者の立場から，ETが大きくなるということは非常に骨の折れることである。前述のように，ノードの数を増やせば，それに従ってシナリオの数が増えていく。実際の原子力発電所の実施例[†2]では，1起因事象当りのシナリオ数は3〜4万となる。むろん，レポートにはその結果が省略されている。これはアセスメント結果を評価する側にとって好ましいことではない。現在，しばしば問題にされる評価の**トレーサビリティ**（traceability）が失われているからである。さらに，いろいろな条件下でFTを書かなければならないので，FTそのものはサイズが小さくなるかも知れないが，間違いを起こす可能性が高い。これに対しFTLは，最小カットセットという概念を通じてFTの構築の差異を考えなければ，同じ解析結果が得られる。この意味からもFTとETを統合化する方法として，FTLが特殊なQRA[†3]を除いて世界的に採用されている。

4.4　実践的ET構築

前節までの解説で「大FT小ET」の情報分散，すなわちFTLによるアセスメント作業を推奨した。原子力発電所，航空・宇宙産業では，災害に至るま

[†1] むろんETLでは最小カットセットというのは定義されないが，条件付きのFTを逐次書いていくということは，頭の中で最小カットセットを意識してFTを書いているということと等価である。
[†2] 米国セコイヤ原子力発電所。
[†3] 原子力発電所の保守のための計画停止時，火災，津波の外的事象のQRAなどでETLが用いられる場合がある。

での多重の防壁を施しており，FTL によっても，ET のノードが多くなり ET 構築にも多くのマンパワーを要する．しかしながら，一般の産業においては，災害を防止する防壁はせいぜい二重程度であり，比較的容易に ET は構築可能であろう．したがって一般産業のリスクアセスメントにおいて，FT の構築およびその定量化作業が中心となる．この章では，それらを踏まえて実践を意識して，定量化の道筋を解説する．

4.4.1 故障率データベースの選定

故障率データベースを解説するまえに，故障率の説明を行っておく．故障率を故障確率と混同する人も少なくないが，これは明らかな誤謬である．故障率はつぎのように定義される．フィラメント電球，ひと昔前の真空管は確率 1 で切れる．これは生物が確率 1 でその一生を終えるのと同じである．統計学で使う意味の十分に大きな数 m の電球を一斉に点灯させ，十分に長い時間 T が経過した場合，n 個の電球がフィラメント切れなどの故障で，与えられた機能を喪失したとする．その場合，この電球の故障率 λ は

$$\lambda \stackrel{def}{=} \frac{n}{mT} \ [/単位時間] \tag{4.8}$$

時間の次元をもつ平均故障時間間隔，いわゆる **MTBF**（mean time between failure）は故障率の逆数である．

$$\mathrm{MTBF} = \frac{1}{\lambda} \tag{4.9}$$

ここで一般の信頼性理論では，同じ機器が N 個動いている状態で，時間の推移に従って故障する割合は，その時点で動いている機器に比例すると仮定する．比例定数は λ となる．この場合，簡単に

$$\frac{dN}{dt} = -\lambda N \tag{4.10}$$

の常微分方程式が成立する．初期状態での披検体数を N_0 として，両辺を N_0 で除すと

$$\frac{dP}{dt} = -\lambda P, \quad \text{ただし}, \quad P = \frac{N}{N_0} \tag{4.11}$$

これは，$P(0)=1$ の初期条件で簡単に解析的に解けて

$$P = e^{-\lambda t} \tag{4.12}$$

この P を一般に**信頼度**（availability）と呼ぶ．これを 1 から引いた値が定量的リスクアセスメント QRA で扱う値，**非信頼度**（unavailability）である．これを F とすると

$$F = 1 - e^{-\lambda t} \tag{4.13}$$

一般に QRA の解析においては，$1 \gg \lambda t$ の場合が多いため，右辺第 2 項をマクローリン展開し，第 2 項目で展開を打ち切り

$$F = 1 - e^{-\lambda t} \approx 1 - (1 - \lambda t) = \lambda t \tag{4.14}$$

で非信頼度を近似する．

確率の公理はよく知られているので，ここではこれ以上述べないが，<u>一般のFT の解析の例で書かれている数値は非信頼度であり，故障率ではないことに注意しよう</u>．FT の頂上事象を計算する場合は，式(4.14)に基づいて，必ず，故障率から確率に写像しなければならない．多くの場合は，$1 \ll \lambda t$ なので，時間を乗ずることによって故障率は確率に変換される．

故障率は統計データから求められるので，統計的なゆらぎ（不確実性）を評価しておく必要がある．信頼性理論では，機器故障などはまれに起こることであり，ポアソン分布を仮定するのが一般である．より一般的には，ワイブル分布に従うことが知られている．

米国エネルギー庁（DOE）が 1985 年に組織した集中化信頼性データ機構（The Centralized Reliability Data Organization：CREDO）によって確認された結果が，QRA に適用されている[4]．CREDO で送風機の故障率の分布を実験的に確認してみたところ，正規分布，指数分布，ワイブル分布，対数正規分布の四つで，対数正規分布が最も当てはまりがよかったことが報告され，その後，機器故障については対数正規分布を適用することになっている．QRA は米国で開発されたプラグマティックな方法論である．したがって，読者は十分

に注意深く，数学的に正当なのかを考察しながら QRA を習得していく必要がある。

変数 x の対数をとったものが正規分布するとき，x は対数正規分布に従うという。QRA は実務的なアセスメント方法で，そこまでの追求は行っていないが，上記のように実験データから，確率密度分布に関する結論を得ている。この確率密度分布は

$$f(x) = \frac{1}{x\sigma\sqrt{2\pi}} \exp\left(\frac{(\ln x - \mu)^2}{2\sigma^2}\right) \tag{4.15}$$

で表され，プロットの概形は，**図 4.6** のようになる。μ，σ はそれぞれ正規分布の平均と標準偏差である。

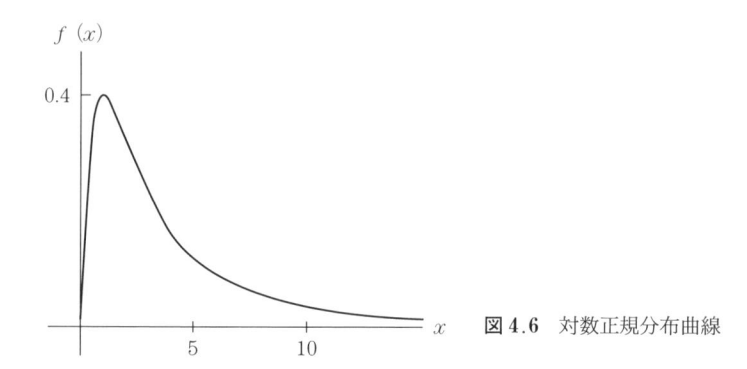

図 4.6 対数正規分布曲線

この分布において，平均 $E(x)$，分散 $V(x)$ は

$$E(x) = \exp\left(\mu + \frac{\sigma^2}{2}\right) \tag{4.16}$$

$$V(x) = E^2(x)\{\exp(\sigma^2) - 1\} \tag{4.17}$$

となる。正規分布との関連を簡潔に表すとすれば，式(4.16)，(4.17)を変形して

$$\mu = \ln\alpha - \frac{\sigma^2}{2} \tag{4.18}$$

$$\sigma^2 = \ln\left(\frac{V(x)}{E^2(x)} + 1\right) \tag{4.19}$$

を得る。PRA/QRA では，得られる値が統計値なので，幅をもって表される。一般に危険率10%を見込み，分布の5%値，95%値を得られた値の下限値とする場合が多い。中央値（メディアン：median）も併せてつぎのような関係がある。

下限値 $X_{0.05}$ については

$$X_{0.05} = \exp(\mu - 1.65\sigma) \tag{4.20}$$

上限値 $X_{0.95}$ については

$$X_{0.95} = \exp(\mu + 1.65\sigma) \tag{4.21}$$

式(4.20)，(4.21)の値を使って中央値は

$$X_{0.5} = e^\mu = \sqrt{X_{0.05} \cdot X_{0.95}} \tag{4.22}$$

と表せる。分散は統計値のばらつきを表す値であるが，QRA では**エラーファクタ**（error factor：EF）という指標で統計値のばらつきを表すことにしている。

$$EF \stackrel{def}{=} \sqrt{X_{0.95}/X_{0.05}} = e^{1.65\sigma} \tag{4.23}$$

一般のデータベースでは中央値，平均値，EF の表となっている場合が多い。後で紹介するように WASH-1400 のような古いデータベースでは，5%下限値，平均値，95%上限値が表示されている[5]。

実際のプロセスプラント，航空機などの輸送システムでは，システムの安全にかかわる重要な機器は定期的な点検を行っている。これにはつぎのようなモデルを仮定する。定期試験は試験間隔 T で実施される。実施直後の非信頼度は0である。時間の推移とともに，式(4.13)に従い，非信頼度は自然上昇していく，つぎの定期試験で機能の有効性が確認され，あるいは不具合がある場合は修復され，非信頼度は再び0となる。本来，確認試験中，修復作業中もモデルに組み込まれなければならないが，定期試験間隔 T に比べて十分に短いものと仮定し，モデルには組み込まない。このモデルを**図4.7**に示す。

システムの信頼性を上げるには，同じ独立したシステムを並行に設置し，片方を待機状態に置く。これを待機冗長系と呼ぶ。さらに，安全のグレードを求

4.4 実践的 ET 構築

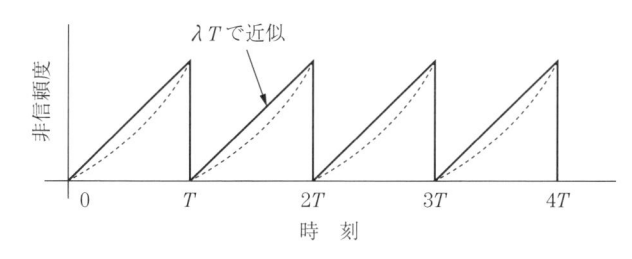

図 4.7 保守を考慮した非信頼度モデル

める場合，同じ機能をもった冗長システムすべてを待機させる。機器を動作状態で待機させるモードを熱間待機モードと呼び，停止状態で，プロセスに異常が起こり，制御系からの要求信号で待機系が起動するモードを冷間待機モードと呼ぶ。一般には，コストの関係で冷間待機モードを採用する場合が多いが，この場合，要求信号が制御系から出力されたにもかかわらず起動しないという，深刻な「不動作状態」をリスクアセスメントで考慮しなければならない。むろん，熱間待機モードでも，つねに動作したままなので，図 4.7 のように，非信頼度は上昇していく。ただ，安全維持で，非常に重要な「不動作状態」にシステムが陥ることは避けることができる。これはさまざまな要請から各産業の運用者が決定しなければならない。

さて，待機している機器には動作要求が入る。これがランダムに入ると仮定すると，非信頼度の平均値（時間で積分して全体時間で除す）が平均の非信頼度となる。

$$\overline{F} = \frac{1}{T}\int_0^T (1-e^{-\lambda t})\,dt$$

$$= 1 + \frac{1}{\lambda T}(e^{-\lambda t}-1) \approx 1 + \frac{1}{\lambda T}\left(1 - \lambda T + \frac{\lambda^2 T^2}{2} - 1\right)$$

$$= \frac{\lambda T}{2} \tag{4.24}$$

この計算では，マクローリン展開の 2 項目で近似を打ち切ると非信頼度の平均値が 0 になってしまうので，3 項目までを考慮に入れる。

QRA に用いられる原子力発電所の機器故障率データベースとしては，米国

のWASH-1400[5]，欧州のT-book[6]，新しいところでは，米国のジェネリックデータが1993年に提案されている[7]。電子デバイスなどの故障率データベースで有名なものは米国の軍事規格，MIL-HDBK-217[8]が有名である。わが国でも，固有の機器故障率データベース構築の必要性は指摘されて久しい。最近になって，原子力技術協会がウェブサイトNUCIAで，機器故障率のデータベースを公開している[9]。ただ，実際には設備機器故障が，米国などに比べて少ないので，参照できる機器故障率は限られている。

ここで，日本で得られるデータだけ使って，あとは米国や欧州のデータを用いればいいのではないかという方法が容易に思いつく。ただし，確率論では厳密にはこれは許されない。特有のデータを既成のデータベースに埋め込むには，**ベイズ処理**が必要となってくる。

4.4.2 設備のリスクアセスメントの実践

〔1〕 **FTにおける論理ゲート演算**　プロセスプラント，航空機制御システムなどの機械システムを子細に見てみると，ポンプ，弁，あるいはLSIのチップ，コンデンサ，抵抗であれ，多くはそれら単体をモジュールとして見た場合，直列か並列になっていることがわかる。直列システムと並列システムの複雑な組合せの集合となって，大規模なプラント，システムを構成していることがわかる。これらの扱いについては，すでに2章で扱われているので，ここでは割愛するが，原子力発電所などの安全システムでしばしば採用されているn-out-of-mシステムの定量化のみ説明を加えておく。

特に電気・電子・論理回路で信頼性向上のために導入されているいわゆるn-out-of-mの論理ゲートの非信頼度は，同じモジュール（要素）m個のうちn個が故障すれば，そのゲートが故障するので，各要素の非信頼度をpとすると

$$\binom{m}{n}p^n(1-p)^{m-n} \tag{4.25}$$

となる。2章に関連して，1-out-of-mがORゲートになり，m-out-of-mが

4.4 実践的 ET 構築　117

ANDゲートになる。

　さて，ここで注意したいのは，アセスメントを行うシステムで考慮する故障モードである。解説のための例を図4.8に示す。

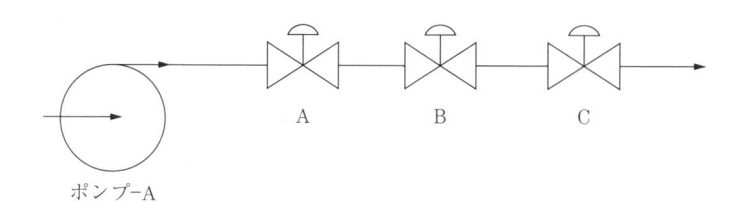

図4.8　管路図

　FTの論理ゲートは故障モードで変わってくることに注意して欲しい。いま，図4.8のシステムが送水を遮断する機能をもったものであると考えると，「送水遮断失敗」は，弁A，B，Cのどれかが閉止すれば目的を達成するので，「弁故障-開固着†」のORとなる。ところが，弁の内部リークを故障モードとして考えると，システム故障は，弁A，B，Cすべてで弁体でリークを起こしてしまうと，水は下流に流れてしまう。したがってFTは，弁A，B，Cの「弁故障-リーク」のANDで表されることとなる。このように，故障モードによってゲートが異なってくる。一見あたりまえのように思われるが，しばしば混乱を引き起こすようなので注意を要する。電気・電子・論理回路も同様の注意を要する。

〔2〕 **データベース例**　この解説で使用するデータベースを表4.1に示す。出典は，米国のLER (Licensee Event Report)[10]からのもので，日本のQRAに使用された実績もある。ここで，故障率の単位が二つあることに注意しよう。一方は〔/d〕となっており，作動要求1回当りの平均失敗数である。実質的には無次元の値であり，確率と考えてもよい数値である。もう一方は，〔/h〕となっており，単位時間（1時間）当りの平均故障数である。したがって，式(4.14)を適用することにより確率に写像することができる。各故障モー

---

† 開固着とは，弁が空いたまま何らかの理由（さびの付着など）で閉止しようとしても，弁が固着して閉まらないこと。

表4.1 機器故障率表

機器	故障モード	故障率	エラーファクタ	名称
電動ポンプ	起動失敗	5×10^{-4} [/d]	10	MDPD
	継続運転失敗	5×10^{-6} [/h]	10	MDPF
タービン動ポンプ	起動失敗	1×10^{-2} [/d]	3	TDPD
	継続運転失敗	4×10^{-5} [/h]	10	TDPF
電動弁	作動失敗	4×10^{-3} [/d]	10	MOVD
	外部リーク	1×10^{-7} [/h]	10	MOVEL
	内部リーク	1×10^{-7} [/h]	30	MOVIL
	閉塞	8×10^{-7} [/h]	3	MOVSC
空気・流体作動弁	作動失敗	7×10^{-4} [/d]	3	AOVD
	外部リーク	2×10^{-7} [/h]	10	AOVEL
	内部リーク	2×10^{-7} [/h]	10	AOVIL
	閉塞	1×10^{-7} [/h]	3	AOVSC
逆止弁	開失敗	1×10^{-4} [/d]	3	CVDD
	外部リーク	5×10^{-8} [/h]	10	CVRR
	内部リーク	7×10^{-7} [/h]	10	CVLR
タンク	破損	2×10^{-7} [/h]	10	TR

ドに関して，部位や故障の種類をイメージするようなラベルを割り当てておくと，解析中でも，何の故障かをつねに意識できるので，実際のFT解析では，例えば表4.1のような長いラベルが割り当てられる場合が多い．なお，表中の名称はこの解説で適当にラベルとして与えたもので，一般的なものではない．なお，ここで重要なことは，機器故障率は，よく知られた故障のバスタブカーブの偶発領域を扱っており，初期故障，劣化故障を扱うものではないことに注意しよう．

〔3〕 **実践的なFTで用いられる記号**　FTで用いられる記号はすでに2章（表2.5）で紹介されているが，さらに**表4.2**の記号が実際の解析でもしばしば用いられるので，覚えておいてよい．

特に表4.2のNo.2, 5は，相当の頻度で出てくる記号である．No.2は，すでに他のFTや人間信頼性解析（後述）で値が出ている場合に使用される場合が多い．まれにデータが存在しない場合に，事実を明示する場合に用いられ

4.4 実践的ET構築

表4.2 実践で用いられるFT内の記号

No.	記号	名称	説明
1	(菱形)	ヒューマンエラー事象 (human error event)	人的な過誤によって引き起こされる事象を表す。
2	(菱形に円)	他のシステムで評価された事象 (other system event)	対象とされる系統以外で，FTAなどにより評価がすでになされている事象。
3	(排他的ORゲート記号)	排他的ORゲート (exclusive OR gate)	入力事象のうち，一つだけ発生した場合に出力されるゲート。
4	(優先順位ANDゲート記号)	優先順位ANDゲート (priority AND)	入力事象がある特定な順序で発生した場合に出力されるゲートであり，順序は条件事象として記載される。
5	(三角形A)	トランスファー (transfer symbol)	FT図上の関連する部分への移行または連結を示す。三角形の頂上から線の出ているものは，そこに移行してくることを示す。

る。No.5も非常に多く見受けられるものである。一般にプロセスプラントや複雑な航空システムなどのFTのサイズは巨大となり，1枚の紙のスペースに収まらないものがほとんどである。その場合，この記号を使ってシートを関連付けるものである。No.3, 4は，特に論理回路で出てくるもので，プロセス，航空機関連ではあまり使われない。No.1については，ヒューマンエラーをFTに入れ込みたい場合に使用する。一般にヒューマンエラーは，ETのノードとして，別の方法で解析されるが，例えば，特殊な作業の保守など，解析対象で明確なエラー率が得られている場合に使用する。

賢明な読者は十分理解されたと思うが，QRAは，実践で行う場合，アセスメント担当者が一人で解析することは不可能である。電気系，機械系，制御系システムの設計者，実際の運用にあたる運転員，アセスメント担当など，10人程度がチームを組んで行っている。一般にQRAを知っているという人で

も，FTや，その他の個別の方法論の概要を理解しているだけという人も多く，QRAは簡単にできるという幻想をもっている人が少なからずいることは事実である。しかしながら，上記の簡単な例でも，さまざまな学問分野の知見や，実際のシステムの知識が必要とされ，実際のプラントやシステムのQRAを行うには，じつに多くのマンパワーを要することを知っておかなければならない。すでに多くの部分はコード化が行われており，実際の計算は計算機が行うにせよ，基礎的な解析の部分で，マンパワーを要する。

〔4〕 **解析システム-1** まず，非常に簡単なシステムの解析を実施してみよう。解析するシステムを図4.9に示す。

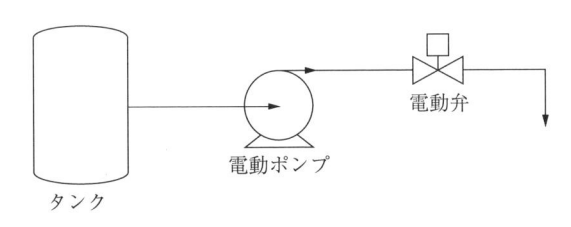

図4.9 解析システム-1

タンクから電動ポンプで水を送るシステムで，電動弁が一つ付加されたシステムである。いま，ポンプや電動弁を動かす電源の信頼性が非常に高く，故障率が無視できるとしよう。さらにここで，与えられなければならない重要な情報がある。それは，このシステムがどれだけの時間問題なく働けば，このシステムが所期の目的を達成できるかを，システム設計段階で評価しておかなければならないことである。これを**使命時間**（mission time）と呼ぶ。一般に災害に至ることを防護するシステムでは，使命時間は年や月オーダーではなく，長くとも数日である場合が多い。

まず，簡単なFT図を書いてみよう（**図4.10**）。ここまでは，ほとんどの読者は難なく書けるであろう。問題は電動ポンプや電動弁故障の下流である。一般に能動的な機器では，二つの故障を考えなければならない。それは，表4.1からもうかがえることである。災害を防止する防護システムに要求信号が入っ

4.4 実践的ET構築

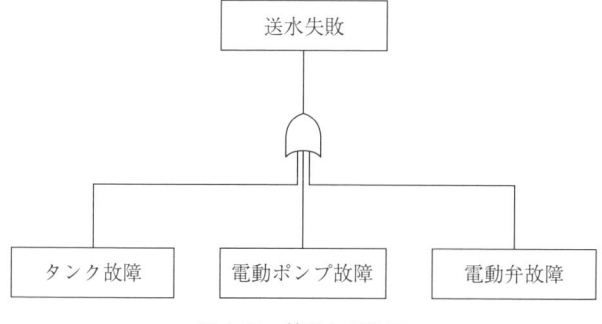

```
        送水失敗
           │
          ≥1 (OR)
     ┌─────┼─────┐
  タンク故障 電動ポンプ故障 電動弁故障
```

図 4.10 簡単な FT 図

たにもかかわらず，当該機器が起動しない故障は非常に重篤な故障である。これは，一般に待機モードが冷間待機モード†をとっているからである。さらに起動に成功したものの，使命時間内に故障して，機能を喪失することも考えられる。したがって，冷間待機している能動機器，あるいは，制御機器などは必ずこの二つの故障モードを考慮しなければならない。

さらに，各機器でどのような故障を考慮しなければならないかも重要であり，これは，実際のアセスメント対象に対する知識を要求する場合がある。このシステムの目標（機能）は，使命時間内，絶えることなく水を送ることである。電動弁のデータベースを再度精査すると，「外部リーク」「内部リーク」「閉塞」がある。外部リークは，弁のグランドパッキンなどの劣化により，水が系外にスピルオーバーする故障で，これが起こると送水は不可能となる。閉塞も弁が閉じた状態なので，送水失敗にそのままつながる。内部リークは注意を要する。これは弁の内部でリークし，弁の隔離機能が失われることである。

---

† 4.4.1項でも説明したとおり，冷間待機モードとは，運転しない状態で待機しており，必要時に起動信号が入り，要求された機能を果たすことである。これに対して，運転状態で待機させることを熱間待機モードと呼ぶ。経済的な理由でよほどのことがない限り，熱間待機モードはとらない。熱間待機モードの例として，原子力発電所で，常用の電源が健全な状態で，多重化された2台の非常用のディーゼルのうち1台が故障し，規定の時間内に修理できない場合は，熱間待機モードを常用の電源が復旧するまで待機させなければならないという規定がある。むろん，これにも制限があり，ある時間内で修復が不可能と判断された場合は，プラントを停止することとしている。

したがってこの場合は，内部でリークしたところで送水が行われるため，リークの程度にもよるが一般に考慮する必要はない．このように，データベースの故障をすべてFTに書かなければならないということではなく，システムの目標（機能）を十分に勘案し，適切な故障を選択しなければならないことに注意しよう．図4.10のFTは，最終的には**図4.11**のように書ける．したがって，送水システムの非信頼度，すなわち，システムダウンの確率の点推定値は，カットセットの和となる．

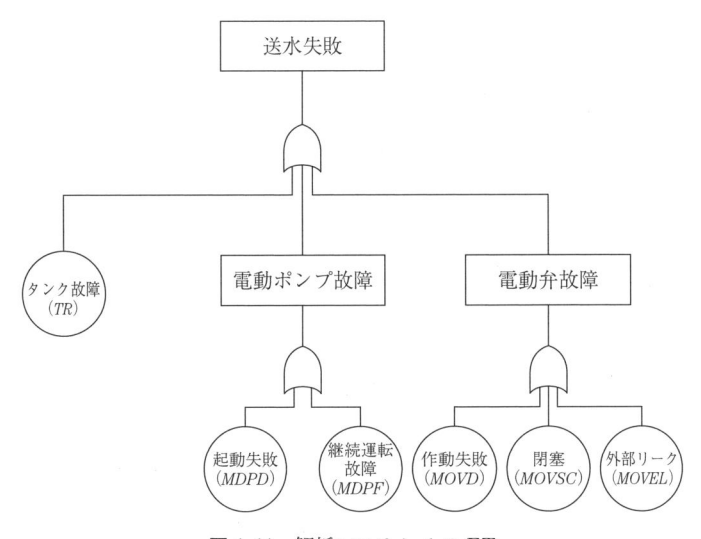

図4.11 解析システム-1のFT

使命時間を24時間としよう．サポート系の共用を考慮していないので，最小カットセットはカットセットと同一となり，TR, $MDPD$, $MDPF$, $MOVD$, $MOVSC$, $MOVEL$ がカットセットである．

① $TR = 2 \times 10^{-7} \times 24 = 4.8 \times 10^{-6}$
② $MDPD = 5.0 \times 10^{-4}$
③ $MDPF = 5 \times 10^{-6} \times 24 = 1.2 \times 10^{-4}$
④ $MOVD = 4.0 \times 10^{-3}$

⑤　$MOVSC = 8.0 \times 10^{-7} \times 24 = 1.9 \times 10^{-5}$
⑥　$MOVEL = 1.0 \times 10^{-7} \times 24 = 2.4 \times 10^{-6}$

　これらの総和，すなわち，解析システム-1 の非信頼度は，4.6×10^{-3} となる。もし，ET に送水システム動作というノードがあった場合，失敗側（下側）の分岐確率は上記の値となる。

　〔5〕　**解析システム-2**　つぎにもう少しこのシステムを現実的にしてみる（図 4.12）。電動ポンプと電動弁は，それぞれ 100 V の交流電源から受電しているものとする。

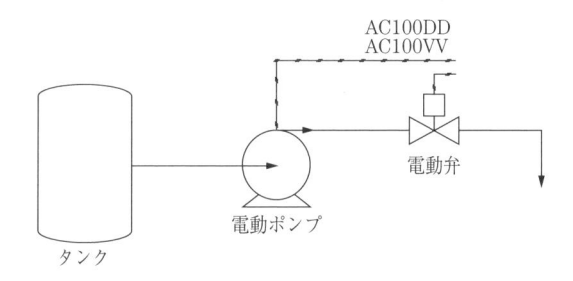

図 4.12　解析システム-2

　このシステムでは，起動信号とともに交流 100 V の電源のバス（母線とも呼ばれ，電源の核となる部分でおのおのの 100 V 交流電源は母線から分流していく）があり，図中の AC 100 DD は，起動時の充電の失敗を表し，AC 100 VV は，継続運転時の故障率を表すものとする。ここでは，かりに前者を 2×10^{-4}〔/d〕とし，後者を 1×10^{-4}〔/h〕とする†。したがって，使命時間を 24 時間とした場合，電源の非信頼度は，$2 \times 10^{-4} + 1 \times 10^{-4} \times 24 = 2.6 \times 10^{-3}$ となる。まず解析システム-2 の FT 図を書くと**図 4.13** のとおりとなる。

　すでに 100 V の交流電源の非信頼度 ACF が得られているので，FT では非信頼度がすでに得られている非展開事象としてエントリーされている。ここで

---

†　実際のデータベースでは，高圧電源の故障率が与えられている（例えば，6.6 kV や 440 V など）。これをもとに低圧電源の非信頼度を計算する場合が多い。この例では，適当に定めた。

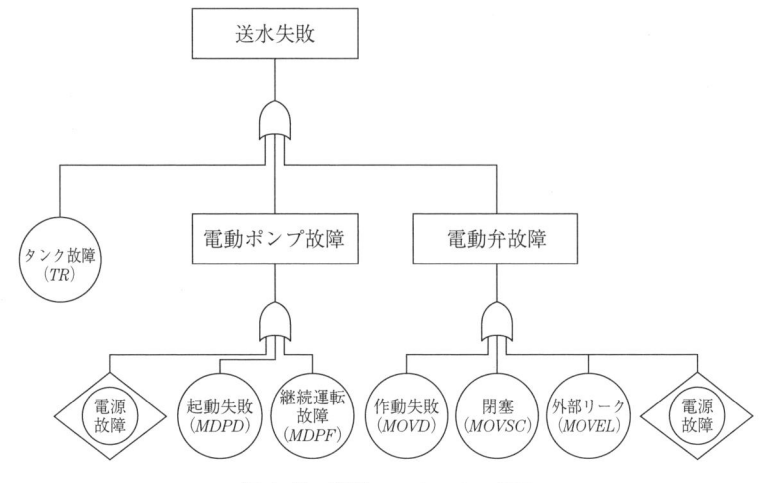

図4.13 解析システム-2のFT

解析システム-2の非信頼度 F_2 は

$$F_2 = TR + MDPD + MDPF + MOVD + MOVSC$$
$$+ MOVEL + ACF + ACF \qquad (4.26)$$

となる。ここで，論理演算を行うと，右辺最後の二つの項は吸収則で ACF とまとめられる。最小カットセットは，この場合，1〜6項目のカットセットと，ACF となる。したがって，式(4.26)は

$$F_2 = TR + MDPD + MDPF + MOVD + MOVSC$$
$$+ MOVEL + ACF \qquad (4.27)$$

となり，解析システム-2の非信頼度は 7.2×10^{-3} となる。

電源などの供用機器は，N 次のカットセットに現れても，一般に論理演算の場合に，吸収則により1次のカットセットとなって現れてしまう。したがって，供用部分のサポート系が全体の非信頼度に影響することになる。システムの信頼性向上のために「独立性」が重要視されるのは，この理由による。

全体のシナリオ評価においても，一般にETで共用部分が現れた場合，FTの上流，下流にかかわらず，一番上位のつぎの最小カットセットで現れる。例を図4.14に挙げる。

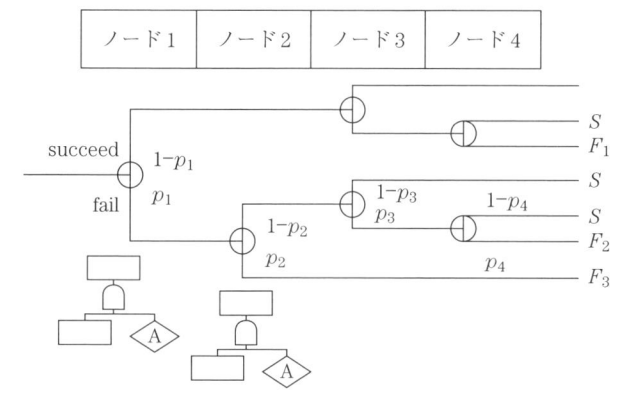

図4.14 供用のある ET

p_1, p_2 に供用の A が現れている。この場合，A を非展開事象として p_1, p_2 を計算する。シナリオ F_3 が生起する確率 $p(F_3)$ は，起因事象の生起頻度を I とすると

$$p(F_3) = I(p_1 p_2 + A) \tag{4.28}$$

となる．詳細な証明は読者の演習にゆずる．

〔6〕 **解析システム-3** ここでは，多重化されたシステムを含むシステムの解析例を解説する．図4.15のようなシステムを考える．多重系アセスメントにあたって，これまでの演習でも実施したように，まず最初に，評価にあたってのシステムの達成すべき目標をより明確にし，これを達成するための成功規準あるいは解析にあたっての「仮定」をしっかりと書いておく必要がある．

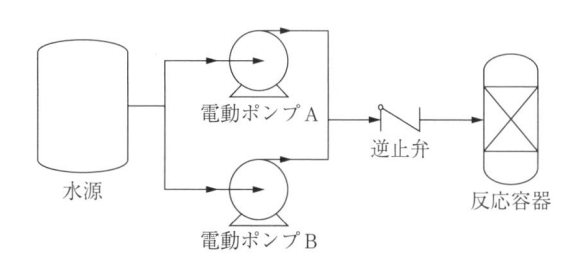

図4.15 解析システム-3

4. 産業リスクアセスメントの実践

① 目標　　水源から反応容器に送水する。

② 成功規準　　ポンプ2台中，少なくとも1台が起動し，あらかじめ設計で与えられた使命時間内に規定流量で継続して反応容器に送水すること。その使命時間は24時間である。

最初にFTを構築する。頂上事象は，「送水失敗」である。あるいは注入システム故障としてもよい。この事象は，ポンプのうち1台が運転に成功すれば起こらない。したがって，ポンプが2台とも故障すると送水が停止する。あとは反応容器側からの逆流を防ぐ逆止弁が故障して開放に失敗すれば起こる。また，外部リークで水が系統外にスピルオーバーしても起こる。内部リークを起こしても，送水に阻害が出ることはない。逆止弁は電子回路におけるダイオードのようなもので，プロセスプラントには頻繁に採用される機器である。

これらの知見から，FT図は図4.16のように構築される。

この場合も電源故障などを考慮していないので，基事象として，同一機器の故障率がない。したがってカットセットと最小カットセットは同じとなる。便宜上，AND，ORゲートには，記号が振ってある。カットセットは，A系，B

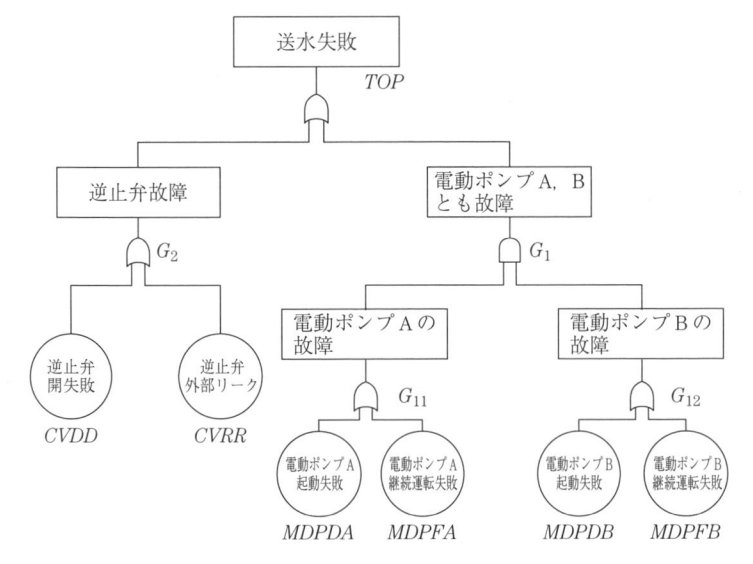

図4.16　解析システム-3のFT図

系を名称の最後につけて区別することにすると

$$\left.\begin{aligned}G_{11} &= MDPDA + MDPFA \\ G_{12} &= MDPDB + MDPFB \\ G_1 &= G_{11} \cdot G_{12} \\ G_2 &= CVDD + CVRR \\ TOP &= G_1 + G_2\end{aligned}\right\} \quad (4.29)$$

から

$$\begin{aligned}TOP &= G_{11} \cdot G_{12} + CVDD + CVRR \\ &= (MDPDA + MDPFA) \cdot (MDPDB + MDPFB) + CVDD + CVRR \\ &= MDPDA \cdot MDPDB + MDPDA \cdot MDPFB + MDPDB \cdot MDPFA \\ &\quad + MDPFA \cdot MDPFB + CVDD + CVRR\end{aligned}$$

$$(4.30)$$

となり，式(4.30)の各項，6個がカットセットとなり，この場合，最小カットセットである．多重化されたシステムなので，2次のカットセットが出ていることに注目してもらいたい．

システムの非信頼度を表4.1の故障率の最も確からしい値，平均値を使って計算してみると，点推定値 1.0×10^{-4} となる．上限，下限については，エラーファクタ値の自然対数をとって，平均値との和および差をとると，上限，下限値が得られる．

式(4.30)より明らかなように，前から4項目までは，非信頼度の積，2次のカットセットである．後の2項は，逆止弁の非信頼度の和である．当然，システムの非信頼度は，$CVDD$ と $CVRR$ と同じオーダとなる．系統を見ると，この逆止弁のラインは単一のラインとなっており，ポンプは二重化されている．このように，多重化はシステムの非信頼度を小さくすることができる．したがって，原子力発電所の安全を維持する上で重要な部分のように，災害が起これば影響が大きいと思われる部分は，多重化が行われるのである．

〔7〕 解析システム-3 ―― 共通原因故障

1) 共通原因故障モデル 偶発故障領域の独立した機器の故障は独立に起きる。しかしながら，例えば，同じ製造者の同一ロットによるモータが，ほぼ同時期に焼き付いて故障してしまうといった現象をわれわれは経験している。設計・製造工程の欠陥は，機器が独立に使用されていても，ほぼ同時期に故障を誘発することは十分にあり得ることである。リスクアセスメントにおいては，独立・多重性をもったプロセスや飛翔体といったシステムでも，このような**共通原因故障**（common cause failure：CCF）は十分に考慮しておかなければならない問題である。QRA の領域では，この CCF に関する研究が，1980 年代〜1990 年代に行われた。CCF モデルは種々提案されているが，最もよく用いられるのは，β ファクター法[11]と呼ばれる方法である。このモデルと適用方法を解説する。

β ファクター法は，唯一のパラメータ β によって，共通原因による機器故障率を算出する。β ファクター法では，機器の故障率を独立原因による故障率と共通原因による故障率との和で表せると仮定している。パラメータ β は，1 台の機器故障の故障率に占める共通原因による故障の割合を示している。すなわち，一般に機器故障率 λ は，独立故障分 λ_i と共通原因故障分 λ_c に分けることができて

$$\lambda = \lambda_i + \lambda_c \tag{4.31}$$

と表せる。β については

$$\beta \stackrel{def}{=} \frac{\lambda_c}{\lambda_i + \lambda_c} = \frac{\lambda_c}{\lambda} \tag{4.32}$$

と定義される。独立故障分，共通原因故障分はそれぞれ

$$\left.\begin{array}{l} \lambda_c = \beta \lambda, \\ \lambda_i = (1-\beta) \lambda \end{array}\right\} \tag{4.33}$$

となり，2 台が同時に故障する故障率は

$$(1-\beta)^2 \lambda^2 + \beta \lambda = o(\lambda^2) + \beta \lambda \approx \beta \lambda \tag{4.34}$$

となり，共通原因故障分にほぼ等しくなる。β の統計値は，文献 12) などで参

4.4 実践的ET構築

照可能である。

2) 解析例　解析システム-3について，CCFを考慮したFTを作成し，システムの非信頼度を点推定値で求める。βファクターの値を0.1とする。その他，データベース，条件は解析システム-3に準ずるものとする。

ポンプが多重化されており，ポンプにCCFを考慮する。ポンプの起動失敗，継続運転失敗にCCFを考慮すればよい。それぞれ，*CCMDPD*，*CCMDPF*と記号を振ることとすると，ポンプA，Bとも故障の下に，CCFでポンプが2台同時故障する確率が見積もられる。供用のサポート系を考慮していないので，最小カットセットはカットセットと一致し

CVDD，*CVRR*，*CCMDPD*，*CCMDPF*，
(*MDPDA*＋*MDPFA*)×(*MDPDB*＋*MDPFB*)

となり

$CCMDPD = 5 \times 10^{-4}$ 〔/d〕$\times 0.1 = 5 \times 10^{-5}$ 〔/d〕
$CCMDPF = 5 \times 10^{-6} \times 24 \times 0.1 = 1.2 \times 10^{-5}$

となり，システムの非信頼度は，点推定値1.6×10^{-4}に上昇する。**図4.17**に共通原因を考慮した解析システム-3のFT図を示す。

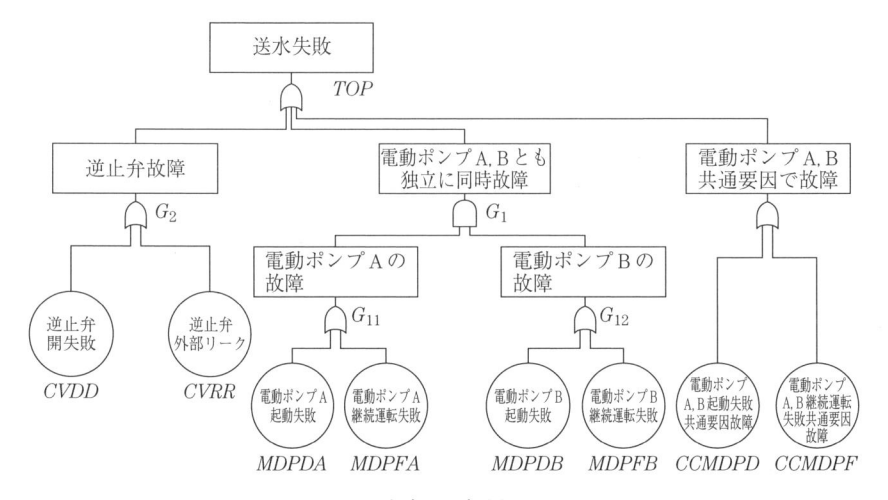

図4.17　共通原因を考慮した解析システム-3のFT図

4.5 現代産業システムの災害リスクアセスメント

4.5.1 現代産業システムの災害

産業災害について子細に原因を調査してみると，ほとんどが「複合事故」である。2005年4月，JR福知山線の列車脱線事故で，未曽有の死傷者が出たが，これも「複合事故」とされている。現代産業システムは，災害には容易には至らないよう設計段階で考慮されている。脱線防止の車輪形状，ATS（自動列車停止システム）などで，単一の故障，単一の人間のミスでは，災害は防ぎ得る設計となっている。災害は設備故障，人間のエラーが複雑にからみ合って起こるものである。さらに人間のエラーを引き起こす原因は，意思決定までの余裕時間，設備のインタフェース（人間と機械の特に情報の接点をいい，列車では，運転席のCRT，指示計器などをいう），物理的職場環境，教育，組織風土，組織からの要請，精神面も含めた健康状態など多岐にわたっている。

実際，福知山線の事故を俯瞰してみると，時間厳守の通達が上層部から来ていたことが報告されている。ダイヤどおりの運行は乗客にとって必須のサービスである。運転士は二つ前の駅でオーバーランを起こし，その遅れを取り戻そうと制限速度をオーバーしたことが事故の一因とされている。この事故は一方的に旅客運輸会社に責任があるものの，社内規則の「安全最優先」と「客の利便（convenience）」，あるいは私鉄との競争に勝つため，できるだけ効率よく運行するという要求は，相反する要求であることに十分留意しておきたい[21]。

「安全」を最優先するのであれば，たとえわずかな異常でも，人間，機械が検知したら，列車を止め，原因の徹底追及と再び起こることのないように措置を講じなければ運転を再開してはならない。新幹線でも遅延を起こした場合，乗客が係員に激しく抗議しているのをわれわれは目にする。人間は列車にもアメニティを求める。その結果，外の景色が見やすいようにと窓はどんどん大きくなる。安全のため窓に鉄格子を取り付けようものなら，乗客から，われわれは投獄されているのではないとクレームが出るであろう。また，中の人間を守

ろうと厚い鉄板で電車をつくれば，その分，エネルギーを消費し，運賃の増大，すなわち効率の悪化を招く．利便性，アメニティを求めるなら乗客はリスクを負い，安全を求めるならば乗客は不便と運賃の上昇を受け入れなければならない．「安全神話」はマスコミがつくり出した造語であり，虚構である．リスクアセスメントにおいては，人間に起因する災害リスクと設備に起因する災害リスクを明確に区別した上で，事業者，あるいはサービスを受ける者の意向の影響を受けることなく，すべて客観的なプロセスで評価する必要がある．

　上記を教訓として，鉄道産業でリスクアセスメント，マネジメントを行っており，福知山線の事故の対策が遅れたとすれば，それはリスクアセスメントが設備に集中していることにあるように想像される．いままで解説してきた設備FTは，多くの産業で災害の原因の把握，予防保全で用いられているが，人間の状況に応じた信頼性について考慮されている評価のフレームワークは寡少である．人間と機械が複雑に相互作用する現代の大規模・複雑系，あるいは鉄道，ライフラインのようなインフラシステムにおいては，設備の信頼性とともに同じ努力を傾注して，人間の信頼性を評価する必要がある．スリーマイル島第2号機の災害（1979年3月発生）が「人災」といってもよいような種類のものであったので，人間信頼性に関する研究は原子力の分野で盛んに行われた．そのうちの一部は実際に原子力発電所のリスクアセスメントに適用されている．

　ただし，最もオーソドックスな手法について欠陥も指摘され，その手法の適用の是非をめぐって，現在でも議論が行われている．その議論の詳細な内容については，本書では立ち入らないが，人間行動を規定するさまざまな因子について，依存性も加味して考慮に入れるべきで，それらをどのように評価に組み入れていくかという議論が中心である．人間のいろいろな要素（因子）を組み入れて評価できるフレームワークは有用である．しかしながら人間の信頼性評価そのものに，真の値は求めようがないのは容易に理解できる．リスクそのものは，マネジメントのための一つの指標にすぎないという考えをとるなら，すでに解説したように，解析の過程，解析にあたって設定された仮定を第三者が評価できる，いわゆるトレーサビリティとそのための**透明性**（transparency）を具備していれば，当面の役には立つ。人間行動の信頼性に関する部分では，最新の方法によっても，真の値が得られていると考えるのは無理がある。むしろオーソドックスな方法を適用すれば，十分信頼するに足りる詳細なデータベースが存在することに注目したい。QRAでは，設備のみでなく，人間信頼性のデータベースが整備されている。

　現代産業の災害に対しリスクアセスメントを行う場合，いままでの設備に関するリスクアセスメントの方法では不十分であることは理解されるであろう。総じて，計算機技術やソフトウェア，ハードウェアの信頼性向上の恩恵で，状況により影響を受けにくい定型的なタスクは自動化の方向にある。この場合，人間のタスクは機械（自動制御）を監視し，定められた範囲からプラントプロセスが逸脱した場合，機械にオーバライドして操作をすることが求められる。すなわち，人間に課せられたタスクは自動系の動作監視バックアップである。

　つまり，プラントの個々の状況に応じて対処すべきプラントの「機能」を確実に達成する上で，機械（自動系）の信頼性に応じて，また人間サイドの信頼性に応じていずれかの自動化レベルにするという個別問題の設計の集積である。また自動系の機能喪失時のバックアップは人間に委ねられている。

　航空機の発進・離陸は，管制塔とパイロットの間で，ほぼ人間の技量（制御）で行われる。しかし，いったん離陸してオートパイロットのモードに入れば，着陸態勢に入るまでの間，ピッチやロール制御などは自動操縦で行われる。ただし，いったん不具合が起こると人間が問題を同定し，機体を安定させなければならない。さまざまな指示系，CRTからの情報を咀嚼し，状況を把握する必要がある。高速鉄道にしても大型船舶にしても同じである。

　破局的な災害事象に至るリスクは，（機械に起因するリスク）＋（人間に起因するリスク）と単純に考えてしまいそうであるが，実際にはそう簡単ではない。両者は複雑にからみ合っている。それらを的確に評価できるのが，QRAのフレームワークの大きな特徴であり，多くの産業分野の産業リスクアセスメントに適用可能な理由である。プロセス計算機の故障率，MTBFやソフトウェアで生じるエラーについてのオーソライズされたデータベースは，いまだ

4.5 現代産業システムの災害リスクアセスメント

存在しないが，もし計算機関係の故障率データベースが整備された場合には，多くの産業で直面している災害リスクを最小化する自動化のレベルを，QRAを適用して評価できる可能性がある．さらにそれに要するコストなどを勘案しての意思決定も可能となる．

最近の技術革新に伴うハードウェアの信頼性の改善は著しい．原子力発電所も80年代から，安定運転時のハードウェア単体による事故件数は激減している．その一方で航空機と同じように，起動・停止時に事故が集中している．さらに最近では，世界の産業災害の原因の変遷を見ると，図4.18に示すように一連の日本国内の電力会社の不祥事や災害のように組織の脆弱性が事故に発展するケースも世界的に増えている．

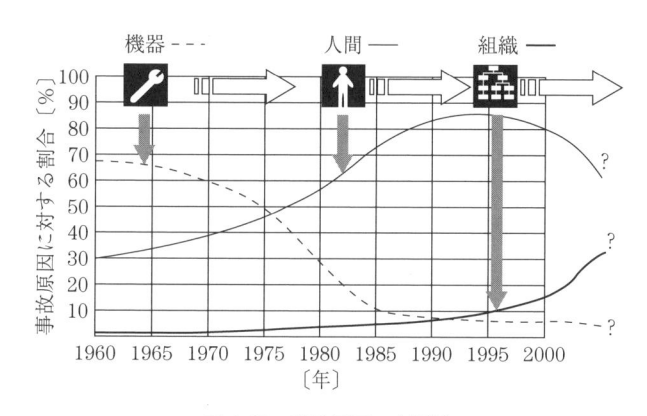

図4.18 事故原因の変遷[14]

人類は信頼性理論や厳正な品質管理方法を確立し，ハードウェアの信頼性向上に徹底的に取り組んできた．それにもかかわらず，産業災害の件数は著しく減少したものの，オフセットは残り，これを現在のところ，さまざまな試みにもかかわらず減少させることができない．このオフセットを生じさせている事故を子細に観察してみると，人間の状況認識の失敗や，人間-機械間での意思疎通の不具合が大きな原因の要素となっていることに気付く．したがって，リスク低減の方法も，従来の信頼性理論で得られている方法以上に人間のエラー予測とその対策，人間の認知ミスを防ぐ方策，人間-機械間のインタフェース

改善に向けられるべきであろう。

図4.18の各曲線の背景はつぎのように説明される。機械の故障原因が減ってきているのは，進化する機器システム個々の技術，品質管理技術の賜（たまもの）であろう。しかしながらシステムは複雑化がさらに進んでいる。そのため，人間のほうがその技術について行けず，エラーを起こしてしまうという傾向が1980年以降顕著となってきた。スリーマイル島原子力発電所の事故が，この時期に起こっている。航空宇宙分野でもスペースシャトル，チャレンジャー号の打ち上げ時の爆発事故が起こっている。これ以降，QRAが適用されている。システムに関する人間の関与の重要性が指摘され出した。人間のエラーに関する研究が，それ以降活発に行われ，成果が現れ始めた。そして個々の人間に起因する事故原因は減少に転じた。しかしながら企業はグローバル化し，国際競争に生き残るためにさらなる効率を要求する結果となった。目的達成のため，組織のあり方を起因とする事故原因が最近，とみに増えているものと思われる。これらをまとめたものを図4.19に示す。

現在，QRAでは，最近急激に増加してきた組織事故をどのようにアセスメントするかが，盛んに研究されている。ただ，いずれもアイデア段階にすぎず，組織事故のデータもなければ，受け入れられた方法論もない。しかしなが

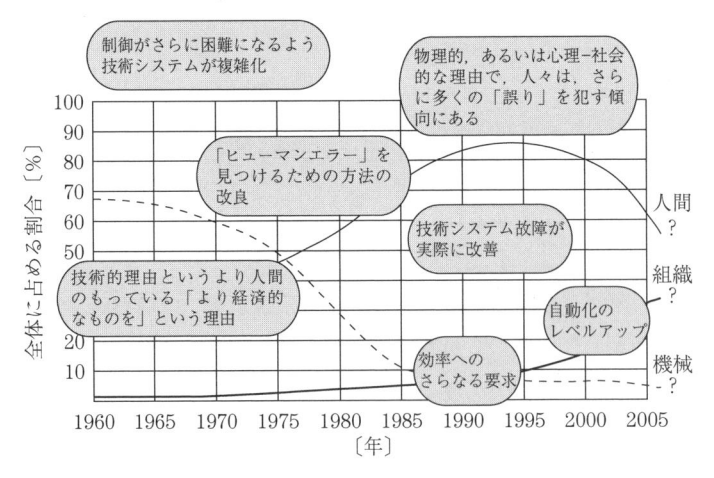

図4.19 産業の事故原因の変遷の説明図[14]

ら，人間と機械がからみ合った人間-機械系のリスクアセスメントは可能になっている。

4.5.2　人間-機械系のリスクアセスメントのフレームワーク

すでに説明したように，ET では起因事象が発生し，災害に至るまでさまざまな災害回避のシステムの作動（自動，手動に限らず）を逐次的に書き下していく。いままで解説したのは，もっぱら機械の作動である。自動車を例にとるなら，図 4.20 のような ET の構築の仕方を解説してきた。

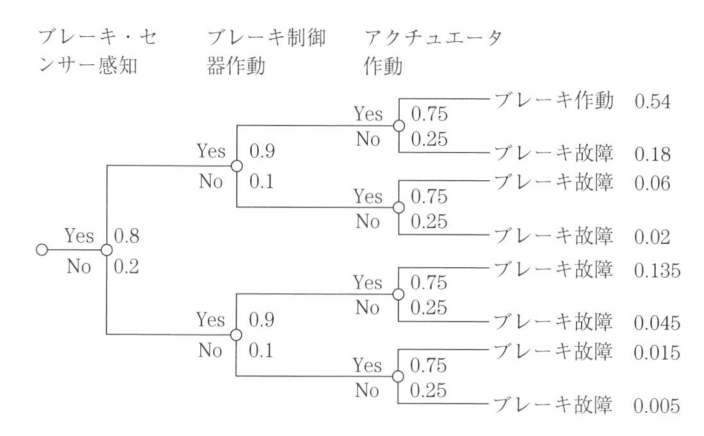

```
ブレーキ・セ      ブレーキ制御      アクチュエータ
ンサー感知        器作動            作動
                                  Yes  0.75  ─ ブレーキ作動  0.54
                          Yes 0.9  No   0.25  ─ ブレーキ故障  0.18
                          No  0.1
                                  Yes  0.75  ─ ブレーキ故障  0.06
        Yes 0.8                    No   0.25  ─ ブレーキ故障  0.02
        No  0.2
                                  Yes  0.75  ─ ブレーキ故障  0.135
                          Yes 0.9  No   0.25  ─ ブレーキ故障  0.045
                          No  0.1
                                  Yes  0.75  ─ ブレーキ故障  0.015
                                  No   0.25  ─ ブレーキ故障  0.005
```

図 4.20　機械系の ET[14]

ところがよく考えてみると，自動車はドライバーがいて走るものである。ドライバー不在の自動車も研究レベルでは開発されているが，実用にはしばらくの時間がかかりそうである。現在の自動車は典型的な人間-機械系である。原子力発電所や航空宇宙といった巨大技術のみが，人間-機械系を形成しているのではない。手作り工房で機械ドリルで穴を開けているのも人間-機械系である。したがって，現在にある，ほとんどのシステムは人間-機械系といえる。QRA には，この人間-機械系のリスクの定量化が可能なところに大きな利点があることはすでに述べた。上記の自動車の場合，自動車も人間-機械系という視点をとるなら，例えば，図 4.21 のようにも書けるであろう。

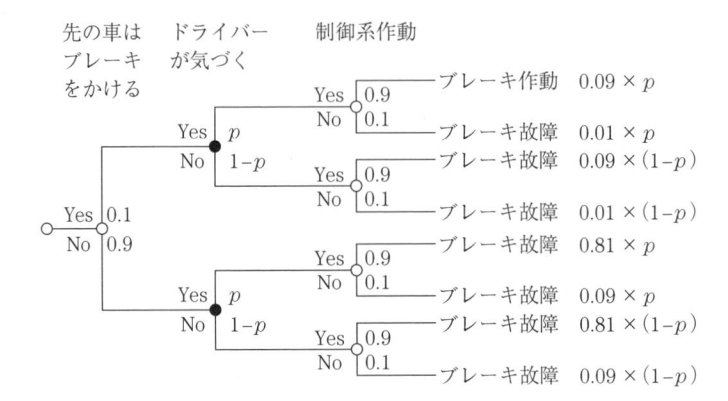

```
         先の車は   ドライバー     制御系作動
         ブレーキ   が気づく
         をかける
                             Yes  0.9
                                         ブレーキ作動   0.09 × p
                             No   0.1
                   Yes  p                ブレーキ故障   0.01 × p
                   No   1-p
                             Yes  0.9    ブレーキ故障   0.09 × (1-p)
                             No   0.1
    Yes  0.1                              ブレーキ故障   0.01 × (1-p)
    No   0.9
                             Yes  0.9    ブレーキ故障   0.81 × p
                             No   0.1
                   Yes  p                ブレーキ故障   0.09 × p
                   No   1-p
                             Yes  0.9    ブレーキ故障   0.81 × (1-p)
                             No   0.1
                                         ブレーキ故障   0.09 × (1-p)
```

図 4.21　人間-機械系の ET[14)]

　図4.21で「ドライバーが気づく」というのが，**人間信頼性解析**（human reliability analysis：HRA）と呼ばれるものであり，QRAでは，しばしば適用される。HRAにおける人間のモデルは，共通原因モデルとともに数多く提案されており，どのモデルを採用するかは解析者の判断に委ねられている。

4.6　人間信頼性解析

　設備と同じように，モデルが決定されれば，ヒューマンエラー率のデータベースなどを適用して，人間があるタスクに失敗する確率を評価することができる。ここで注意しておかなければならないのは，たとえ，アセスメントの作業を行って，人間のある操作の失敗確率を求めることができたとしても，それを唯一の値として盲信しないことである。あくまで，定められた手順に従い，得られた指標（indicator）と解釈するのが自然であり，その値に対して，正誤を論じることは無意味である。モデルを変えれば値も容易に変わってしまう。本書で，「リスクは人工的な値」という立場をとっているのは，この理由が大きい。QRAにおいて，評価するシステムに対して，同一のデータベース，同一のFT，ET，同一のモデルが適用されれば，さまざまな解析グループで行われた結果について議論することは意味のあることかも知れない。しか

しながら，現在は世界的な QRA のガイドラインは存在せず，得られたリスク値を比較すること自体は，それほど重要とは思われない。一つのシステムについて，設備改造，運用の変更によって，リスク値にどのような変化がもたらされるか，それを低減するために，どのようなマネジメントを行えばよいかという相対評価に QRA は威力を発揮することに再度留意したい。

さて，HRA に関しては，現在でも議論はつきない。さらに，原子力発電の分野では，スリーマイル島原子力発電所や，チェルノブイリ原子力発電所のような大きな事故，特に人災と呼ばれる事故が一度起これば，論文の数が急増する。一つのモデルが提案されれば，それに批判が加わり，果てしない議論が繰り返される。1970 年代〜1980 年代初頭に提案されたモデルは，人間の行動をあまりに簡単に表現したものとして批判が続出した。この時期に提案されたモデルに基づく HRA を一般に，第 1 世代 HRA と呼んでいる。第 1 世代の HRA をひとくくりにすると，人間は**刺激**（stimulus：S）が与えられれば，そのまま**反応**（response：R）するというきわめて簡単な原理に基づいてモデルが構築されていることである。「行動主義」に基づくモデルや S-R に基づくモデルと呼ばれている。

それでは，人間はアメーバと同じではないかという批判が生まれるのは当然のことである。そこで，人間は刺激を取り込み，その刺激を**組織化**（organize）して反応するという原理（S-O-R）で生まれたのが，第 2 世代 HRA というものである。第 2 世代 HRA では**文脈**（context）という人工知能分野でしばしば用いられる概念が重要視される。この「文脈」という言葉も説明の困難な言葉で，人により説明の仕方が異なるが，要はその人間がいままで置かれてきた条件で行動の意味づけが変化し，それによってエラーの犯し方も変わってくるという理解でよいであろう。例えば，"He has gone" という言葉を聞いた場合，それが例えば病院で使われた場合「彼は死んでしまった」という意味になるが，駅で使われた場合には「彼はもう電車で行ってしまった」と大きく意味が異なってしまう。これがしばしば行われる「文脈」に対する説明である。文脈が人間が犯すエラーをほとんど決めてしまうという考えもある。

しかしながら，いろいろな状況，条件-すなわち文脈を考慮したHRAのための人間モデルが提案されても，この検証がきわめて困難であり，またそのためにデータベースも構築しにくい。結果として，あくまでも実務を重んじるQRAでは，いまだに第2世代を適用して，まとまった現在産業システムのリスクアセスメントを行った例は寡少であり，特に実証性を指摘された場合，答えを持ち合わせていないというのが現状であろう。しかしながら第2世代のHRAを本書ではけっして否定するものではなく，これからの発展を期待している。性急な適用については十分慎重であるべきであることのみを指摘しておきたい。結果として，QRAに適用されるのはもっぱら，第1世代のHRAである。リスクが人工的な値であり，一意に決定することが困難であるという認識をもっている限りにおいて，第1世代のHRAを適用することに何ら不都合はない。そこで本書では紙面の制約もあり，第1世代のHRAのみを解説する。

4.6.1 OAT 法[15]

この方法は単純で非常にわかりやすい方法である。一連の人間が実施する操作をタスク分解して，ETを作成する。各ノードの分岐を操作の余裕時間で評価する方法である。簡単なOAT（operator action tree）を図4.22に示す。

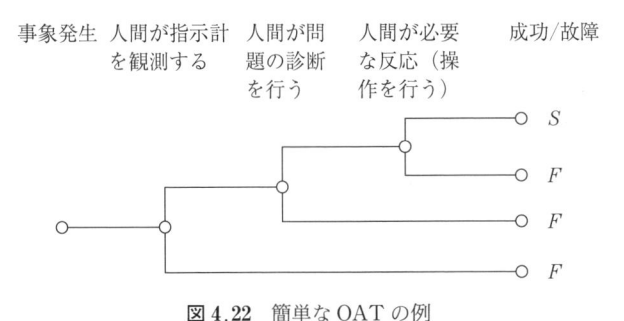

図4.22 簡単なOATの例

各タスクにおいて，人間が反応しない確率を時間の関数として求める。この関数曲線をTRC曲線（time response correlation curve）と呼んでいる。簡単に表したTRC曲線を図4.23に示す。余裕時間がなくなれば，人間はエ

4.6 人間信頼性解析

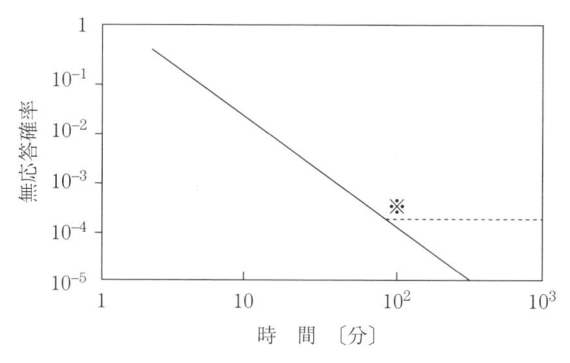

※ $<10^2$ においては，実際は破線部を適用

図 4.23 TRC 曲線

ラーを起こしやすくなるというのは万人が感じているところであるので，直感的には非常に受け入れやすいモデルである。

余裕時間が増えるに従って無応答の確率は減少し，HRA に適用しても，全体的に何の影響も与えないほど小さくなってしまうので，1回/年未満の頻度で起こるようなエラーについては考慮しないことが多い。このように各ノードでの分岐確率を求め，ET を完成させて，操作失敗を無応答確率として求めるのが OAT 法である。TRC 曲線から求められる無応答確率を**表 4.3** に示す。

表 4.3 TRC 曲線からの無応答確率

無応答確率	概 挿 確 率
0.2〜0.3	危険な活動が急に必要となった場合で，非常に高いストレスレベルである場合の一般的なエラー。
1.0	非常に高いストレス下で，60秒以内に最初の行動（操作）に失敗する。
0.9	非常に高いストレス下で，5分以内に最初の行動（操作）に失敗する。
0.1	非常に高いストレス下で，30分以内に最初の行動（操作）に失敗する。
0.01	非常に高いストレス下で，数時間以内に最初の行動（操作）に失敗する。

4.6.2 HCR法[16]

OAT法については,エラーの細かい識別が反映されていないなどの欠点が指摘された。そこで,OAT法の考えを受け継ぎながらも,OAT法を改良したのが,HCR (human cognitive reliability) 法で,この方法は現在でも一部用いられている。基本的なアイデアはOAT法と同じで,無応答確率が時間の関数となっている。ここでの大きな違いは,人間のタスクの種類を分けて評価できることである。ここでヒューマンファクタ(人的因子)での成果を紹介する。これはラスムッセン (J. Rasmessen)[17]により提案された人間の情報処理のモデルを簡単にして図式化したものである。

人間が情報を受け取ってから,反応(行動)を起こすまでの人間の中での情報処理プロセスを提案したものであるが,行動によっては,これらのすべての情報処理プロセスを経ずにスキップして,行動をとることもあるということを図4.24は示唆している。それがあたかもはしごのように見えることから,ラスムッセンのはしごモデルとも呼ばれている。情報を検知すれば,すぐに行動をとれるタスクもあれば,情報から例えば簡単な推論,何々ならばこうであるという一階論理推論 (if~then式) を適用して,行動を起こすタスク,さらに図4.24ではフルパスのさまざまな知識を動員して,熟考に基づいたタスクもある。この三つは,それぞれ,スキルベース (skill-base),ルールベース (rule-base),知識ベース (knowledge-base) の行動と呼んでいる。これらを

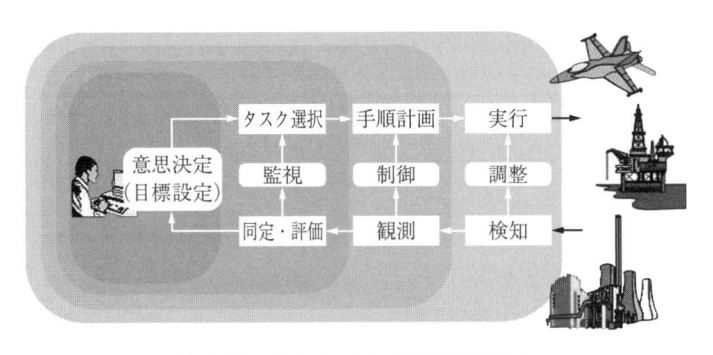

図4.24 ラスムッセンのはしごモデル

まとめて SRK モデルという場合もある。生体反応でも「脊髄反射」は，スキルベースに似たものである。スキルベース行動は，また，習熟によっても得ることができる。少し考えを要するタスクでも，繰り返し行うことで，手足が勝手に動いてしまうというように習熟することができる。楽器の演奏などにしても，反復を繰り返せばほとんど頭を使うことなく弾けるようになるのが，人間の大きな特徴である。これは反復によるルールベース（あるいは知識ベース）からスキルベース行動への移行を表している。

　HCR 法では定量化しようとするタスクをまずどのタイプの行動かを決定する。行動が SRK のどれに当てはまるかを決定すれば，あとは基本的に OAT と同じように，グラフが与えられているので，定量化が可能となる。横軸は基本的には（実際に操作に要するであろう時間）/（操作に許された時間）で正規化，無次元化し，無応答確率を求める。この曲線は図 4.25 で与えられる。

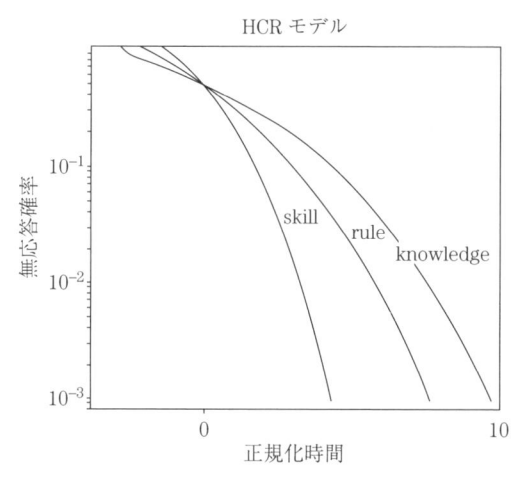

図 4.25　HCR 曲線

　なお，HCR 法は，実験に基づいたものとされている。運転員の行動のタイプ（スキルベース，ルールベース，知識ベース），運転員が適切な認知手段を行う応答時間（HCR における TRC 曲線，図 4.26），周囲環境などによる PSF の三つの因子より決定されるパラメータを用いてつぎの式で無応答確率

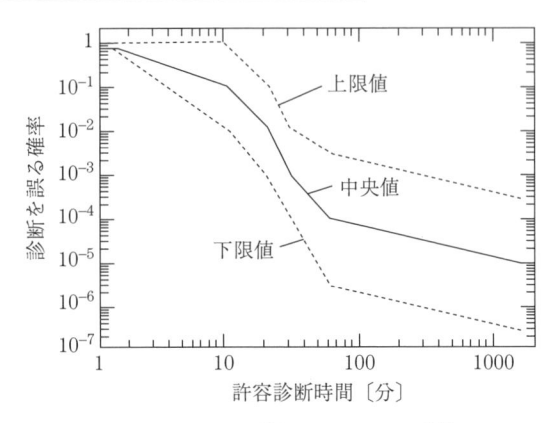

図4.26 HCRに使用されるTRC曲線

$P(t)$を計算している。

$$P(t) = \exp\left(-\frac{\frac{t}{T_{1/2}} - C_\gamma}{C_\eta}\right) \cdot \beta \tag{4.35}$$

ただし，C_γ，C_η，βは，運転員の行動タイプSRKから決定される。$T_{1/2}$は，指標となる応答時間 $T_{\text{moninal}-1/2}$（運転員が適切な行動をとり，残りの半分は不適切な行動をとると仮定できる時間の中央値）に，PSF（K_j；$j=1,2,\cdots,k$）を考慮して，下記のとおり表されたものである。

$$T_{1/2} = T_{\text{moninal}-1/2} \cdot \prod_{j=1}^{k}(1+K_j) \tag{4.36}$$

OAT法，TRC法ともに単一タスクに適用することを基本としている。

4.6.3 THERP法[18]

この方法は前述の二つの方法とは異なる概念でHRAを評価する。時間は評価要素として陽には出てこない。アイデアは，むしろ設備の信頼性評価と類似している。一つの操作をデータのとれているタスク要素に分解し，タスク要素のヒューマンエラー率を基本的にFT的なボトムアップ演算で一つの操作のエラー確率を求めようとするものである。設備の評価と同じで，過去の実績データを使用するので，一見，評価の信頼性があるような印象がある。THERP

法の手順はつぎに示すとおりである。

① 評価するシステムかプロセスを決定する（システム目標，機能，失敗の結果，ミッションの同定，人員，およびハード/ソフトの特性を記述する）。

② システム，プロセス，機能に関して，人間の操作が実行したすべてとそれらの関係を特定し表現する。すなわち，全体の操作を失敗確率が得られているタスク要素に分解する。これをタスク分析，タスク分解と呼ぶ。

③ 個人，グループの操作のヒューマンエラー確率を予測する。各タスクか部分タスクで犯しそうなエラーを特定する。

④ ET（一般のETと区別して，human event treeと呼ばれる）を構築し，演算を行いヒューマンエラーを評価する。

⑤ PSF（performance shaping factor——ストレス，環境条件により変化する）を評価する。

⑥ 必要があれば，タスク間の依存性を考慮する。

これらの過程はつぎの式で集約することができる。

$$P_{EA} = HEP_{EA} \times \sum_{k=1}^{N} PSF_k \times W_k \tag{4.37}$$

ここで，P_{EA} は求めようとする**ヒューマンエラー確率**（human error probability：HEP），HEP_{EA} はデータベースより得られるタスク要素のヒューマンエラー確率，PSF_k は，k 個目に考慮しているPSFの値であり，これも評価手順のハンドブックに記載されている。W_k は，特に重要と思われるPSFの重み係数である。一般的には1としてよい。

考慮できるPSFはじつに多岐に及んでいる。大きく分けて，内部要因によるもの，外部要因によるもの，ストレッサによるものがある。それらの一部を列挙すると

外部要因——作業環境，作業時間，休憩時間の長さ，手順書の有無，ヒューマンマシンインタフェースの良否，緊急性，作業の複雑さ，ほか

内 部 要 因——訓練・経験度，熟達度，動機，人格，体調，ほか
ストレッサ——ストレス持続時間，恐怖の有無，作業の単調さ，疲労，不快感，温度，換気，振動

等々きわめて多くの要素で，ヒューマンエラー確率をチューニングできる。例えば，つぎのような係数を乗じる。

① ヒューマンマシンインタフェースの状態　系統ごとに整理・配列されている…0.1，通常…1，スリーマイル島のように系統に分けられていない…10
② 肩越しの（ダブル）チェックがある…0.1，手順参照…1，チェックなし…10
③ 通常環境…1，狭い…10，…
④ ストレスレベル　非常に低い（いわば，若干弛緩した状態）…2，最適状態…1，連続タスクでかなり高い，初心者…10，熟練者…5，きわめて高い状態，HEPを一律0.25とする

などがある。これらの判断は解析者に委ねられ，HEPの不確定性の要因になる。HEPのデータベースは種々存在するが，THERPハンドブックに記載されているデータの一部は，**表4.4**のとおりである。

これらの解説をもとに，実際に簡単な操作の失敗確率を求めてみよう。いま

表4.4　THERPハンドブックのHEP

0.01	「し忘れ（omission）」に関する一般的ヒューマンエラー。例：中央制御室において，適当な表示装置のない場合，保守後に自動きり戻し忘れ。
0.003	手順書にやり忘れしそうな操作を書きとめたにもかかわらず，それを実際に省略してしまうエラー。
0.03	一般的な「行動（commission）」ヒューマンエラー。例：ラベルを誤認識し，間違ったスイッチを選択。
0.03	セルフチェックを実施中に起こる単純な計算エラー（他の紙に書き写すとき，再計算を実施せず）。
0.1	モニターあるいは運転員によって初期異常を認識する監視エラー。
0.1	異なったシフトの人間が，ハードウェア状態のチェックを間違って行うエラー（チェックリスト，手順書なし）。

4.6 人間信頼性解析

考える操作はつぎのとおりである。

操作X：「警報が発信すれば，スイッチAを操作し，それが間に合わずに失敗した場合は，スイッチAを操作後，バックアップスイッチBを操作する」

この解析のために，まずヒューマンエラーETを構築する。通常のETでも一向に差し支えないが，FTのような下に分岐していくツリーを描くのが一般的である。成功のパスを左に書き，失敗のパスを右に書くこととしている。上記の操作は図4.27のヒューマンETで書ける。ここでPSFは考慮していない。

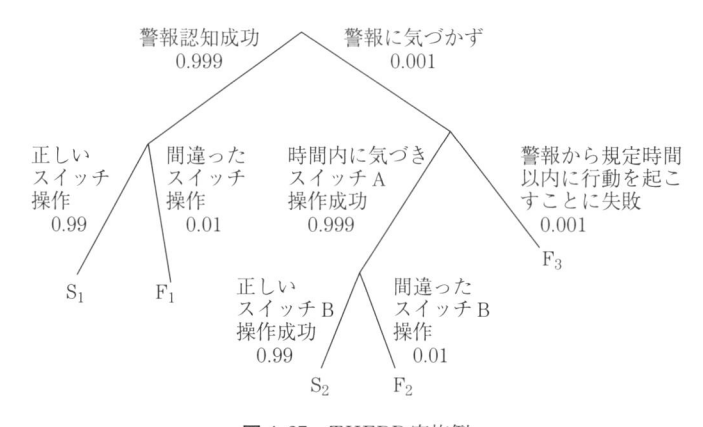

図4.27 THERP実施例

操作Xが，ETのノードに現れている場合は，その失敗確率Fは

$$F = F_1 + F_2 + F_3 \tag{4.38}$$

となる。上記の例ではほぼ1.0×10^{-2}となる。

THERP法でしばしば問題とされるのは，各タスクの依存性である。あるタスクの失敗に引きずられてつぎのタスクにも失敗してしまうというのは，人間ではよく起こり得ることである。そのような現象もTHERP法では考慮することができる。依存性の評価式を**表4.5**に示す。

この場合，つぎのタスクのHEPはデータベースから引用せずに，先行タスクのHEPから表4.5のように評価する。ただ，これもどこまでが低依存，中

表 4.5 THERP 法でのタスク依存性の評価式

依存レベル	先行タスク失敗時の成功確率
低依存	$\dfrac{1+19\times HEP}{20}$
中依存	$\dfrac{1+6\times HEP}{7}$
高依存	$\dfrac{1+HEP}{2}$

依存,高依存というのは,一意に定められておらず,解析者が判断することとしている。以上のように,一見,過去の実績値を引用し,客観的に見える方法も,解析者の主観の入り込む余地が多々ある。これは前述のようにQRAの結果に不確定性をもたらす。したがって,THERP法による人間信頼性評価にあたっては,解析グループ内でよく議論し,統一見解からPSF,依存性などを注意深く決定しなければならない。

THERP法に対する批判で,よく試されるのは,PSF間にも依存性があるはずであり,これが一切評価できるフレームワークになっていないということである。いわゆる,前述の「文脈」を考慮できないことである。これが発端となって,第2世代HRAの研究が始まった。しかしながら,第三者がアセスメント結果を見て,その正当性を評価しやすいなどの理由で,THERP法はQRAにおいて,広く適用されている。

4.6.4 SLIM 法[19]

SLIM(successful likelihood index method)法は,人間信頼性は,結局主観によって決めればよいという考えに立つ方法で,エキスパートが成功の確率を決める方法である。一時,米国の原子力規制局が推奨した方法である。SLI (successful likelihood index) を決定し,タスク失敗確率 HEP を

$$\log(HEP) = A \cdot SLI + B \tag{4.39}$$

で与えるという方法である。刺激に対するFechnerの法則の一種の応用と考えることができる[20]。これは**表 4.6**で説明するとわかりやすい。

4.6 人間信頼性解析

表4.6 SLIM法の例題

作業	時間プレッシャー E_1	経験の度合い E_2	注意散漫 E_3	手順書の良否 E_4	SLI
A弁を閉じる	0.63	0.88	0.25	0.63	0.54
B弁を閉じる	0.13	0.88	0.50	0.63	0.41
ナットを固定する	0.13	0.75	0.63	0.13	0.36
保護装置をON	0.13	0.88	0.63	0.13	0.35
重み	0.4	0.1	0.3	0.2	

いま，四つのタスク，「A弁を閉じる」「B弁を閉じる」「ナットを固定する」「保護装置をON」とし，「システムを復旧する」からなる作業を考える。ここで，エキスパートがこれらに決定的に影響すると考える要素，E_1，E_2，E_3，E_4を考える。これらを **PIF** (performance influencing factor) と呼んでおり，THERPなどのPSFに相当するものである。それらの要素の重みもエキスパートが決定する。各要素について，現状はどうかということも1を最高の状態として，評点付けする（あるいは成功の確信度といってもよいかも知れない）。例えば，「A弁を閉じる」操作では大体，0.63というように個々のタスクの個々の要素について評点付けを行う。その要素について，最初に与えた要素の重み係数を乗じ，作業単位で和をとったものが，各タスクの SLI と考える。ここで式(4.39)を見ると，未知定数 A，B があるので，既知のものから引用する必要がある。例えばC弁閉止忘れが 1×10^{-4}，ボルト締め込み忘れが 1×10^{-2} としてすでに得られていたとしよう。この場合は，A，B が求まって

$$\log(HEP) = -2.3\,SLI + 3.2 \tag{4.40}$$

となる。したがって，第2，第3タスクの失敗確率，すなわちのB弁閉止忘れは 1.8×10^{-3}，ナット固定忘れは 7.5×10^{-2} と評価される。

一般の工学者がこの方法を評価する場合，一見，そのような乱暴な方法は使えないという意見も出そうであるが，「エキスパートの感」というものはあながち否定すべきものではない。特に最近の人工知能関係では注目されてい

る[22]）。THERP にしても，PSF の決定や依存性の決定は解析者に任されている。HRA は決して一意に決めることはできないが，それなりの値——言葉は適当ではないかもしれないが——当たらずとも遠からずの値が得られるものと考えられる。なお，SLIM 法についても，PIF の依存性は考慮しておらず，文脈の考察が欠如していると批判されている。

4.6.5 HRA まとめ

4.6 節では QRA において，ET のノードに人間の回復行為が表れた場合の，分岐確率の定量化の方法について解説した。他にも提案され，一部適用された方法はあるが，いろいろ覚えていてもあまりメリットがあるように思えないので，割愛した。方法百家争鳴の感のあった HRA であるが，第 2 世代の HRA についても，検証された値が出る可能性はなく，結局は，最も設備信頼性のアセスメント方法に似た THERP 法が世界中でよく使われているようである。HRA は一種正解のない世界である。QRA 関係の国際会議で口角泡を飛ばす議論が行われているが，結局は過去の実績データを使うものが最も説得性があるようである。何よりも，THERP 法はわかりやすいし，アセスメント結果を評価するものについても，どのようなアセスメントが行われたのか容易に知ることができる。PSF の設定など，運用する者が，実情と合わないと考えれば，解析者に再解析を依頼することもできる。要は，このコミュニケーションが HRA でも最も重要である。

なお，HRA において，HEP は機器故障率とは異なる。HEP は注目するエラー数を全エラー数で割ったもので，明らかに確率的数値である。機器故障率のように，時間との関数（一般には時間を乗ずる）に写像して非信頼度という確率的な数値に変換する必要はなく，そのままデータベースの値を使うことができる。HEP は対数正規分布に従うとしている。人間のエラーと機械の故障は同じなのかという素朴な疑問も生まれ，人間にかかわる統計量の分布はガウス分布に従うものが多いが，シミュレータ訓練で人間のエラーの確率分布を得た結果，対数正規分布への当てはまりが最もよかったことが確認されている。

したがって，人間信頼性解析においても上限値，下限値を対数正規分布に従う乱数を発生させることによるモンテカルロ法で求めることが妥当である。ヒューマンエラーのデータベースにも，上限値，下限値が与えられている。点推定値としては中央値が採用されることが多い。

このようにして，いろいろ詳細に見てみると，問題は多々指摘できようが，現代産業の特徴である人間-機械系の災害リスクをアセスメントできる点で，HRAの存在は大きく，今後，さまざまな範囲にQRAのフレームワークが展開されていくであろう。

4.7 身近な話題で体験できるQRAとそれに基づくマネジメント

QRAは何となくわかったような気がするが，いまだ解析の方法について実感がわかないという読者のために身近にできるアセスメントとマネジメントを紹介しておく。

4.7.1 フィギュアスケートの最近の動向

2006年のトリノオリンピックで荒川選手（以下，荒川）が金メダルに輝いてから，日本ではフィギュアスケートが大ブームである。荒川の後に続く選手も同等かそれ以上の能力をもっているようなので，ブームになるのも当然といえる。

従来，結果のスコアは完全にジャッジの主観に委ねられていた。最近では，その主観を廃止しようと，2005年に採点ルールが見直された。新ルールは詳細スコアについて規定されているが，本題ではないのでここでは省略する（詳細なルールがISU（International Skate Union：国際スケート連盟）のホームページに掲載されているので，参照して欲しい）。概略は，スコアは競技者が逐次演技を行なう各技の要素を個々に評価するTES（technical element score）と競技プログラム全体を評価するPCS（program component score）の二つから成っており，最終スコアはこの二つの合計となる。PCSは，ス

ケート技術，解釈，振り付けなどジャッジの主観に委ねられる。一般的には，有名選手に高得点が付きやすいという傾向がある。TESには明確な基準が定められているが，各技の出来いかんによりGOE (grade of execution) を加算または減算することができる。これはTHERP法におけるPSFとよく似たものである。例えば，3回転のジャンプの場合，+3〜−3の幅をもたせており，これもジャッジの主観による。競技終了後にTESの詳細は公開される。これはプロトコルと呼ばれている。

さて，例として，2007年世界選手権女子シングル優勝の安藤選手（以下，安藤）と2位の浅田選手（以下，浅田）のフリー演技（ショートとフリーのスコアの合計で競う）のプログラムを比べてみよう。競技会前の予想では，浅田が優勝に一番近いといわれていた。**表4.7**に2007年世界選手権の安藤と浅田のプロトコル（簡単にいえば技術要素の得点表）を示す。一般に技術要素とは，スパイラル，スピン，ジャンプ，ステップからなる。ここで失敗の可能性が非常に大きく，また，成功したときの加点が大きいのがジャンプである。ジャンプはさらに空中での回転数，エッジジャンプ，トゥジャンプなどの種類により加点が異なる。よくいわれるトリプルアクセルジャンプ（3回転半）は，難しいジャンプとされ，7.5という高得点が与えられる。現在，相当の成功率をもって，3回転半のトリプルアクセルを飛べるのは，女子では2007年3月当時，世界で浅田だけとされ，さらに公式試合で，4回転サルコウという女子では公式試合で成功例がないジャンプをジュニア世界選手権で着氷に成功したのが安藤である。

ジャンプ以外は目立った失敗も少なく，加点要素も少ない。そこで，ジャンプのみに注目してみる。競技において，順次実施されるジャンプをノードと見なせばETが書けるはずである。ここで，失敗はいくつも状態があり，多分岐となるが，単一ジャンプは回転しきって転倒（じつは回転不足の結果，転倒が起こりやすいので若干仮定としては，実情にそぐわない），ジャンプを連続して行うコンビネーションジャンプに関しては，最後のジャンプが回転不足になってしまう状態を失敗とした。

4.7 身近な話題で体験できるQRAとそれに基づくマネジメント

表4.7 安藤,浅田のプログラム

	安藤の技術点			浅田の技術点	
	エレメンツ	基礎点		エレメンツ	基礎点
1	3ルッツ+3ループ	11	1	3アクセル	7.5
2	3サルコウ	4.5	2	2アクセル+3トゥループ（ダウングレード）	4.6
3	3フリップ	5.5	3	3フリップ+3ループ	10.5
4	フライングシットスピン(2)	2	4	ストレートライン・ステップシークエンス(3)	3.1
5	スパイラルシークエンス(4)	3.4	5	足替えコンビネーションスピン(4)	3.5
6	3ルッツ（後半のため1.1倍）	6.6	6	2アクセル（後半のため1.1倍）	3.6
7	3トゥループ+2ループ+2ループ（後半のため1.1倍）	7.7	7	3ルッツ（後半のため1.1倍）	6.6
8	3フリップ+2ループ（後半のため1.1倍）	7.7	8	スパイラルシークエンス(3)	3.1
9	2アクセル（後半のため1.1倍）	3.63	9	3フリップ（後半のため1.1倍）	6.1
10	コンビネーションスピン(4)	3	10	コンビネーションスピン(3)	2.5
11	ストレートライン・ステップシークエンス(3)	3.1	11	3ルッツ+2ループ+2ループ（後半のため1.1倍）	9.9
12	足替えコンビネーションスピン(4)	3.5	12	レイバックスピン(1)	1.5
13	レイバックスピン(2)	1.8	13	フライングシットスピン(4)	3
	技術点合計	63.43		技術点合計	65

注) エレメンツの括弧内の数値はレベルを表し，1～4まである．数値が大きいほど高得点が与えられる．

ここで，リスクを評価するよりも，正の効果の期待値，「チャンス」を評価したほうがわかりやすい．公式試合，公式練習を通じての各選手の成功率を評価し，ETを構築した．浅田のET例を図4.28に示した．例えば，ノードの3Aはトリプルアクセル，3Lzはトリプルルッツといったジャンプの種類を表している．2A+3Tは，ダブルアクセルとトリプルトゥループのコンビネーションジャンプである．詳細は同様にISUのホームページを参照して欲しい．

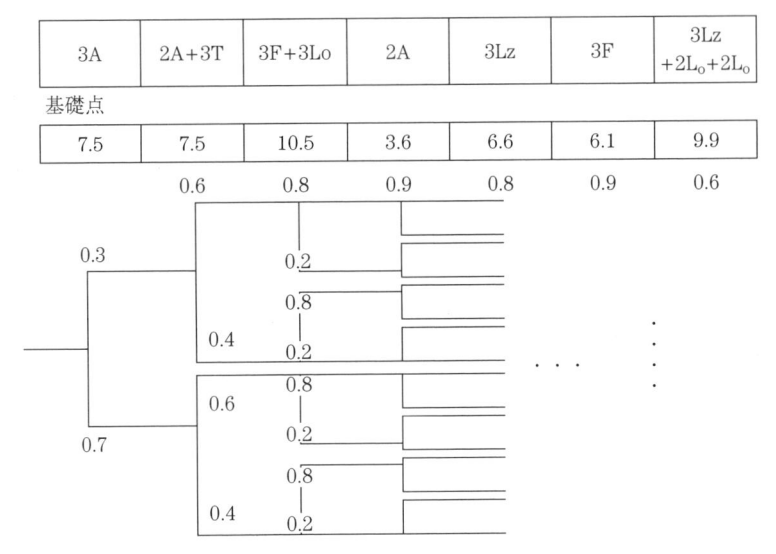

基礎点	3A	2A+3T	3F+3Lo	2A	3Lz	3F	3Lz+2Lo+2Lo
	7.5	7.5	10.5	3.6	6.6	6.1	9.9

図 4.28 浅田のプログラムから構成される ET

リスクに該当するチャンスの式

$$chance = \sum_i p_i \times element\_score_i \tag{4.41}$$

ただし，この場合 p_i は成功率であり，$element\_score$ は各ジャンプの基礎点である．i は各ジャンプの成功，失敗のシナリオである．

ET で評価すると両者の本質が見えてくる．安藤のチャンスは，44.3 であるのに対し，浅田は 43.4 となる．基礎点だけでは，浅田のほうが高く，高難度のプログラムに取り組んでいるのだが，スコア期待値となるチャンスは安藤のほうが大きい．各分岐シナリオの確率をスコアの少ないものから累積確率としてすべてプロットしたものを図 4.29 に示す．これは期待スコアの分布を与える図である．「リスク曲線」の横軸と縦軸を入れ替えたものと思えばよい．

安藤は非常に安定したプログラム構成となっている．浅田は成功すれば，非常に高い点が出るが，失敗すると優勝はおろか，3 位以内の確保も困難かも知れない．いわゆる一発狙いのプログラム構成になっていることがわかる．また，安藤は非常に成功率の高いジャンプを並べているので，チャンスも安藤の

4.7　身近な話題で体験できるQRAとそれに基づくマネジメント　　153

$$\text{面積} = \sum_i p_i \times element\_score_i = chance$$

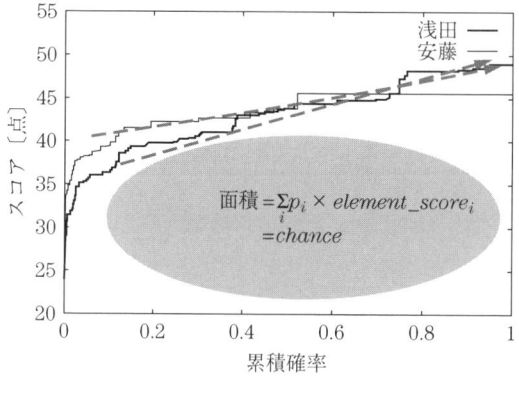

図 **4.29**　累積確率図

ほうが高い。実際の結果は，ショートで思わぬ失敗で5位と出遅れた浅田がフリーで猛然と追い上げたが，細かいミスが重なった。安藤は，ショート，フリーともミスの少ない演技を行い，結局は安藤が僅差ながら勝利することとなった。フリー演技のみのチャンスアセスメントではあるが，それは予見できていたわけである。

なお，ここで紹介したアセスメントの計算は，横浜国立大学「高度リスクマネジメント技術者育成ユニット」におけるワークショップ1Bの自由演習課題に関する，千島清奈生君の計算結果を引用したものである。ここに謝意を表す。

4.7.2　荒川の演技と安全への教訓

プログラムに3Aとあるトリプルアクセルは，男子でもかなりの助走を必要とする。男子でも失敗の多いジャンプである。じつは浅田のそれは，一般のトリプルアクセルとは異なり，難度の高いステップから助走なしでいきなりジャンプするという超高難度な演技で，男子ですら不可能といわれていた。実際の競技で成功したかのように思われたものの，着地で片足を氷にすってしまい，GOEが−1となった。PCSという主観点での上昇を期待したものであったが，マネジメントとしては，あまり褒められたものではない。主観点に頼るのは，各国のジャッジの思惑があるので，確実に「予見可能な」点を取りにい

くのが勝利への鉄則である。浅田の場合は通常のトリプルアクセルで十分勝利できるものであったのである。

荒川がオリンピックで勝ったのは，じつはこれを実践したからである。彼女はとかく地味で見過ごされがちな，失敗の少ないスパイラル，スピン，ステップで高得点を得ることにこだわった。ジャンプは確実に成功させるために回転数を減らし，また，オリンピックではやや低めの跳躍にとどめ，基礎点をしっかり取りに行った。荒川はオリンピック前の公式戦では浅田に一度も勝てなかったが，このようなマネジメントでオリンピックという一番の大舞台で勝利を得たのである。「できることはしっかり基本動作どおり確実にする」これは安全の維持にもいえることである。リスクアセスメントもマネジメントも身近にできる。読者諸君は，これからのこれら有望な選手のプログラムをチャンスの観点からつくってみるのも，リスクを理解する上で役立つであろう。

演 習 問 題

【1】 QRAではさまざまな工学的な仮定を行ってリスクを定量化するが，これが解析者によって結果が異なることが指摘されている。この解決策について述べよ。

【2】 原子力プラントの機器故障率データベースを，一般の化学プロセスプラントに適用することについての所見の述べよ。

【3】 本章の解説で，式(4.26)の証明を実施せよ。

【4】 本章で紹介した人間信頼性解析の長所，欠点について整理せよ。

【5】 自分の身の回りで最も大きな危険源を同定し，死傷に至るETを記述せよ。

【6】 JR福知山線の脱線事故に関し，ET，FTを用いて事故解析を行い，アセスメントの見通しから最も有効と思われる対策を提案せよ。

5 リスクアセスメント結果を用いたマネジメント

2章ではリスクを学ぶ上で基礎的なことを解説し，3章から4章までは，実際に危険源（ハザード）の同定からリスクを定量化するまでの道筋について解説した．リスクが定量化されれば，安全の維持や改善を目的として，当然リスクレベルをある値以下にするようにシステムの運用方法を再構築することが可能となる．一般にリスク情報をシステムの運用にフィードバックし，リスクを管理状態に置くことをリスクマネジメントと呼ぶ．一般にリスクマネジメントの精神としては ALARP（合理的に実現可能な限り低く．1.4節，2.4節参照）が知られているが，本章ではリスクマネジメントの実際についてもう少し詳細に解説する．

5.1 リスクマネジメント

リスクをゼロとすることは不可能である．したがって，さまざまな産業で「合理的に受け入れ可能なレベル」にリスクをとどめる必要がある．特に経営学では，リスク回避（リスクをもたらす行為を行わないこと），リスク移転（製品開発時にアウトソーシングを行ってリスクを分散・移転させること），リスク受容，リスク制御をリスクマネジメントと呼んでいる．本章ではアセスメントの結果を参照して，能動的にリスクの制御を行うヒントについて簡単に触れておく．「制御」という言葉を聞いて工学者の頭に浮かぶのはフィードバック制御であろう．リスク制御も基本的に同じである．リスクが受け入れ可能なレベル以上に達すると，何らかの方法でリスクを低減させることが組織の活動に必要である．リスク制御は，リスクのモニター，分析，評価，低減施策の実

5. リスクアセスメント結果を用いたマネジメント

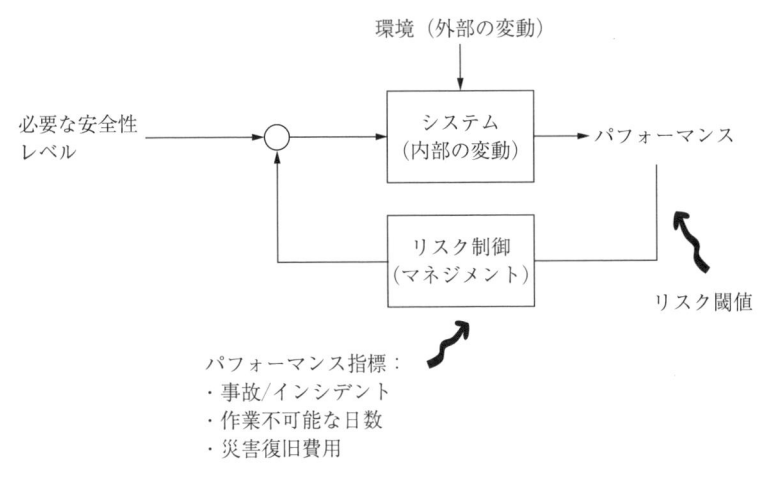

図 5.1 リスク制御概念図[1]

施という点で明らかに広義のフィードバックである。フィードバック制御にリスク制御をなぞらえると**図 5.1**のようになるであろう。

ただ，リスクそのものは，本書で何度も言及しているように，質量，長さなどの物理量とは明らかに異なる人工的な**指標**である。したがって，工学の制御のように明確なアルゴリズムが存在するわけではないことに留意する必要がある。むろん，信頼性理論の適用として，機器の保守の点検間隔をリスクがある値を上回らないように決める方法，部品の取り替え時期の策定などが提案されているが，本章ではむしろ実践の立場から，現実に広く行われている施策の基礎を紹介しておく。広義には，リスク制御もリスクマネジメントも同じなので，ここではリスクマネジメントと呼ぶ。

前述の合理的に受け入れ可能なレベルの設定には，じつは客観的に設定することが困難な場合が多い。欧米では，公衆のリスクへの理解が進んでいるので，特に原子力の分野でリスクそのものを規制にまで適用しようという動きがある。日本もこれに追従するように国レベルでの検討が行われている。日本では，科学技術のリスクはゼロでなければならないという不可能な要求がいまだに世論としてあるので，いわゆる十分コンセンサスの得られた「安全目標」の

5.1 リスクマネジメント

設定には時間を要するであろう。現在のところ，原子力施設の事故に起因する，施設の敷地境界付近における公衆の個人被ばくによる平均急性死亡リスクは，年当たり百万分の1程度を超えないように抑制されるべきとの案が出されている。具体的な数値としては，個人の平均急性死亡リスクと，がんによる個人の平均死亡リスクをそれぞれ10^{-6}人/年以下としている（ただし，このリスクは事故時の内的，外的事象を対象とするが，テロによるものは除いている）。疾病によるものの合計の7.1×10^{-3}人/年，不慮の事故によるものの3.1×10^{-4}人/年などと比較して得られたものとしているが，これが合理的に受け入れ可能なものか多くの議論がある。

さて，リスクマネジメントにかかわる技術者として，十分に留意しておくべきことがある。それは，リスクは定義より確率量であり，分布関数に従って広がりのある量である。これを一般の数値でマネジメント，あるいはもっと進んで規制に使うことの意味を十分理解すべきである。4章でも述べたように，リスクは一般に，下限値，平均値，上限値で表されるべきものである。一般的に用いられる量は，点推定値として平均値が用いられるが，リスクが安全基準を下回っているから，リスクの観点からも問題はないと結論付けることに無理があることを理解しておくべきである。最も安全側（保守的ともいう）の評価としては，リスクの上限値が安全目標の値を下回っていれば，例えば，95％の信頼度でリスクは目標内に制御されているといえるが，あまりこれらの厳密な議論が行われていないことに留意しよう。さらに，QRAでは，多くの工学的仮定を設定しアセスメントを行う。例えば，人間信頼性解析のモデル，共通原因故障モデルなどは複数提案されており，どれをどう使うのが正しいというものでもない。当然，採用するモデルにより得られる値が変わってくる。いまのところ，これが各解析者個々の判断に委ねられている。リスク本来の統計的不確実性よりも，解析者による不確実性のほうが大きいことが多く，今後，リスクマネジメントやリスク規制で解析の世界的標準とガイドラインの整備が急務といえる。

これらの問題点を十分に念頭に置いた上で，リスクマネジメントを行う必要

がある。実践的に行われているマネジメントの例を簡単に解説する。より正確にいうと、リスクによる意思決定の方法であり、実際の施策としては、RBM (risk based maintenance) や、RBI (risk based inspection) がプロセス関係の産業で行われている[2]。RBM/RBI については本書の範囲を超えるので、興味ある読者は他書を参照して欲しい。

5.2 リスク重要度によるマネジメント

原子力産業でしばしば適用されている方法で、まずリスクアセスメントの結果に対して下記の二つの重要度を定義する。

〔1〕 **ファッセル・ベスリー重要度** (Fussell Vesely 重要度, FV 重要度)

$$FV \stackrel{def}{=} \frac{P(d) - P\{d|\lim_{s_i=0} d(s_i)\}}{P(d)} \quad (5.1)$$

ここで $P(d)$ は、PRA/QRA で得られた災害に至る予想頻度であり、$P\{d|\lim_{s_i=0} d(s_i)\}$ は当該システムの中のサブシステム i の信頼度が 0 (必ず故障する) としたときの増分を正規化したものである。

〔2〕 **リスクアチーブメントワース重要度** (risk achievement 重要度, RAW 重要度) 上記とは逆に、サブシステム i の信頼度が 1 (故障しない) としたときの減少分を正規化したものであり、式(5.2)で示される。

$$RAW \stackrel{def}{=} \frac{P(d) - P\{d|\lim_{s_i=1} d(s_i)\}}{P(d)} \quad (5.2)$$

FV 重要度を横軸、RAW 重要度を縦軸とする平面を考えると、各サブシステムについてプロットすることができる。FV 重要度と RAW 重要度がある値を超えたサブシステムについては、「重要なサブシステム」とみなし、重点的なメンテナンスを施す。より直接的に安全と保全活動とを関連付けて、きめ細かくサブシステムレベルで指標を設定することで、システム保全の有効性を把握することが可能となる。その他のサブシステムについては、一般の保全活動を行い、重要なサブシステムに関しては、保守などによるサービス除外時間

や，修理可能な故障の回数を指標としてモニターし，重点監視し，システム全体のリスクをリスクに感受性の高いサブシステムを選別することによって，システムの信頼性を向上させようという取組みである．

5.3 リスクマトリクスによるマネジメント

リスクマネジメントにおいて簡便でよく適用される方法で，すでに2章でも紹介されているが，各産業分野で頻繁に適用されている．まずリスクマトリクスの概要を**図5.2**に示す．

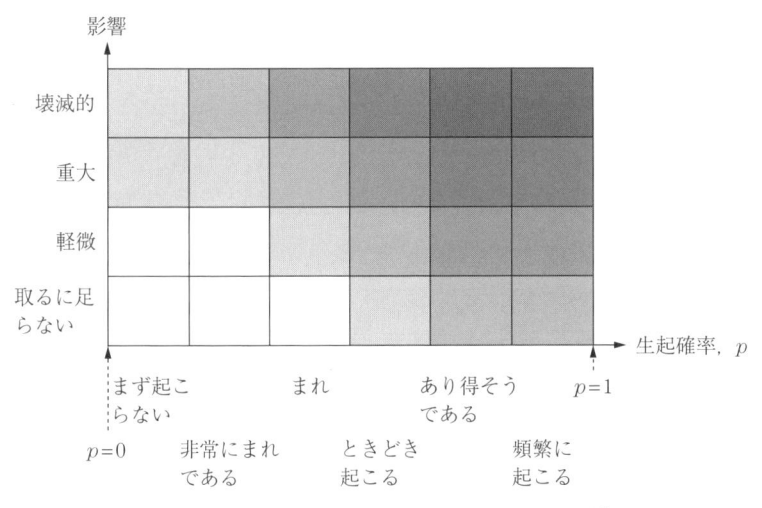

図5.2 リスクマトリクス（リスクプロフィール）[1]

リスクの定義に従って，システムに起こり得る災害の影響と生起確率を評価する．それを数段階に分け，図5.2のようなプロフィールを作成する．この場合，影響と確率の分け方に明確な基準はなく，解析者が例えば，まず起こらないと考えられる確率に対して$0 \sim 10^{-7}$程度の数量を与え，同様の作業を段階的に行う．図5.2では，24個のタイルを形成している．このそれぞれのタイルに対して，とるべきリスクマネジメントの方策を割り当てていく．何か災害に

至る事象を想定した場合，確率，被害の大きさが見積もれる。それぞれのタイルには対策が割り当てられているので，そのとおりの行動をとればよいことになる。基本的な考え方は単純でわかりやすく，化学プロセス関係の分野で適用されている。また，国際航空運送協会（International Air Transport Association：IATA）で提案されているリスクマトリクスも有名である[3]。IATAのリスクマトリクスでは，図5.2のプロフィールを三つのゾーン"acceptable"，"unacceptable"，"acceptable with mitigation"領域に分けている。unacceptable領域では危険源除去などの設計の見直し，acceptable領域でも特に対策は要求していないが，リスクをより小さくするような運用，設計の努力の継続を推奨している。acceptable with mitigation領域では，実際には運行にあたっていない航空機の部品を必須機器リストから選択し，安全性を再評価し，それらの部品の運用，保守の手順書の作成，改訂を促している。リスクプロフィールと対策の例を**図5.3**に示した。

		生起確率				
		頻繁	ときどき	まれ	非常にまれである	ほとんど起こらない
故障結果	極端	即座の対策	急速な対策	ハザードの同定	ハザードの同定	気に掛ける程度
	高	A	A	B	C	OK
	中間	A	B	C	C	OK
	低	B	C	D	D	OK
	取るに足らない	C	D	D	D	OK

クラスA：短期的対策が必要（例えば，より厳しい点検）
クラスB：生起確率を減少させるための中期的対策が必要
クラスC：生起確率低減の対策必要なし
クラスD：コスト低減対策（より簡単な検査法の適用，検査部位の省略，費用のかかる点検の省略）

図5.3　リスクプロフィールと対策[1]

5.4 評点付けによるマネジメント

2005年4月に発生したJR福知山線の事故の反映として，2008年3月25日にプレスリリースされたもので，「全職場でリスク評価導入」として報道されたものである．それぞれの「ニアミス報告」について

① 事故につながる可能性
② 事故になった場合の被害程度
③ ニアミスが発生する頻度

をそれぞれ4段階で評価し，0～10点に数値化する．それらを合計し，合計値が高い順に，関係する現場や支社，本社で対策をとることとしている．カーブを急にしたり，列車を高速化するなどの設計・運用を改訂する際も，事故の危険性を事前に評価し，対策を実施するとしている．対策の具体的な内容はこれから策定されていくのであろうが，日本の鉄道産業では初めての試みといわれている．ただ，このような簡単なアセスメント-マネジメントは，石油プラントの現場でしばしば実施されており，職場への導入も比較的簡単に行われるものと思われる．ただし，実際に現場で行われているのは多分に定性的，経験的なセンスで行われており，これを真にリスクマネジメントと呼んでよいのかは疑問が残るが，現場での自主的な管理施策の実施として，推奨される．

5.5 QRAにおける簡単なマネジメントへの応用

4章でも紹介されているが，簡単なメンテナンスを考慮することができる．再掲するが，故障率 λ の機器を間隔 T でメンテナンスした場合の非信頼度 U は

$$U = \frac{\lambda T}{2} \tag{5.3}$$

と評価される．ただし，QRAで考えているモデルは，ある時点で起動試験ほ

かのメンテナンスを施せば，非信頼度が0となり，時間の推移とともに指数関数に従い，1に漸近していくという簡単なモデルである．システムについてQRAを実施してリスクを求める．この結果が目標値よりも大きい場合は，メンテナンス間隔を短くすることにより，リスクの値を低減することができる．ただ，災害に対してあまり重要でない機器の運用を変えても，それほどリスク程度が変えられるわけではないので，例えば前述のFV重要度などでサブシステムの重要度を評価し，重要な機器の運用を変えるとリスク値を大幅に改善することができる．実際の例では，例えば非常用電源（ディーゼル発電機）や非常用の反応容器への注水ポンプの重要度が大きいことがわかっているので，起動試験，あるいは，実際の負荷試験が実施されている．

現状のQRAのメンテナンスモデルは非常に簡単である．あるいは，メンテナンス中のヒューマンエラーは一部フォールトツリー（FT）で考慮する場合もあるが，メンテナンスに関しては，ヒューマンエラーも一般にはそれほど実質に合った評価がなされているとはいえない．また，メンテナンス時間は平均保守時間間隔に比べて無視できるとしているが，メンテナンスで長期にわたって当該機器が利用できなくなるという場合も生じ得る．QRAにおけるメンテナンスの研究は，東欧やフィンランド技術センター（Technical Research Centre of Finland：VTT）で一時，精力的に行われていた．今後，安全の確保に加えて，経済性も考慮しなければならないことが指摘されている昨今，これらの成果を実際にシステムに適用することを考慮する必要が生まれてくるであろう．

5.6 リスクマネジメントに付随して考察すべきこと

リスクの概念を導入することは，安全の確保，維持が目的であるが，当然，リソース（資本）は無限ではないので制約が生じる．4章でも述べたように，QRAではもっぱら，（サービス中の）機器故障と不動作——動作すべき条件になっても起動不可能などで起動しない事象——に注目する．ところが，動作

5.6 リスクマネジメントに付随して考察すべきこと

すべきでないときに動作してしまうことを誤動作という。これはプラントの安全上重要なシステムは，フェールセーフ（駆動源の喪失に対して安全側にシステムが動作する）の設計を採用していることが多く，安全上，直接問題は生じない。ところが機器誤動作の場合，往々にして高炉停止などのプラント停止を伴う。大規模プラントの場合，一度止めてしまうと数億円の損失が出る。不動作-誤動作のトレードオフは，実際の商用プラントで生じ得る。一つの例を図5.4に簡単に示してみよう。

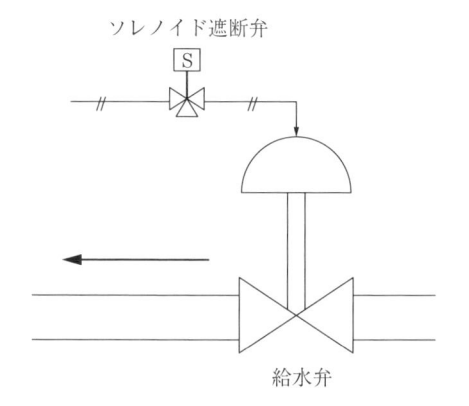

図5.4 給水システム

図5.4では，熱交換器または反応容器の給水システムを示している。弁は空気作動弁で，空気が遮断されれば，ダイヤフラム部の空気が系外に抜けて弁が閉じ，送水が停止しプラントも停止する設計となっているとする。この弁の空気圧を制御するのがソレノイド遮断弁である。ソレノイドはフェールセーフ設計のため，常時コイルに通電されている。コイルの制御電源が喪失すれば，プラントが停止する「安全サイド」設計のシステムである。ところが，コイルというのはけっこう断線しやすく，常時通電していると断線の確率は上がる。小さなソレノイド遮断弁のコイル断線でプラントが停止してしまうわけである。その意味では誤動作による停止が多く，一種，非生産的なシステムである。それも，小さな制御エレメントにすぎないソレノイド遮断弁故障程度で，プラントがいちいち停止していたのでは設計に不満をもつであろう。事業者としては，常時，コイルは非励磁とし，反応容器か熱交換器の水位信号が異常に高く

なり，プラント停止要求信号が出た場合にのみ，コイルに電流が流れ，弁への空気を遮断して送水を停止するといった設計に変えたいところである。電源喪失に対して，直前の状態を維持する（fail as is）設計のオプションも考えたいところである。

　一見，安全サイドの設計も非生産的となる場合がある。直感的に常時励磁のほうが，要求時励磁よりも動作信頼性が高いように思われる。すなわち，上記の設計変更を行った場合，誤動作確率はほとんどゼロにすることができるが，不動作確率は増加する。読者ならば，どのような意思決定をされるであろうか。最も考え得る方策としては，ソレノイド遮断弁を多重化し，かつ常時非励磁とする設計変更である。ただし，この設計変更を実施するには，相当の工事コストを見込まなければならない。不動作の場合の生起確率と経済的損失，誤動作の場合の生起確率と経済的損失を比較し，意思決定を行う必要がある。現在のところ日本では，安全最優先の気風があり，いわゆる「リスク-ベネフィット」はマネジメントではあまり考慮されないが，特に米国などでは，リスク-ベネフィットは盛んに論議される。リスクマネジメントにおいても，将来，産業界への定着ともに，リスク-ベネフィットが議論されるものと予想される。

5.7　これからのリスクマネジメントのあり方

　これまでのリスクマネジメントは，フィードバック的であり，その意味で，reactive（その場しのぎ）なものであった。しかし，現在産業において，安全確保，事故防止の重要性はますます高まりを見せるであろう。そのためには，システムにおける機械（設備）信頼性，人間信頼性のみではなく，組織，環境，風土，文化，世界経済などを勘案して，起こりそうな災害を想定し，その場合のマネジメントを想定しておく必要がある。その意味で，proactive（前を見越した）なものでなければならない。過去に発生した多くの災害については，事故を引き起こすような状況があったはずである。現在，多くの災害につ

いて，組織に起因するものとして分析の方法が研究されている。しかしながら，グロバリゼーションは，利便性とともに新しいリスクをもたらす。例えば，中国が経済の開放政策に転換し経済力を蓄えてきた昨今，地球上のいたる所——特にアフリカ——で，エネルギー資源の枯渇が懸念されている。米国が石油資源からの脱却を図ろうと，バイオエタノール燃料に切り替えれば，食料としてのトウモロコシが少なくなり，食料供給に支障が生ずる可能性も出てくる。また，エネルギーの奪い合いと宗教紛争がからんで，世界的な危機が生ずるかもしれない。これらを予見し，われわれの死亡リスクを低減させるためには，人間-機械の枠にとらわれない広範なリスクを扱えるフレームワークの構築が急がれる。

演 習 問 題

【1】 読者の関連する分野で考え得るリスクをまず同定し，リスクアセスメントの簡易評価の方法を考察し，そのための現場でも実施可能なマネジメント方策を立案せよ。

【2】 組織的な不祥事について具体的な例を挙げ，どのようなマネジメント方策が必要か提案せよ。

【3】 本文中の，不動作-誤動作トレードオフ問題に関して，ソレノイド遮断弁を常時励磁としたときの故障率を 1×10^{-3}〔1/y〕，このソレノイド遮断弁の常時励磁の場合の不動作率を，2×10^{-5}〔1/d〕とし，常時非励磁にした場合，不動作率が100倍になるとするとき，以下の(1)，(2)に答えよ。ただし，このプラントの使用期間を30年とする。

(1) 安全レベル（不動作確率を上昇させない）を保つには，どのようなシステム改造を行えばよいか。

(2) そのシステムの変更工事に1億円，プラントの故障で計画外停止を1回するごとに50億円の損失が出るものとする。点推定でよいので，この工事を実施すべきかどうか評価せよ。また，ソレノイドの平均故障時間間隔（MTBF）がカイ二乗分布に従うとして，その意思決定の信頼性を概略評価せよ。

6 リスクコミュニケーション

リスクマネジメントの代表的な解説書では，リスクコミュニケーションは{リスクアセスメント，リスク対応，リスクの受容およびリスクコミュニケーション}のように段階的なプロセスの下流側の行為として位置付けられるのが通例である[1]。この定義が示すように，段階的作業の中で上流側に位置付けられるリスクアセスメントやリスク対応にかかわる意思決定は専門家が担当し，その結果を市民や関係者（最近では"ステークホルダー（stakeholder）"という用語が用いられることも多い）にわかりやすく伝えるのがリスクコミュニケーションであるという考え方が標準的である。

しかし本章では，近年の新しいトレンドを踏まえて，この標準的なタスクの流れに沿った説明をあえて逸脱する。リスクマネジメントを本当の意味で的確に実施するためには，リスクコミュニケーションが下流側の行為ではなく上流段階の作業においても重要な役割を果たすことが理解されねばならないからである。

例えば，リスクアセスメントの中でも最上流の作業として，リスク同定が挙げられる。どんな事象がリスク要因として問題とされるべきかを決める作業がリスク同定である。この段階ですでに，市民の参画が図られるべきという見方[2,3]が近年強まっている。これからの時代，ここでいう意味のリスクコミュニケーションの重要性はいっそう高まることは間違いない。本章の内容はこのような現実認識を出発点として構成したものである。

6.1 基本方針

この現状認識を踏まえて本章では，以下のような基本的方針にのっとってリスクコミュニケーションを説明することとした。

基本方針の1は，おもな読者としてリスクコミュニケーションを実施すべき立場に立った技術専門家と想定した†ことである。リスクコミュニケーションに関する解説書は最近多く刊行されているが，それらはリスク研究者，とりわけリスク認知心理学や社会心理学分野の専門家によるものが主流である。また，違う観点からの出版物として，企業広報を適切に行うための指針をコンサルタント系の実務者の方が述べている解説書も多数刊行されている。これらの解説書には貴重な教訓が多々示されているので，実践者はそれらの解説書に目を通し基本的な要件を理解しておくことは，いうまでもなくのぞましい。しかし基本的な要件を踏まえた上でさらに，技術専門家がリスクコミュニケーションの場に臨む際に心得ておくべき要件を知っておくことは実際的な意義が大きい。なぜなら，これからの社会においてはリスクコミュニケーション活動を技術者自身が担わねばならない状況は，今以上に増えることは確実と推測されるからである。

基本方針の2は，本章では技術専門家によってリスクコミュニケーションの実践がなされた結果得られている経験知を重視しつつ，それらを学術的な観点から整理し体系化したことが挙げられる。「基本方針の1」で述べたようにリスクコミュニケーションの実践者として技術専門家を想定した以上，この選択は必然であろう。技術専門家は他の多くの専門家と同様に，固有の特性を有しているが，その特性を深いレベルまで理解できるのは，やはり同じ立場の専門家である。自分がどのような傾向をもった人間であるのか自覚しておくことは，日常生活においても重要である。まして技術の効用や安全性などについて，市民と専門家とが対話する状況においては，少なくとも技術専門家側は自分の傾向性に自覚的であることはぜひ必要である。

基本方針の3として，リスクコミュニケーションそのものの指針を説明する

---

† 科学技術専門家という表現がよく用いられるが，「科学」と「技術」では討論の主題が異なることが多い。本章では社会的意思決定に直接のかかわりが強い「技術」について，特にそのリスクに関して技術専門家が市民とコミュニケーションする状況を想定している。

168 6. リスクコミュニケーション

に先立って技術と社会との関係の歴史的変容についての解説を示すこととした。技術と社会のかかわり方は歴史を追って変化しており，市民が技術リスクについて感じる感覚もそれに伴って大きく変わってきている。この歴史的変化を理解することは，コミュニケーションが成立するための前提条件である。

基本方針の4としては，リスクコミュニケーション活動について，リスクマネジメント作業全体の中でより上流側に位置付けたことが挙げられる。リスクコミュニケーションは，リスクマネジメント業務が終了した後で対外的に説明するための（すなわち下流側の）活動要素として位置付けられるべきものではない。この点については，ある程度言及している学術的書籍も見受けられるが，実用性を視野に入れた解説書ではそこまで視野を広げている例は少ない。本章では，特にこの視点を重視する立場をとっている。

基本方針の5として，リスクコミュニケーション活動のあり方を体系的に考察する参照材料として，対話活動のモデル化と，そのモデルに基づくコミュニケーションモードという考え方を導入した。リスクコミュニケーションの実践指導書のうち，企業向けのもので広く採用されている体系化の試みとしては，｛リスクの未然防止段階，事故時早期対応，事故対応，事後の事態収拾｝などのように，対象事象の時系列的な進行に伴った指針整理を行っている例が少なくない[4]。さらに個別のコミュニケーション活動についても，｛事前準備，直前，実施中，事後｝のように，順序に沿って指針を整理している例[5]が一般的である。これらの指針はいずれも実用的な意味で役に立つことは疑いないが，書かれている以外の状況においての適用性が必ずしも明確ではない。対話活動のモデル化とコミュニケーションモードという考え方は，多様な状況にも適用できる応用性の高い指針を提示しようという立場から導入したものである。

6.2 状 況 認 識

前節で述べたように，技術と社会との関係の歴史的変容について，リスクコミュニケーションそのものの指針を説明するに先立って解説しておく。この関

係変容は，社会科学系の研究者の間では広く知られている事実であるにもかかわらず，技術系の実務者にはあまり自覚されていないことが多くの困難を引き起こしている。

6.2.1 受容から懸念の時代へ

技術が社会から受容され歓迎される時代は，古代文明の時代からつい最近まで長い間続いてきた。土木建築技術に目を向けて見よう。エジプト文明のピラミッド，秦の始皇帝による長城，少し時代を経たローマ時代の道路網と水道施設など，技術がその時代を特徴付ける重要な役割を果たしてきた例は無数にある。採鉱・冶金技術については，鉄を利用する技術が強国エジプトを脅かし，オリエントの覇者になった古代ヒッタイト帝国の隆盛の原動力であったように，重要な役割を果たしてきた。わが国においても，稲作とともに到来した製鉄技術が権力の大きな基盤力であり，弥生時代の形成に貢献したと推測されている。そのためこれらの技術を担う技術者集団は，それぞれの時代に独自の権益や自律性を認められるなど厚遇を受けている。

時代が進んでも技術の有用性は高く評価され続けた。大航海時代から近代までの造船技術，産業革命時代から進展した蒸気機関にかかわる技術，大砲や鋼鉄船の製造技術など，先進諸国の権益拡大に直結する技術として重要な役割を担い続けている。二度にわたる世界大戦時代から冷戦時代においても，国際的な覇権争いの中心課題は優れた技術の開発であった。

このように古代文明の時代からごく最近まで，技術はその有用性ゆえに社会から基本的には支持されてきた。そして技術者は，個人としても集団としても自分の開発，継承している技術の社会的価値については疑うことがなく過ごしてきた。むろん産業革命後の英国におけるラダイット運動のように，新技術が社会の一部から反発を受けたことはあった。しかし大きな流れとしては，社会は技術を肯定してきたのである。

その状況は二十世紀後半に至って大きく変化した。その変化の要因としては，農薬汚染，公害問題などがまず挙げられよう。レイチェル・カーソンが先

駆的に著した『沈黙の春』[6]は，虫や小魚の激減してしまった農村をもつ日本でも，強い関心と共感を集めた。水俣病に代表される公害病の及ぼす災厄も，反公害運動からやがて技術のあり方に対する厳しい批判を生んだ。関連の深い動きとして，大規模土木工事による環境破壊に対しても厳しい批判†が広がっている。医薬品産業分野では，サリドマイド事件から薬害エイズ事件に至るまで，市民の健康が損なわれた事例が企業批判につながっている。大規模・複雑技術の典型とみなされる原子力に関しては，スリーマイル島原子力発電所事故，チェルノブイリ原子力発電所事故が契機となって，平和利用であっても核の恐怖は見過ごされてはならないという，チャールズ・ペローに代表されるような認識[7]が世界に広まった。

技術の影響範囲が全地球的規模にまで及ぶ拡大，想定外事象の多発，加害者と被害者の識別困難なども，技術が社会にもたらす懸念を大きく変容させた要因として指摘されている[8]。その後も，遺伝子組換え作物，遺伝子治療，電磁波など，技術が抱える負の側面に関する懸念は，さまざまな分野で具象化しつつある。ナノテクノロジーに関しては，まだ具体的な災厄は経験されていない段階で，すでに事前警戒原則の考え方に基づいた論議がなされている。要約すれば，技術に対する社会の姿勢は，「原則として歓迎」から「原則として警戒」に変わってしまっているのである。

技術の受け入れに関する社会側の基本姿勢が，このような変化を起こしていることは，技術と社会の関係に関心をもつ集団，例えば科学哲学や科学技術社会論の研究者や同様な背景知識をもつ社会評論家などにとっては，公知の事実であろう。しかし筆者の知る限り，技術専門家の中では，このような認識を有している人間の割合は少ない。新しい技術を懸命に開発することが，そのまま社会にとっての「善」であるとナイーブに信じて疑わない人間の割合が，圧倒

---

† ダム建設に関しては，立ち退きを要求された住民からの異議申し立てや反対運動は古くからなされている。公害問題についても，直接の被害者として抗議運動を行ったのは工場立地地域周辺の住民であった。しかしこれらの問題が地域的に限定された問題ではなく，技術と社会，技術と人間の関係として見つめ直されている点が，現代の技術批判の特色である。

的に多いのである．技術専門家による市民相手のリスクコミュニケーション実践上の困難の中には，この認識のギャップに起因するものも少なくない．社会側が技術に向ける目が，歓迎から警戒に変わってしまっている現実を，不本意なことであっても技術専門家ははっきりと自覚することが必要な時代である．

6.2.2 組織への懸念

技術へ向ける市民の警戒心は，技術を担う組織，すなわち企業や研究機関，規制担当行政機関などの健全性にも向けられている．かりに，技術そのものに本質的な懸念は無視できると仮定してもなお，組織の行動がしばしば市民の目から見て反社会的に感じられる事態は，あらゆる技術分野において公表されている．6.2.1項に挙げた農薬汚染や公害病，大規模土木工事における環境破壊，薬害，原子力事故などいずれも組織行動の問題点が厳しく批判されているのが実態である[9]．ほかにも航空機メーカーの欠陥設計への対応不適切，化学工場での保守管理の不備，医療用加速器事故へのメーカー対応の緩慢さ，食品メーカーによる品質管理上の問題，自動車メーカーによるリコール隠しなど，分野を問わない不祥事の発生が広く知られている[10]〜[12]．

このような事例が連日のように報じられ続ける今日，市民が技術を担当する組織に強い懸念を感じることは，むしろあたりまえの反応であろう．これに対して技術専門家の多くは，話題になっている事例が自分の専門とは直接関係のない業界のものであれば，無関係として見過ごしていることが多いと思われる．一方，それが自分の専門分野の，とりわけ所属組織の事例であれば，社会からの批判には頭を下げて謝罪しつつも内心で，「こんな状況で当事者だけが責められても本当の解決にはならないのだが…」とつぶやいているのが実態ではあるまいか．この現状の解決は，社会全体が技術リスク，組織リスクについて根本的な見直しをすることなしには不可能であるが，まずはコミュニケーション実践に携わる技術専門家が，このような懸念が社会に満ちていることを自覚して，具体的アクションを考えることがぜひ必要である．

6.2.3 社会側の安全意識

　技術そのもの，および技術担当組織に対する社会側の懸念が増大している現状に加えて，社会の中でより広い意味で共有されている健康・安全に関する意識も二十世紀後半あたりから大きく変化している。二十世紀前半までの時期においては，乳幼児期死亡率，青年期疾病罹患確率，労働災害可能性，中高年死亡率などいずれの面から見ても，突然の健康障害や死亡は，現在よりはるかに身近に感じられていた。誕生したが100日までも生きられなかった乳児，まだ若い時代に結核に罹患して長期療養を余儀なくされたあげく早世した青年，農作業中の外傷が原因で急死したり，脳出血で寝たきりになった一家の働き手，などの例はどの家族にとっても身近なものであった。言ってみれば不条理な罹患や死亡はごく身近に経験される災厄であった。戦争による戦病死などがその災厄にさらに付け加わっている時期も長く続いている。

　このような時代，市民は不条理を嘆きつつも，これらの不幸はある程度やむを得ないものであるとして受け入れてきた。そうでなければ生き続けられなかったというべきかもしれない。しかし二十世紀後半から二十一世紀初頭の現在にかけて状況はまったく変わっている。上記のような不条理な罹患や死亡の確率は大幅に低下した。そのこと自体は歓迎すべきであろう。ただし，その変化と並行して出生率は大きく低下している。高齢者は第一線の働き手としての役割を終えた後も，数十年にわたり生き続けることが普通になった。市民が個人としても集団としても，健康や安全に対する不安要因を大きなリスクとして強く感じるようになった背景には，このような時代の変化も大きく寄与している。このような時代の推移を考えれば，客観的には事故発生の確率は昔よりも減少しており，技術の安全性は明らかに向上しているなどという統計的事実だけに依存したような説明は，実際の懸念に対する説得力をもち得ないことが理解されよう。

6.2.4 「技術と社会」関係の改善への道と専門家責任

　技術専門家の立場から見れば，技術開発とその社会への定着の過程におい

6.2 状況認識

て，ある程度の試行錯誤や思いがけない故障・事故の発生は，のぞましくはないにしても許容されてしかるべきものといいたい気持ちがある。どんな技術分野でも，開発と市場定着の過程の中で一切の事故などを許容されず，すべての潜在的危険に対して防止対策を講じるような要求を受け入れることは不可能である。そして技術開発を担う組織やそれに所属する技術専門家は，科学技術立国の時代，グローバルな競争の時代にあって，社会との関係に思いを馳せる余裕もなく日々の開発競争に邁進しているのも一つの現実である。

しかしその一方で，6.2.1，6.2.2項で述べたような実情からは，市民側が技術に対して強い懸念をもつことが自然な反応であるといわざるを得ない。これまでに報道されてきた，分野を問わない事故や不祥事の頻発と，災害規模が巨大になり得る現実を考えれば，市民の懸念や新技術受け入れへの抵抗感はむしろ当然である。このような技術（専門家）と市民との間の相克状態を改善するために必要な措置を講じることの重要性は，歴史的に見てかつてないほど大きいといえる。この大きなギャップを埋めるために現在考えられるべき選択肢はなんであろうか。

一つは技術リスクに関する社会側の制度整備であろう。新技術開発に関連して生じている社会的トラブルの多くは，その技術が抱える負の影響に的確に対応する方策としての社会的仕組みが整備されていないことにより，いっそう拡大してきた。公害病の認定と補償問題では，制度整備は大幅に遅れて被害者の苦しみを増大させている。原子力の分野では風評被害の問題が古くから認識されながら，対応制度が十分とはいいがたい。医療事故における過誤認定と被害補償の問題も，当事者に多大な負担をしいる形で個別事例が蓄積されているだけであるのが現状である。この点については，社会科学分野での先行研究が多いのでそれらを参照されたい[13],[14]。本章では，この種の問題は考察の対象外とするが，技術専門家がこの側面にも関心をもち，現状についての認識を深めておくことは必要であると考えている。

これに対して，技術専門家がより直接的に関与すべきもう一つの重要なアプローチがある。それが本章で解説するリスクコミュニケーションである。技術

のリスクに関連してメディアなどに慣用的に示されている批判や脅威論に対しては，技術専門家は強い違和感を覚えている場合も多いと思われる．しかしそのような状況に対して，第一線の技術専門家自身が市民と直接に向き合うことはまれであった．技術開発の現場を離れて対社会活動に参画することは，技術専門家にとって困難を伴う行為であることは事実である．しかしそれであっても，技術を熟知している専門家自身による努力は，大幅に増強されねばならない．

技術に負の側面としてのリスクが存在することは事実である．しかしそのリスクへの対処の可能性に対して，技術専門家は自分なりの判断を行っているはずである．そしてその上で，その技術が社会にもたらす貢献に比べて社会への脅威（リスク）が無視できる程度に小さくできることを確信したから開発に従事しているのだと筆者は考える．そうであるならば，技術専門家は，事実認識や現場での行動の実態を，そしてなぜ自身が進めている技術開発が社会にとって「善」であると考えるのかを明確に発信して欲しい．そのような行動が広まって，初めて市民は専門家がそのような努力をする姿勢自体に，ある種の信頼感をもつと推測される．後述する事例でも示すように，その信頼を踏まえてようやく，その技術リスクの低減策に関する説明が了解でき，不安が低減される可能性が生まれる．その努力なしには，技術と社会の関係をよりのぞましい形に変えていくことは不可能であろう．

6.3 実践事例としての原子力対話フォーラム

技術専門家自身による発信の重要性について前節で強調したが，この考え方は，筆者らが社会の中で現実に原子力リスクを懸念する市民と直接向かい合った対話経験を分析・要約した結果を踏まえたものである．この対話実践は，2002年から継続している．その実践の過程を通じて，技術専門家の多くが，技術の負の側面を懸念する市民について想定しがちなイメージは大幅に修正されるべきものであることが確認されている．リスクコミュニケーションについ

6.3 実践事例としての原子力対話フォーラム　175

て一般性のあるガイドラインを解説するに先立って，実践の過程で経験されたさまざまな困難と，試行錯誤を通じて形勢されたその解決方法について具体例を記すほうが，実践の場に臨む未経験者にとってはイメージが明確になると考えた。以下，その経験的知見について要点を記すが，より詳しい内容については別の報告[15]～[17]を参照されたい。

6.3.1 背 景 状 況

筆者らが上記の対話活動に着手する動機になったのは，1999年9月に茨城県東海村で起きたJCO事故である。この事故後に市民の方の肉声に直接接する機会がいくつもあった。特に事故直後にインターネットの上で，「原子力専門家はどうして沈黙しているのか？」という厳しい指摘をきっかけとして，ある作家と原子力専門家の間で交わされた討論[18]が大きなインパクトをもたらした。この討論を通じて，専門家の沈黙は怠慢であり市民と向かい合うべきであるという認識が形成されている。

実際に対話場を立ち上げるためには，準備段階でいろいろな課題を解決する必要があった。地域，対話相手（パートナー），対話の方式，テーマなどを，どのように選択するかに関する事前検討と予備交渉には多大な労力を要した。これらの詳細については別の報告[15]～[17]にゆずるが，最終的には，宮城県女川町と青森県六ヶ所村の2地域を対象として，以下の方式での対話に着手している。

6.3.2 対 話 の 方 式

対話の場としては，参加する市民と原子力専門家がいれば成立するという素朴な考え方ではなく，仲介者，調整者としてのファシリテーター†を加えた3グループが必要と考えた。原子力のように意見の対立が際立つテーマを対象とした討論場では，推進・廃絶などの正反対の見解をもつグループが2者だけで

---

† 会議などにおいて，中立な立場を保ちながら，深い議論がなされるよう調整する人。

対話していると意見の差異が議論の進め方についての見解の対立に転化しがちである．この対立と対話の膠着(こうちゃく)を回避するための手段としては，両グループからの信頼関係が成立していて，それぞれの不満を受け止めつつ，議論の交通整理ができる調整者に場の運営を委任するという方式が実際的と考えた．

本研究で実施したコミュニケーション実践方式は，反復型「対話フォーラム」と命名された．フォーラムという表現は，場の運用ルールを了解してくれる市民であれば参加は自由という意味を込めて採用した．しかし参加が自由であっても，初対面である市民と専門家の間に信頼関係を確立するまでには，ある程度の対話の繰返しがぜひ必要であると推測された．この条件が満たされるように場を設計することも重要な要件と考えたのである．それゆえ参加者には，「内容が当初不満であっても，意見を受けつつ修正する方針であるので，3回程度はおつきあいいただきたい」という事前のお願いをしている．反復型という命名はこの事情を受けてのものである．

要約すればこの方式では，下記の3グループの参加者が原子力技術について反復的に話し合うことを前提条件として設計している．

グループ1：原子力技術に関心と懸念をもつ市民
グループ2：コミュニケーション意欲のある原子力専門家
グループ3：ファシリテーター（司会・進行・調整役）

グループ1の対象者については，原子力施設立地地域住民の方々で，地域である程度活動実績のある組織[†]のメンバーを中心にお願いした．具体的には宮城県女川町と青森県六ヶ所村とその周辺地域を対象とした．参加人数は15～20名程度である．年齢は30代～50代と幅広く，職業もさまざまであるが，全体としては商工業などに従事している自営業の方が多数である．グループ2については2名の専門家が参加した．原子力専門家は両名とも，ヒューマ

[†] ここでいう活動実績とは，原子力推進・反対などの活動という意味ではなく，地域振興・活性化などの活動を指す．まったく見知らぬ方々を個別に集める方式では，たがいの意思疎通に時間がかかりすぎることを懸念して，既存の任意団体を重点的に対象として検討した．

ンファクターと呼ばれる分野の研究に従事しており，認知心理学や組織安全論，人間行動の理論といった領域の知識も有しており，原子力工学という学問体系の中では人文系の学術領域とのかかわりの強い専門家である．グループ3のファシリテーター役は，今回の試みに関しては一貫して女性研究者1名だけが参加した．心理学や安全工学の素養を有し，現実の問題としては自然災害，人工災害に関する防災技術や組織管理の専門家である．メンバーの中ではこの研究者だけが対社会コミュニケーションの経験者であり，その経験を踏まえて場の設計や運用を考える上で主導的な役割を担った．

6.3.3 実　　　　　践

2002年9月から2007年4月までの期間に，宮城県女川町で13回，青森県六ヶ所村で18回の対話を実施した．着手当初は，いわゆる東京電力問題が大きく報じられた時期でもあり，原子力専門家に対する不信の気持ちが非常に強い状況が出発点であった．そのために初期段階の対話実践では，相当に強い批判や懸念を表明する意見が相次いでいた．そのこともあって，それぞれの地域ごとに，おおむね隔月に開催するような頻度で実施した．この問題についての対話が一応済んでからは，女川町のほうは地元原子力施設に特段の大きな問題がなかったこともあって，開催間隔がやや空き気味になっている．一方，六ヶ所村では，日本原燃株式会社の使用済み核燃料再処理施設が，ウラン試験，さらにはアクティブ試験に向かう時期でもあり，話題によっては短い間隔で開催した．

さらに六ヶ所村では特筆すべき展開があった．参加者の選択に際して原子力推進・反対などの運動を積極的に行っている住民を対象とはしない意図があったことは既述のとおりである．しかし，参加した住民の中から，どうせこのような対話活動を行うなら反対派の住民も参加してもらったほうがのぞましいという声が上がった．そして当初メンバーである住民の直接折衝を通じて，原子力反対運動に熱心な活動グループ所属の住民の方々も参加するに至っている．反対派住民の参加は，対話活動の中にある種の緊張関係を持ち込みはしたが，

その一方で比較的原子力肯定論に近い住民だけで実施してきた対話では得られない貴重な観点に触れる多くの機会を実現できている。

6.3.4 教訓

〔1〕「リスク」認知の多様性　この対話に着手する前には，筆者は「リスク概念がきちんと説明されていないこと」が現在の原子力と社会の間のきしみを形成した主原因であると感じていた。例えば「原子力発電所でチェルノブイリのような事故が起こったら大惨事ではないか」という批判的意見に向かい合った状況を考えよう。この批判に対して「原子力発電所においては，小さいトラブルは生じていても，それが大事故にならないよういくつもの抑止手段で押さえ込んでいるから大丈夫です」と説明することが代表的回答の例である。しかしこの回答に対して，「でも事故が起こる可能性はゼロではないはず。であれば心配だ」と反論された場合，普通の技術者はつぎのように説明することが多いであろう。

主張1：多重の抑止手段のそれぞれが成功する確率は99％を越えている。

主張2：とすれば，失敗確率は10^{-2}以下である。

主張3：この種の手段を四重に設けておけば，全失敗確率は10^{-8}よりも小さい。

主張4：この値は実質無視できるから事故は起こらない。

このような説明に対しても原子力反対論に立つ聞き手は

反論1：こんな確率表現は信じられない。過去にも事故は起こってきた。

反論2：微小確率はゼロ確率ではない。明日にも事故が起こる可能性がある。

などという，いい方で異議申し立てをするであろう。このような反論に的確に対処できること，いいかえれば，技術リスクの本質的な意味を普通の市民向けに明快に説明する能力を原子力専門家がもつことが，最も重要な課題であると考えていた。

この事前認識が誤りではないにせよ一面的なものであったことは，対話実践

の早い段階から知らされた。このような認識だけを踏まえたコミュニケーションは現実の住民ニーズのごく一部に対応できるだけにすぎず，実効性は少ない。住民の方々が原子力施設に対して抱く複雑な懸念や不満など否定的な認識につながるものを，われわれは「リスク」認知[†]と名付けている。この「リスク」認知の内容が多岐にわたり，それらへの的確な対応なしには，施設の受け入れはしばしば困難になるということが，対話実践の中で徐々に明らかになってきている。多様な「リスク」認知の具体例を以下に示す。

1） 技術的「リスク」認知　技術の持ち込む危険に関連したさまざまな不安はもちろん存在する。東京電力問題に関して表明された発言では，「原子炉炉心内部にひび割れがあったということは危険な状況ではないか？」といった懸念がその例である。このような懸念は技術的な意味での心配であることから，技術的「リスク」認知の中の「技術要因」と分類した。しかしそれらに加えて，原子力事業者に対する信頼が大幅に低下していることに起因する不安感も存在する。この種の不安感構成要因を「組織要因」と名付けた。さらにその信頼を行政側として裏付けるはずの規制当局に対しても，その実効性について強い疑問や不安が表明されている。これらの声は「規制要因」として分類した。事業者や規制行政に対するこれらの否定的認識はいずれも，従来の原子力広報活動では直接的に触れられることの少なかった話題である。以上より，技術的「リスク」認知は，「技術要因」「組織要因」「規制要因」を構成要素とすることが明らかにされている。

2） 社会的「リスク」認知　技術的「リスク」認知とは大きく質の異なった不満も表明された。原子力施設を誘致したが地域に対する経済的な効果が期待ほど大きくないこと，交付金の使途が地域活性化に効果的とは見えないこと，人口流出が止まらないことなど，広い意味で経済的な現実にかかわるさ

[†] 技術の世界でのリスクコミュニケーションでは通常，リスク＝災厄の発生確率×災厄の大きさ，として定義されるリスクを対象として実施される。本章では，対象施設の存在に伴い生起する「のぞましくない事柄」を対象として「リスク」という表現を導入している。

まざまな不満が強く認識されている。また地域の中で住民がたがいに「推進派」「反対派」というグループ分けを前提にした対人関係が支配的になってしまい、住民の中に見えない壁が生まれていることや，他地域からは，財政の裕福さをうらやむ一方で事故の危険に対する憐憫(れんびん)を聞くこと，など精神的な要因に関しても多くの意見表明があった。これら「経済要因」と「精神要因」とをまとめて社会的「リスク」認知と分類した。

3） コミュニケーション要因　これらの「リスク」認知に加えて，コミュニケーションにかかわるさまざまな懸念や要請が表明されている。「説明会には何度か参加したが，内容が複雑なのに説明は不親切であり，まったく理解できなかった」という意見は技術的「リスク」認知に，「狭い地域の中での人間関係に配慮して発言を自粛しがちだ」という訴えは社会的「リスク」認知に密接に関係している。それと同時にこれらは，いずれもコミュニケーションに関係した困難の表明である。その観点から技術的「リスク」認知，社会的「リスク」認知の双方に大きな影響を与える要因として，上記の意味でのコミュニケーション要因を，特に区別して取り上げた。この分析から，原子力専門家側から提示されるべき情報の内容について，技術的安全に限定した説明では到底ニーズに対応しきれないことが明らかに示されている。

〔2〕**「リスク」評価の多様性**　「リスク」認知が多様であることに加えて，「リスク」の重大さの認識すなわち評価についてもまた多様な捉え方が混在している。技術的「リスク」認知に関係する事例としては，以下のような現実が存在する。

「機器の故障が生じたため原子炉は自動的に停止した」という事象は，原子力リスクの専門家の立場からは，想定された範囲のシステム挙動である。したがって，この事象を直接に公衆のリスクと対応付けるような考え方は合理性に欠けると判断される。しかし市民の多くにとっての認識は，まったく異なったものになり得る。

原子炉まわりの機器の故障という事象は，多くの市民にとっては事故寸前の状態を意味している。そして事故の生起は，ただちに住民の被ばくにつながる

という認識も普通に存在する。さらに被ばくをすれば，その程度とは関係なしにがんや白血病などの発病の可能性を危惧する反応を示す市民が少なくない。時には被災による死亡まで危惧する市民も見受けられた。農業や水産業の従事者は，風評被害の発生を危惧することもまれではない。このように，同じ事象を想定してさえ，その影響として思い浮かべられる「リスク」は多様な広がりをもつ。

このような多様性は，これまでのリスクコミュニケーション実践においては，非現実的な想定であるとして議論の対象外とされてきた。しかし専門家からは排除されてきたこのような懸念に対しても，適切な対応をしないままでは，市民の不安感はぬぐい去られることなく残ることに目を向けるべきである。

〔3〕「リスク対応」の説得力不足　市民にとっての懸念の対象となる「リスク」の認知と評価がこれだけの多様性をもつ以上，それらに目を向けることのないまま専門家が提示するリスク対応策だけでは，不満や不安が払拭できないことはいうまでもない。「原子力発電所は深層防護という手法で安全が維持されています」「この施設では，放射線は自然界に存在するよりもはるかに少ない量しか放出しないように厳格な管理がなされていますので，住民の皆様に悪影響が生じるようなことはありません」などというような技術的「リスク対応」方策の説明は広い範囲で示されている。このような説明はそれなりの意味はあるとしても，現実の市民の多様な不安に直接答えていないことは容易に理解されよう。疑問に直接答えていないという状態は，単に技術に対する理解が広まらないということだけを意味するのではない。知りたい質問に直接答えてくれないという受け手側から見える現実は，専門家が答えようとしていないという見方につながる。肝心の疑問には正面から答えようともせずに，ひたすら事業を強引に推進しようとしているという専門家像が形成されるのである。

〔4〕「懸念の言語表現」の多義性　以上はリスクコミュニケーションのあり方の見直しを要請する提案である。その提案に加えて，実際にコミュニケーション活動に携わっている状況では，もう一つの新たな，かつ厄介な課題

にも対処する必要がある。

　日本では，たがいに日本語での説明や質疑は，特段の工夫なしに行えると楽観している人間が多い。しかし現実には，同一言語を用いていてもコミュニケーションを的確に行うことは困難なのである。特にリスクコミュニケーションが現実的に必要な場においては，意見そのものに関する対立が支配的であるのに加えて，対話を行う相手方の意図や誠実さに関しても不安や懸念などが感じられていることが普通である。以下，具体的に示そう。

市民1：「原子力発電所をこの地域に建設して大丈夫だと思いますか？」
という問いを考えてみる。原子力専門家の多くは
専門家1：「技術的な安全性はしっかり確認されています。大丈夫ですよ」
と答えるであろう。この専門家1は，すでに大きなミスをしている。「大丈夫」というコトバが何を意味するかを確認しないで，いきなり回答をしてしまうセンスは対話者として不適格である。多少注意深い専門家は，その点を確認してから答えようと考えるかもしれない。
専門家2：「いまのご質問は技術的な安全性についてのご確認ですか？」など
とチェックを試みるであろう。そして質問者から
市民1：「はい，安全性がとても気になります」
というたぐいの回答を受けた段階で
専門家2：「原子力発電所は多くの実績と技術基盤で支えられているので安全性は心配ありません」
というような回答をすることになりそうである。しかしこの専門家2もまだ不適格である。市民1が想定する安全問題はさまざまな内容をもち得る。耐震性，耐津波性，航空機の墜落への耐性，微量放射線の環境影響など，その意味合いは多岐にわたり得る。そしてそれぞれの懸念内容に関して回答する際に参照される専門的知識は大きく異なっており，市民側が有する前提知識や現状認識も大きくばらついている。それらに深く配慮することなしに簡潔に回答してしまっても，その内容が素直に受け入れられる可能性は大きくない。

　さらに別の市民はこんな質問をするかも知れない。

市民2:「なぜあなたはそんなに確信をもって安全だと主張するのですか?」

これに対する回答としては以下のような例が典型的であろう。

専門家2:「国の規制当局がしっかり安全審査をした上で,それに合格した場合に初めて設置許可をします。だから安全です」

専門家3:「これまでも日本の原子力発電所は大きな事故など起すことなく安全に操業してきました。この実績から見ても安全と信じていいでしょう」

　いずれも実際のコミュニケーション現場で広く見聞きされる回答例であるが,これらも相手方の理解を得るのには不十分な可能性が高い。前者の説明は,国による規制や監督が実効性を欠いていると感じている市民への説明としては無力である。後者の説明は,これまでの日本における原子力発電の歴史を事故や不祥事の連続であったと感じている市民への回答としては失格である。

　このような多様性にどのように対処すべきかについては,後の節で論じるのでここではこれ以上立ち入らない。ただ,言語を介した質疑応答が,一般に想定されているよりもはるかに大きなコミュニケーション上の困難を抱える課題であることをこれらの事例に照らして実感願いたい。

6.3.5 「リスク」コミュニケーションの要件

　ここまでは,より市民サイドの視点を尊重したリスクマネジメントを行うことの必要性とその難しさを指摘してきた。リスクマネジメントの実施手順に則していえば,上流側工程であるリスク要因同定の段階から市民参加方式を導入することが社会と技術の関係を適正に保つためには欠かせない条件である。

　まずリスク要因の洗い出しならびに問題事象への発展シナリオの洗い出し作業を行う段階から,市民参加方式を導入する方式がもっと尊重されねばならない。その作業の結果,市民の懸念する要因やシナリオが専門家のそれとまったく異なる場合には,徹底した討論が必要である。かりに専門家側の主張を採用するのであれば,市民の懸念するリスク要因を除外する根拠を明確に説明して,市民の納得を得る努力を払うことが試みられるべきである。さらに除外理由を文書化し公開した上で,下流側の工程に進むという方式がもっと定着する

ことを期待したい。

このような手順を踏むことは，従来方式のリスクマネジメント作業に比べると労力負担やコストの増大をもたらすことは容易に予見される。しかしこの負担増加は，科学技術に関する社会的意思決定が，社会から受け入れられるための必要な代価として認識されねばならない。

欧米を中心として急速に広まっている，市民参加型テクノロジーアセスメント[2),3),9),14)]は，その代価をはっきり認めた上で導入が進められている新しい方策である。リスクマネジメント活動の上流側からの市民参加を具体的に実現しようとすれば，そのような方策を採用することが自然な答えとなる。コミュニケーションという活動の本来の意味は，そのような共同作業を通じて市民と専門家の間に共通の認識を形作っていくことなのである。本章が論じているリスクコミュニケーション活動が適切に機能するためには，そのような社会的了解を国民が共有すること，その上で共同作業を合理的に実施するための方策を構築していくことが回避されてはならない。

6.3.6 リスクコミュニケーション指針

リスクコミュニケーションという行為の目的は，市民の感じているこれらの思いに的確に対処して，信頼や安心を確保することのはずである。にもかかわらず，このような配慮を前提としてこなかった従来のリスクコミュニケーションは，多くの科学技術分野で機能不十分であるといわざるを得ない。「市民にはもう少し基礎的な科学知識の素養が欲しい」というたぐいのいいわけをしていたのでは，市民と専門家の間の認識ギャップは埋まるはずもない。専門家サイドからの新しい取組みの必要性をここまでは主張した。

ただし，そのような取組みを可能にする新しい仕組みが社会に定着し機能するためには，まだ時間が必要なことも事実である。それゆえ本章では，上記の変革が必要であることを指摘した上で，当面の困難の低減に焦点を絞って検討することとする。

本来必要な市民参加の仕組みを構築することの重要性を指摘した以上，その

課題を先送りにしてリスクコミュニケーションだけを論じることは矛盾に思われるかもしれない。しかし，いまの段階で意見の異なるグループ間の対立や，不安を抱える市民への説明が必要な局面が多いことも現実である。そのような条件下でのリスクコミュニケーションにあたって，上流側工程への市民参加のような変革の必要性を認識しているか否かでは，狭い意味のリスクコミュニケーションという行為に論点を絞っても実際の活動内容には大きな差異が生まれるはずである。

しかしながらそのような自覚を踏まえて対話を行うとしても，では実際にどうすればよいのかという疑問には，ここまでの記述ではまだ明確には答えていない。以下ではここまで述べてきた制約条件のもとでなお，実効性のあるリスクコミュニケーションを実践できるための指針を示す。それに際しては，できる限り体系化を行い，直接例示していない状況に対しても，読者が自ら対応方策を着想し実施できるような汎用性の高い指針を提示することを目標として，次節に説明する。

6.4 フレームワークの提示

6.4.1 言語学的対話モデル

前節のような視点に立って，リスクコミュニケーション行為のモデル化を一般コミュニケーション行為のモデルを参照して進める。ここまでは「リスクコミュニケーション」というよく知られた用語を採用してきたが，ここから以後は単に「コミュニケーション」といい換えて考察を進める。原子力であれその他の科学技術であれ，通常「リスクコミュニケーション」と呼ばれる行為の中には，「リスク」との直接的関連が大きくない事柄についての対話も多く含まれるからである。コミュニケーション行為はいうまでもなく言語活動の一種である。その意味で，言語学で提唱されているモデル[19]を援用することは自然かつ妥当なことと考えている。

このモデルの概念を図 6.1 に示した。このモデルの構成要素はつぎのとおり

6. リスクコミュニケーション

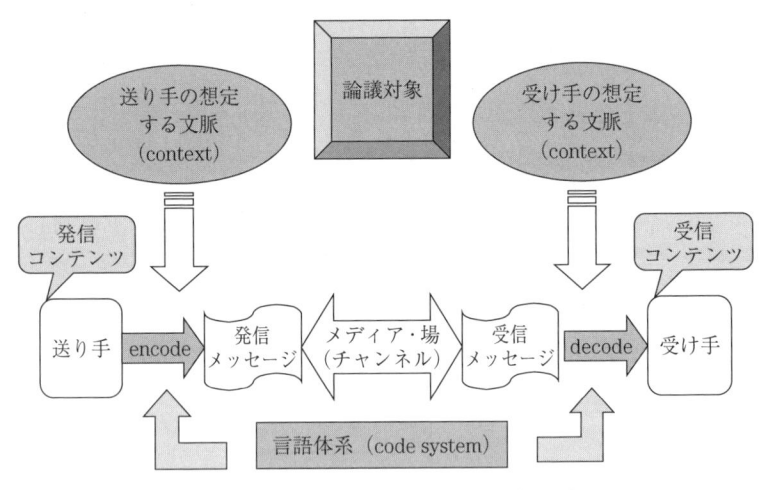

図6.1 コミュニケーションの言語学的モデル

である。

① 送り手：情報の発信者で，本章の場合は技術専門家。ただし技術系組織の立場を代表してコミュニケーションする場合には，担当者の専門分野にかかわりなく技術専門家と位置付ける。

② 受け手：情報の受信者で，本章の場合は市民や時には被害者とその家族，弁護士なども含む。

③ メディア，場，または情報チャンネル：実際にコミュニケーションが行われる手段。対面会話（1対1または1対多），マスコミへの説明会見や配布文書，意見広告，新聞折込みチラシ，電話，インターネットなどさまざまな選択肢が考えられる。

ここまでの構成要素はどんなコミュニケーション実践についても普通に想定できるが，加えて

④ 送り手のコンテクスト（context，文脈，状況）：情報の発信を行っている理由と目的，背景事情など。新規施設立地の事前説明，事故発生後の緊急対応，事故収束後の説明など。

⑤ 受け手のコンテクスト（文脈，状況）：情報を受ける側の関心，懸念，

感情などを具体的に明示している点が重要なポイントである。

いうまでもなく，実際のコミュニケーションの場においては，議論の対象が想定されているはずである．しかし，この対象のどんな側面に着目するのかでこのコンテクストは大きく異なる．前掲の原子力施設に関する対話の例についていえば，多様性をもつ「リスク」のどの要因に着目するかでコミュニケーション内容は大きく変わる．この様子を模式的に図 6.2 に示している．

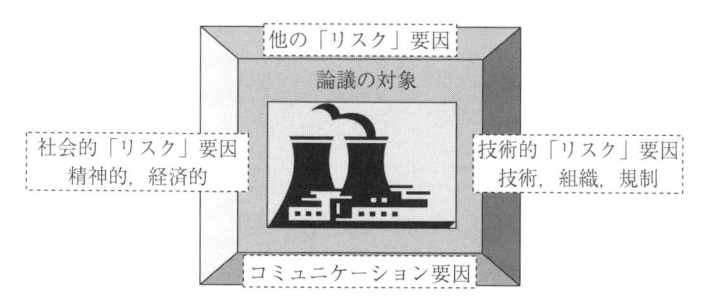

図 6.2 対象認知の多様性

コミュニケーションの場で実際に参照される構成要素としては

⑥ そのような条件下で送り手が発信しようとする内容すなわちコンテンツと実際に送り出される発信メッセージ

⑦ 受け手側が受け取る受信メッセージとその結果，受け手の心の中に形成される受信コンテンツ

が存在する．メッセージが受け渡しされた結果，形成される受信コンテンツが送信コンテンツと整合していれば，少なくともそのメッセージに関してはコミュニケーション成立といえる．しかしこのような整合状態をつねに実現することは容易ではない．

本節で導入したモデルを参照して，6.3.4 項の「懸念の言語表現」の多義性における専門家の回答の不適切さの例を解釈し直してみれば，その不適切さの原因はコンテクストの違いを確認せずに質問に答えることから生じていると説明できることになる．

コンテクストの重要性などと，わざわざ持って回ったいい方をしなくても，

その実質的な役割は，技術の問題を離れてもっと日常的なレベルでも頻発していることは容易に理解されよう。

このような会話を想定されたい。

話者 A：「あんたは本当にお堅い人だね」

話者 B：「どうせそうですよ」

こんな会話は誰しも経験がありそうに思われる。しかし，話者 A の伝えたいコンテンツは，メッセージ自体は文字としてまったく同じ表現文であっても，はっきりした否定から，率直な賞賛までを意味し得る。

「あんたはもう少し社会性をもって柔軟な態度をとらないと，この先世の中でやっていけないぞ」

という真剣な忠告の場合もあれば，

「あなたの生真面目さは現代には珍しい貴重なキャラクターだから，自信をもって進んで欲しい」

という激励の場合もあろう。このようなバリエーションを有する発信コンテンツのいずれが実態であるのかは，話題となっている事柄，両者のこれまでの間柄，基本的な信頼関係，それまでの会話の流れ，などによって異なっている。これらが送り手のコンテクストである。

そのメッセージを受けて話者 B が受け取る話者 A の発言の意味，すなわち受信コンテンツもまた，話者 B が想定しているコンテクストに依存する。そして受け取ったコンテンツに対する反応として話者 B が発したメッセージも，

「あなたが私を批判的に見ていることなんかわかっています。余計なお世話でしょう」

という開き直った気持ちを示す場合もあれば，

「こんな私ですが，よろしくサポートしてくださいよ」

という，より親愛度の高い気持ちを表現したものでもあり得る。

このように単純な会話の場合でさえ，コンテンツが共有されていない場合にはそれぞれの真意とは異なったコミュニケーション結果が生じてしまうことは容易に理解されよう。技術専門家と市民との間でのリスクコミュニケーション

を無防備に実施しても，期待されるような結果を得にくいことはむしろ当然と考えるべきなのである．

われわれは身近な人間との会話に際しては，メッセージを解釈するのにコンテクストを推測しながら考えをめぐらすような行動をとることはまれである．それはコンテクストは自明のことが多いし，かりにコンテクストの食い違いに起因する誤解やトラブルが生じたとしても修復は可能と考えているからである．日常生活においては，むろんそれで結構である．しかし，疑念や不信が支配的な感情になることも多いリスクコミュニケーションの場においては，そのような食い違いは時に決定的な悪影響をもたらしてしまう．このような観点からコンテクストの重要性につねに配慮した対話が必要と考える．

コミュニケーションが相互になされる行為である以上，専門家，市民両者とも，コンテクストの重要性を認識していることが本来であればのぞましい．しかしながら，その方向へ向けた第一歩は，まず専門家側から進めるべきである．その際の指針を考える際に，図6.1で紹介したモデルを参照することの意義は明らかであろう．このような指針の体系化を進めるための補助的な軸を提案するために，つぎに対話モードという概念を提示する．

6.4.2 対話モード

コミュニケーションの内容にはコンテクストが決定的な影響をもつ．当然ながら送り手と受け手の間にその認識が違っていると大きな問題が生じ得る．しかし，ここでコンテクストが多様であることを指摘しただけでは現実的ではない．どのような多様さをもち得るか具体的に事前分析しておくことが専門家側にはのぞまれる．それぞれの構成要素の組合せによって，実施されるコミュニケーションの性格は大幅に異なったものとなる．この組合せによる，それぞれ質的に異なるコミュニケーションのあり方を本章では対話モードと名付けている．その概念について以下では**表6.1**を参照して説明する．

この表では，図6.1に示したコミュニケーションの言語学的モデルを構成する要素がとり得るバリエーションがマトリクス型に表現されている．｛送り手

表 6.1 対話モードの説明

	選択肢（例示）↓↓			
送信側属性	事業者①	規制行政	地方自治体	学術専門家②
コンテクスト	事故直後②	立地前	新事業前①	賛否投票
コンテンツ	原因説明②	再発防止②	技術解説①	利害説明①
メディア	新聞折込み①	対面会見②	ウェブページ	テレビ広告
受信側属性	地元住民①	メディア記者	行政職員	一般市民②
コンテクスト	平時影響①	事故不安②	避難方策	地域共生①

注）表に示したコンテクストとコンテンツの内容は固定的なものではないし，明確に区分できるものでもない。事故直後というコンテクストで原因説明を行うことがコンテンツであったとしよう。対話が進めばある段階では原因説明の中で特定の事象の起こりやすさが問題になったとする。この場合は，原因説明がコンテクストであり，事象の起こりやすさについての説明がコンテンツになる。論点の多様性に加えて階層性をしっかり把握しておくことが，対話の円滑な進展に必要な条件である。

側の属性（＝送り手の立場），コンテクスト，コンテンツ，メディア，受け手側の属性，コンテクスト｝が示されている。実際に発信されるメッセージももちろん重要なコミュニケーションの構成要素であるが，これについては対話モードというよりむしろ実際の対話行為に直結するものとして，ここでの考察の範囲からは省いている。

表 6.1 では，2 通りの対話モードが丸数字の番号で区別されている。対話モードその①は，事業者が，新事業の立ち上げ前という状況（コンテクスト）において，技術解説と利害説明という内容（コンテンツ）を新聞折込みチラシという手段を通じて地元住民に伝えようとしている状況に対応している。そしてこの際に，受け手側である地元住民の関心事は，平常時の環境影響と地域共生の実現可能性というコンテクストに集中していることまでを，対話モードその①は意味している。

送り手である事業者側は，自分の送信したいコンテンツを，相手方に対する配慮なしに送り出すのではなく，受け手側のコンテクストに配慮した内容に整理，体系化した上で，具体的にメッセージ化することが必要である。もちろ

ん，内容的に重要でぜひ送信することが必要であると自分が信じるコンテンツを発信することは必要である．しかし，それに際してどこまで受け手側のコンテクストを推測し事前に配慮できるかが，コミュニケーションの実効性を大きく左右する．まずは平常時に立地施設による環境影響は十分に小さいこと，その上で地元地域との共生についてはすでに具体的な提案も用意していること，などを簡潔，明快にメッセージ化することが重視されねばならない．

さらにこの例の場合は，メディアとして新聞折込みチラシを想定している．よほど新聞購読者の注意を引かない限り，高い確率で読まずに廃棄されがちなのがこのメディア特性である．この特性を考えるならば，読者の関心を喚起するための効果の高い工夫を施した上で，発信したいコンテンツをメッセージ化し，メディアに実装するという作業は欠かすことができない．

<u>対話モードその②</u>では，送り手は学術専門家であって，ある施設で事故が起こった直後という状況（送り手側コンテクスト）において，一般市民（地元住民ではない）に対して，原因と再発防止策という内容（コンテンツ）について対面の会見場において説明することを想定している．この場合には，受け手である一般市民の関心は，自分にもかかわりが生じるかもしれない事故時の不安に集中しているという状況（受け手側コンテクスト）があったと仮定すれば，この際になされるべき説明の力点は再発防止策の中でも，大事故の抑制手段に向けられるべきという方向性が導かれる．さらに対面会見という状況であるから，説明に際しては，文章個々の簡潔さや同音異義語による誤解を避けることに配慮した用語選択などが当然必要である．外来語をそのまま発話するなどの無神経さは論外である．音声中心の説明方式の限界を知っていれば，言語表現に起因する誤解や混乱を避けるために，手渡し資料の準備もなされてよい．

表6.1に示した対話モードの表現は包括的，網羅的なものではない．送り手，受け手，コンテクストなどに関してはまだ多様な要因が，話題や対話の進展プロセスに応じて派生してくることは避けられない．しかし，少なくともこの程度の場合分けがあり得ることをはっきり自覚しないままでは，実効性の高いコミュニケーションは期待できない．この場合分けのうちでも，受け手のコ

ンテクストという最重要な要素に関しては，原子力発電の場合についての図6.2に相当するような，問題の多面的モデル化を通じて得られることを強調したい。

6.4.3 指針としての要約──基本指針

以上述べてきた趣旨からは，リスクコミュニケーションであれ一般のコミュニケーションであれ，その目的を効果的に達成するためには，いくつかの指針を重視する必要があることは了解が得られたと考える。ここまでの本章の主張を指針として整理し直せば，以下のように要約できよう。若干繰り返しになる記述もあるが，改めて整理しておく。

〔1〕 **基本指針1：言語学的コミュニケーションモデルの構成要素明示**

コミュニケーションに際しては，図6.1のモデルを参照してそれぞれの構成要素を典型的な状況設定を対象として具体的に定義する。送り手については，{送り手の属性，コンテクスト，コンテンツ}，受け手側についても，{受け手の属性，コンテクスト，期待しているコンテンツ}，両者をつなぐ媒体として，{メディアまたはコミュニケーション手段}，そして話題を形作る{論議の対象}のうち，確定的な要素と変化，変動し得る要素とを識別する。

〔2〕 **基本指針2：対話モード表現への集約**

これらの明確化された要素を，確定要素，変動要素を含めて表6.1のような対話モード表現に要約する。ただしコンテクストやコンテンツの多様性をモデル化するためには，図6.2に示したような「リスク」認知の多様性表現に相当する対象問題の特性を参考に，できるだけ包括的なモード表示を導いておく。

〔3〕 **基本指針3：対話モードの範囲確定**

作成した対話モード表示の内容を精査して，実施するコミュニケーションの場で対象とすることがのぞましい対話モードの範囲を確定する。その対話モードがカバーする範囲を事前に明確に受け手側に伝達し，話題には限定条件があることを了解願う。この限定条件は，実際の対話実施時に相手方によって厳密に守られる保証はないが，事前の準備を効果的に進めるためにぜひ確定してお

6.4 フレームワークの提示

〔4〕 **基本指針4：回答要旨（ポジションペーパー）の作成**

重要な疑問，懸念に対しての回答要旨を作成する．この作業に際しては，事実データに基づく主張と，倫理観や歴史観に基礎を置く価値判断依存の主張とは明確に区別することを基本とする．「原子力発電所のトラブルが最近増えているのは大事故が発生する予兆ではないか？」という疑問に対しては，事実データがあればその回答は基本的には容易である．一方で「軍事技術の転用から始まった原子力発電は，平和社会を追求する理念とは相容れないものであるから反対である」という主張は，価値判断依存の主張である．後者に技術専門家として反論することは適切ではない．このような意見には専門家ではなく個人としての見解を示すにとどめることが妥当である．

6.4.4 指針としての要約——実践時指針

前項の基本指針は，内容的には事前の準備にかかわる指針ともいえる．実際に提供可能なコンテンツの合理的な準備指針としての意味合いも有する．これに加えて実際に対話が進行する状態に関しても，これまでの考察を基盤とした指針を導出できる．それらの指針を本項では，実践時指針と名付けて以下に示す．

〔1〕 **実践時指針1：送り手側（専門家）の留意事項**

1）聴く力の重要性　　受け手が感じている不安や懸念の実態を推測し，真剣に受け止めることがまずは重要である．見かけ上は専門家から見て不合理な質問や発話があったとしても，その背後にある懸念を推測できるだけの感受性をもつことはできるはずである．「原子力施設が近所にできてからとても心配です」という市民からの発言に対して，「安全性はしっかり確保されていますから心配ありません」と答えるだけでは，単に質問者の発言を否定しているだけである．そのような対応は，形式的なものにすぎず，説明としての役割は果たしていないことを理解願いたい．このような回答の機能不全を検知できる感受性がなければ，効果的なコミュニケーションは成立し得ない．

コンテクストの共有を重視している本章の立場からは，この指針の重要性はとりわけ大きい．後述の具体的事例を通じて，聴く力の重要性とその実現方策を解説する．この点に留意するだけでもコミュニケーション能力は飛躍的に向上するはずである．

2） 技術専門家としての傾向性と責任範囲の自覚　技術専門家は発信内容の正確性を重要視する傾向がある．そのため技術的質問に回答する場合には，正確ではあるが複雑で冗長に感じられる説明を長々と述べてしまうことが多い．正確さの重視という行動パターンは，専門家として働く現場においてはのぞましいものである．しかし，リスクコミュニケーションの場ではマイナスの効果が少なくない．受け手の懸念に率直・的確に答えるためには，正確性を若干犠牲にしても，簡潔性を重視すべき状況があることを知るべきである．

正確さの不足が気がかりな場合，特に知識の豊富な反対運動家などから不正確さを追及されることを懸念するような場合，どうしても正確さ重視，簡潔さは二の次という回答を選択しがちである．しかし，それを懸念しすぎて大多数の市民がフォロー困難な説明をすることは，コミュニケーションの失敗につながる．複雑な内容を含む回答を示す際には，「まず大まかに回答します．細目については追加のご質問と皆様のご了解があれば詳しく補足します」と事前に方針を明示した上で，回答に進むことが適当であろう．

専門家の陥りがちな発話傾向としてもう一つの特徴がある．自分の専門に関する強い信念と専門外の話題についての発言自粛傾向がそれである．専門領域が細分化され，多くの専門家の連携活動を通じて技術が社会に実装されている実態を考えれば，このような特徴は自然な傾向といえる．しかし，自分にとっての常識は世間でも通用すべきものと一方的に決めつけている専門家が少なくない．そのため自分にとって自明な常識に疑念を表明されるとその結果，強い口調で一方的に反論するような行動が間々見受けられるが，これはコミュニケーション不全をもたらすことになりのぞましくない．

一方で，自分として専門外と感じる質問に対しては

「その問題について私は専門外であり，責任をもってお答えしかねますので，

一度持ち帰って専門家と相談してからお返事を差し上げます」という回答がしばしばなされることになる。

　しかし，コミュニケーションの場においては，このような姿勢もまた適切でない。技術者集団の中においては自分の担当範囲は限られているとしても，それは受け手である市民には関係ないことである。問いかけられる質問に対して，自分の能力の範囲で真摯に回答することがのぞましい。不正確な回答をすると細かいミスについての執拗な追求を受けることを危惧する立場も理解はできる。しかしその場合は，自分が専門外であって，誤りがあったら後刻訂正をお許し願いたいという前提を明らかにした上で回答すべきである。訴訟が進行中であるなど，例外的な状況はあろうが，原則としては即応性が重要であることを強調したい。ただし，この点に関連して誤解のないよう補足しておく。ここでいっているのは，あくまで広義の専門知識について，細分化の現状にこだわらないことの必要性である。より広い文脈では，自分のもつ専門知識の適用される範囲は限定されていて，それを越えた課題については専門家として責任を担える立場にないことも自覚する必要がある。例えば原子力技術に関する専門家は，原子力に関する質問については責任をもって答えることが責務であるが，地域活性化や雇用の創成に言及して，自己の個人的信念を専門家として正当化するようなことは慎むべきである。

　3）　専門家の立場責任　　専門家は多くの場合に中立的な姿勢をとろうとする。それ自体誤りではないが，ある領域の専門家集団に属する立場自体が厳密な意味での中立性を満たしにくい状況があることを認識する必要がある。職場の社会的位置付けによっては，根本的に中立性などを主張できない場合もあり得る。自動車会社や製薬会社の従業員が，その製品について中立という姿勢を主張したなら自己矛盾である。電力会社の従業員が原子力については中立という主張にも無理がある。開発担当組織や企業ではなく，大学など学術研究機関に所属している場合であっても，長年その技術の専門家として実績を有する人間が中立を主張することは，受け手側から見るとかえって違和感を覚えることもある。

ここで重要なことは，中立性を主張するのではなく，公正さを主張することである。情報隠蔽(いんぺい)や偽装をしていないこと，質問に対しては契約や守秘義務に抵触しない限り率直に回答すること，などが受け手から見た公正さにつながる姿勢である。専門家にのぞまれる行動指針はこれが最重要と考える。

4）認知特性の基礎知識　意見が対立する受け手と向かい合って討論している場合に，相手が提示する参考資料が自分の目から見ると強い偏見に満ちているとか，自説に都合のよいデータだけを集めているように感じられることが少なくない。その結果，討論を続けていると相手方の偏見が疎(うと)ましく感じられてくることさえあり得よう。しかしこのような場合に，立場を変えれば相手側も同じように感じていることを推察すべきであろう。

そもそも現代社会には情報は満ち溢(あふ)れている。それらの情報の洪水の中から何に注意が向くかは，その人間がもつ問題意識や関心事によって支配されている。この傾向性を認知心理学の分野では確認バイアスと呼称しているが，これは人間の一般的特性である。この基礎知識があるだけでも相手方に対する認識は大きく変わるはずである。コミュニケーションの実効性を保つための留意点の一つとして指摘したい。

〔2〕実践時指針2：送り手・受け手双方の留意指針　専門家と市民（非専門家）とのコミュニケーションに際しては，基本的な配慮は専門家の側により多く求められることはいうまでもない。しかし，コミュニケーションが有意義に進行するためには，受け手側にもある程度基本的な認識が共有されていることがのぞまれる。以下はその代表的な要件である。

1）対話の実態ベース化　通説を無批判に信じるのではなく，多くの通説には落とし穴があることを認識することは，建設的な討論が成立するための必須要件である。メディアの上などで流布している通説がしばしば実態を反映していないことは，良識ある社会人の多くは理解しているはずである。できる限り，事実データや，論理的な推論を重視する姿勢がのぞましい。データの収集には前述の認知的なバイアスが影響するとしてもなお，それらを参照しながら対話をしたほうが，伝聞証拠に依存した対話よりもはるかに建設的である。

ただしここでは，市民と専門家との情報アクセス機会の差異を考慮に入れる必要がある．専門家にとっては容易に入手できる情報であっても，市民にとっては困難な場合は少なくない．それゆえ，市民側が懸念を感じている問題に対して，懸念の背景にあるデータを示すように要請することは，時に公正さを欠く措置となる場合もある．このことを理解した上で，少なくとも専門家側は信頼できるデータを提示した対話を進めるべきと考える．

2） リスクベース討論のリテラシー リスクに関する対話を行う際には，いくつかの基本的な知識がすでに対話の双方で共有されていることがのぞましい．ここでは，そのような基本知識を身につけていることをリテラシーと呼んでいる．確率・統計とそれに関連する基本的な概念などはその典型的な例である．この必要性はリスクコミュニケーションに従事する専門家の多くが痛感していよう．特に有害化学物質の環境リスクや低線量放射線被ばくの健康影響など，低確率であっても市民の関心は高い事象について対話を進めるためには，この種の知識共有なしではコミュニケーションの実効性は期待できない．その経験に照らしていえば，このような基礎知識が国民の間で共有されることはおおいに望ましい．

しかしながらそのような基礎知識の共有状態の達成は，中長期的課題として国全体で取り組むべき課題であろう．それゆえ現代のリスクコミュニケーション従事者は，将来への期待は別問題として，より素朴な対応を進めざるを得ない．多くの技術専門家は，しばしばリスクの相対比較という手段でこの困難を解消することを試みる．それも一つの論理的な対応策である．しかし，その種の説明が不安の解消につながる効果を生まない場合も多く経験されている．懸念を感じている市民は，その関心事象がきわめて低い（実質的に無視できる）確率でしか発生しないという説明そのものを信じない場合に，そのような結果が生じがちである．

その場合には即効的解決策はない．しかし間接的な方策として，技術専門家や担当組織がもっているリスク認識を直感的に伝える形で対話を進める方策は，時に効果的である．例えば，「そんな悪影響が住民の方に及ぶのであれば，

従業員は，はるかに大きな被害を受けるはずです。企業への帰属意識が希薄になっている現代社会において，従業員はそのような状態に黙って耐えるとお考えですか？」と問いかける方法もあろう。科学的に正しい説明に加えて，直感やアナロジーに訴える方策を適宜活用することも選択肢にしていただきたい。

特定のリスクを単純に回避しようとすれば，別のリスク増大がもたらされるというリスクトレードオフ現象についての理解進展もリテラシー向上の重要な柱である。「原子力発電は事故が心配だから廃止せよ」「遺伝子組換え食品は人体へのリスクが心配だから輸入を禁止せよ」「特定の抗がん剤は副作用が生じているから認可を取り消せ」というたぐいの意見表明がメディア上では多い。その措置を採用した場合に派生し得るトレードオフについて，冷静に吟味した上での提案が普通に見られるようなリスクリテラシー形成を期待したい。

このリテラシー形成は，前掲の低確率事象についてのリテラシーよりは推進しやすいはずである。低確率事象はその定義から自明なように，日常生活の中で実感的に把握することは困難である。一方，リスクトレードオフに関しては，市民は社会生活を通じてすでに実感を共有している。のぞましくない，あるいは接触したくない性質を有する品物や個人，組織，技術などがあっても，それらを排除できることはまれであること，かりに排除できても，代替物が別の問題点を持ち込むこと，などは普通に経験されているはずである。その経験を参照すれば，リスクトレードオフ概念は比較的自然なものとして了解される可能性がある。このような方策も視野に入れながら対話を進めることが，いま必要と考える。

〔3〕 **実践時指針3：場の管理指針**　記者会見や討論会などの場の多くにおいて，対話場をどのように管理するかという方針が参加者の間で共有されていない例がしばしば見受けられる。ここで管理指針とは，場の設計と運用の双方の指針を意味する。この指針を明示し，たがいに了解することなしのままで討論が始まり，質問希望者が不満をもつ，議論が混乱して十分な理解が得られない，対話打ち切りの可否についての意見衝突が起こる，などの事態に至る例はしばしば生じている。このような困難を避けるためには，最低限以下の点に

留意すべきであろう。

　1）　第三者性のある個人，組織への管理委任　　そもそも対立が際立った対話が予想される場合には，当事者どうしが直接対峙(たいじ)するような場の設計はなるべく避けるべきである。対話での発言登壇順序の指示，質問と回答との整合性判定，不規則発言への対応，繰り返し質問の打ち切りと話題転換，開始や終了の判断などは，当事者どうしが相談して決めることは簡単ではない。個別には些細(ささい)に見えても不満が生じがちなこの種の管理運営に関する作業は，可能な限り第三者が行うことがのぞまれる。

　企業の不祥事が発覚したあとの記者会見などにおいては，このような第三者による取り仕切り方式を採用する時間的余裕がない場合もあろう。そのような場合であってもせめて，企業でいえば総務担当者がメディア関係者の幹事と相談して大まかな合意を取り付けておき，不祥事に直接責任を有する部局の責任者とは一線を画す形で，司会を引き受けるような工夫があってよい。工場立地に関する地域説明会のように，事前準備の時間的余裕がある対話場であるならば，このような第三者による管理運営方式は，現状よりもっと積極的に採用されるべきと考える。

　2）　管理方針に関する事前の合意　　第三者による管理の可否とは別に，管理の方針だけは事前に参加者の間で了解しておくことがぜひ必要である。前項1）に述べた具体的な運営ルールに加え，主たる質問者，回答者の選定，質問者，回答者に対する支援者の受け入れ可否，事前配布資料の配布範囲，一般参加者受け入れの是非，会場の設計，人員配置，発表の際の機器利用方策など，事前に策定し合意しておくべき事案は多岐にわたる。これらに関する事前合意なしに，いきなり対話の場を開始するような運営は，コミュニケーション成功への熱意不足といえよう。

6.5　リスクコミュニケーションの事例解説

　ここまで基本指針と実践時指針を示した。これらの指針のうち，基本指針の

意味するところは，事故や不祥事を起してしまった組織の広報担当者が，メディアや地元市民との会見を行う状況を想定すれば，比較的容易に理解できる内容と考える．本節では実践時指針のうち，とりわけ専門家の意識にかかわる6.4.4項〔1〕の1)～3)の意味を中心に若干の事例を紹介する．事例1では，チェルノブイリ事故のような災厄を心配する市民の心に鈍感な専門家，事例2では，放射線を恐れる患者の不安を省みず論理的な説明をしてしまう専門家が示されている．専門家が陥りやすい問題点を確認願いたい．なおこれらの対話は，特定の個人，特定の場での対話記録ではないことを付記しておく．

6.5.1 事例1：チェルノブイリ事故の日本版への心配

　場の特性：市民の原子力勉強会．参加者は平均的な関心をもつ市民50名．
　対話の状況：専門家の原子力技術に関する講演後の質疑時間．
市民1：「日本にもチェルノブイリ事故のようなことが起こったらどうなるかととても心配です」
専門家：「日本の発電用原子炉とチェルノブイリ原子炉では，基本の構造がまったく違うのです．同じような事故が起こるなどということはあり得ません」
市民1：「構造が違うといっても原子炉という意味では同じではないかと思うので，やはり心配です」
専門家：「そんなことはありません．チェルノブイリ原子炉では設計上の理由から，出力の低い状態のときに，なんらかの原因で出力上昇が起こると，その結果，出力がさらに大きくなるような特性をもっていました．これを正のフィードバックといいます．それから制御棒というブレーキ装置にあたる仕組みを動作させようとすると，初めは逆に出力が増える効果もありました．ブレーキが効く前にアクセルが踏まれることに相当します．このような安全上問題となる特性は，日本の原子炉には存在しません．だから日本の原子力発電所ではチェルノブイリのような事故は起こり得ないのです」
市民1：(小さい声で)「でも…うまくいえないけどなんだか心配です」

市民2：「いまの回答は不親切ですよ。質問者の不安に正面から答えず，難しい技術的説明だけされても困ります」

専門家：「私は正面からていねいに答えています。ただ，元々が技術の話ですからね。努力はしても，少しは難しさのある話になりますよ」

市民2：「あなたは市民に説明をするために来ているのでしょう。そのような説明をしてくれないと，原子力推進側の代弁者として来ている感じがします」

専門家：「そんないい方はないでしょう。私は代弁者ではなく，学術専門家として中立的な立場でここに来て，誠実に説明しているつもりです」

市民3：「いまの説明を聞いたら，あなたを中立と思う人はいませんよ。推進したいから事故など起こらないといい続けているだけでしょう」（以下略）

【解説】　この質疑の進行は，素朴な質問から始まって，次第に市民側の不満が高まり，専門家に対する不信感まで生まれている様子を示している。読者は専門家の立場に自分をおいて，どのように対処すべきであったか考えていただきたい。正解は一つということはあり得ない。しかし少なくとも，つぎのような観点から対応を修正することはできるはずと考える。

（問題点1）　この専門家は，最初の質問に対応する段階ですでに，質問した市民1の懸念を受け止め損ねている。市民1は"チェルノブイリ事故が日本で起こること"を危惧しているのではない。"チェルノブイリ事故のようなこと"の発生を危惧している。その内容を詳細に定義することは市民1の役割ではない。専門家側はとりあえず「どんなことをご心配ですか？」といった確認を試みることが適切であろう。回答として，「住民が被ばくするような状態が心配です」とか，「爆発が起こることを考えると怖いです」などのように，懸念の内容が明確になった段階で具体的な回答に進むべきである（実践時指針：聴く力の重要性（6.4.4〔1〕の1）参照））。

（問題点2）　つぎに，チェルノブイリ原子力発電所の特性を説明しているやり方も不適切[†]である。この専門家は簡潔に説明する努力をしているとして

[†] 問題点1で指摘した適切な対応がなされていれば，専門家がこの説明をすることは不要なのであるが，問題点と指針の関係を例で示すために，この問題点にも触れておく。

も，まだ長すぎて不十分である．聞き手は耳で聞いてもこの内容はフォローできない．また正のフィードバックなどという技術的用語は持ち込むべきでない．まずは，「日本の原子力発電所では，事故状態に至らないうちに，原子炉の動作を止めてしまう仕組みがいくつも用意されています．だから住民の皆様が避難されるような事故は起こらないのです」という程度の簡潔さで答えるべきである（実践時指針：技術専門家としての傾向性と責任範囲の自覚（6.4.4〔1〕の2）参照））．

（問題点3）　自分なりに簡略化した説明を一度はしたとしても，その説明に聞き手である市民1が納得していない反応が明らかにされている．せめてその段階でも，自分の回答が相手の懸念内容と整合していないことを自覚して，何を懸念しているのか，遅まきながらでも問い直して見るべきである．「チェルノブイリ事故のようなことが，かりに起こったとして，何が一番心配ですか？」というような問い直しをしたなら，市民1も，より具体的に発話することになる．結果的に専門家が説明の趣旨を修正できる可能性もあったはずである（実践時指針：聴く力の重要性（6.4.4〔1〕の1）参照））．

（問題点4）　専門家の説明が原子力発電所の安全性を強調しすぎているとある市民には感じられても，説明が技術的な確信に根ざすものであるなら，それはやむを得ないことである．その際に自分の見解は中立であるなどと主張することは的外れの発話である．聞き手の市民は懸念に基づいて安全か危険かという問題設定をすることが多い．この二分法的な問題設定自体が，将来的には解消される†ことがのぞましいが，現段階で対話中にそれをのぞんでも意味がない．「いま申し上げたご説明内容は，要するに大事故の危険は無視できるということです．原子力発電推進の是非とは関係なく，公正な立場からご質問に回答しているつもりです」というような回答が適当であろう．中立性を主張する必要はないと考える（実践時指針：専門家の立場責任（6.4.4〔1〕の3）参照））．

---

† この問題点の解消は，6.4.4〔2〕の2）「リスクベース討論のリテラシー」につながる課題である．

(問題点5)　対話の進行に伴って，技術的内容についての質問（心配です）と専門家の資質に関する不満（不親切です）や適格性に関する疑念（代弁者ではないか）というコメントが混在するようになってしまっている。この状態ではすでに，対話場の質は大きく悪化している。対立が表面化しがちな話題についての対話に際しては，このような状況が生じ得ることは容易に予見できたはずである。対話場の主催者は，司会者または座長に相当する仲介者の配備を考えるべきであった（実践時指針：第三者性のある個人，組織への管理委任（6.4.4〔3〕の1)参照))。

6.5.2　事例2：医療放射線への懸念

患者：「がん検診でCT検査を受けることを勧められましたが，放射線被ばくが起こるということなので心配です」

専門家：「あなたが被ばくする量は，自然放射線により普通に受けている1年間の被ばく量と同じ程度です。心配ありません」

患者：「でも自然放射線と人工放射線は違うのではないですか？　放射線に被ばくするのは怖いです」

専門家：「放射線には自然も人工も違いはありません。どちらも同じです。多量に浴びれば危険ですが少なければ問題ないのです」

患者：「そうなのですか？　何か悪いことが起こるではないかと気になります」

専門家：「そんな心配は的外れです。がんを見落とすほうが危険ですよ」

患者の家族：「でもCT検査のため，日本ではがん患者が増えているという新聞記事を読みました。ここに持参してきましたが，この内容を見れば心配するのは当然ではないですか。もっと親切に説明してくださいよ」

専門家：「その記事は科学的には偏った内容であり不正確です。そんな記事をたやすく信用しないでください」

患者の家族：「普通の市民は新聞やテレビから情報を得るしかないじゃありませんか。それを信用したことを批判されるのは心外です」（以下略）

【解説】　この対話の進行においても，患者側からの問い合わせに対して適切

な説明がないままに次第に市民側の不満が高まり，見かねた家族から専門家に対する不満が表明されている。専門家がどのように対処すべきであったか考えていただきたい。

　（問題点1）　この事例でも専門家は，患者の懸念の内容を深く推察することなく，提案する診療方策の安全性だけを説明している。「被ばくの量が自然放射線と同程度だから心配ない」という説明自体が，市民向けの説明としてはていねいさに欠けており，修正が必要である（実践時指針：技術専門家としての傾向性と責任範囲の自覚（6.4.4〔1〕の2)参照))。

　さらに問題はそれ以前にも存在する。そもそもCTでの検査を勧めた段階で，すぐ被ばくに関する懸念が表明されたのだから，何かその懸念を抱かせるきっかけがあったのではないかと感じるのがのぞましい感覚である。事実，対話の進行につれて明らかになるように，患者とその家族はCTの危険性を報じた新聞記事に接して不安を覚えたと思われる。対話の早期段階でこのきっかけに関する問いかけを試みていれば，対話の進行は大きく異なったと思われる（実践時指針：聴く力の重要性　(6.4.4〔1〕の1)参照))。

　（問題点2）　「放射線には自然も人工も違いはありません」という説明に異議があると指摘されたら怪訝に思う専門家が大多数であろう。確かにこの文言だけを取り出せば，普通の文脈ではその正しさは否定できない。しかし，市民にとって，自然放射線に無意識に接して若干の被ばくを受けることと，人工放射線に誰かの指示に従って被ばくする場合では，状況がまったく異なっている。

　前者の場合は，避けようもなく誰でもが同じ条件にあることであり，また経験的には実害のないことを実感している。一方，後者に接する場合には，誰か知らない人間の操作のままに，複雑で未知性が高く，何を起こすか心配な機械装置を媒介として自分だけの身体に被ばくを受けることになる。簡単にいえば，『人工放射線』は『未知の恐ろしいもの』の象徴的表現なのである。患者の立場からはその差異は大きいことは容易に推測されるはずである（実践時指針：聴く力の重要性　(6.4.4〔1〕の1)参照)　実践時指針：技術専門家としての

傾向性と責任範囲の自覚 (6.4.4〔1〕の2)参照))。

(問題点3)　上記の問題点を了解するならば,「がんを見落とすほうが危険ですよ」という発言についても,それが一方的な見方に立ったものであることが理解されよう。専門家の立場からは,その判断は疑いのないものであったとしても,人工放射線に対して疑念をもつ患者にとっては簡単には受け入れられない判断である。結果としてこの専門家は,患者の気持ちへの配慮が不十分なことに起因して,自分の価値観を押し付けているという印象を与える可能性が大きい (実践時指針:技術専門家としての傾向性と責任範囲の自覚 (6.4.4〔1〕の2)参照))。専門家としては,ベストと信じている診療方策が受け入れられなくなることをのぞまないのであれば,もっとていねいな対話を進めるべきであろう。

(問題点4)　専門的知識の乏しい患者やその家族であっても,権威を認める大新聞の記事に自分の懸念と整合する内容を見れば,懸念はいっそう増強される。専門家にとってはその記事自体が科学的な根拠が不十分のものであったとしても,立場の違う患者にとってその意味合いは大きく異なる (実践時指針:認知特性の基礎知識 (6.4.4〔1〕の4)参照))。簡単に否定することは聞き手にとっては真剣な問いかけを一笑に付されたことになり,専門家に対する人間的信頼は著しく損なわれることになる (実践時指針:聴く力の重要性 (6.4.4〔1〕の1)参照))。このような状況に際しても,できる限り簡潔に,しかし本質を外さないように説明を試みる姿勢がのぞましい。かりに説明内容を完全に理解することはできなくても,真剣な説明態度に接した場合には患者の懸念は相当に軽減されることもあり得るのである。

なおこの事例の場合,患者の家族はCT検査に否定的な新聞記事が存在することを知りながら,対話開始当初はその知識をあえて示さずに専門家の対応を観察していることにも目を向けていただきたい。専門的知識に大きな差がある対話の場においてこのような方策は,専門家の誠実さや視野の広さを推測する手段として利用されることが少なくない。「その記事が気になるのなら,初めからそういって欲しい」などという的外れな反応をすることなく,多少の時間

をかけてでもその記事の論理的難点を示して説明することが，患者の信頼につながるはずなのである。

6.5.3 共通の留意点

個々の事例において専門家の対応における問題点はそれぞれ指摘してきた。本項では，両方の事例において，共通の問題点を改めて通観してみたい。

いずれの事例においても，専門家はそれほど強引な主張をしたり非専門家をはじめから軽視しているわけではない。その意味で，ここに示した専門家の対応姿勢は別に特殊なものではなく，普通の専門家が典型的に示しそうな対応振りなのである。それにもかかわらず，対話の様相は次第に対立色を強め，納得や信頼関係確立からはほど遠い状態に流れていっている様子が例示される結果となっている。その第一原因について改めて述べておきたい。

両方の事例において，専門家が非専門家である市民や患者に向かい合った際には，自分が有している専門的知識の豊富さを背景とした説得的態度に終始していることに気付かれたであろうか。いずれの場合も専門家は，非専門家の初めの質問に接した段階で，その意図や背景を思い量ることなく，反射的ともいえる返答を通じて対話相手の懸念を否定し去っている。この姿勢こそが対立色増大の原因である。対話を健全に機能させるためには，この点がぜひ修正されなければならない。

専門家は多くの場合に似たような質問に遭遇している。それらの場では時間の制約もあって簡潔・明快に説明してしまい，その明快な説明を対話相手が納得してくれることを期待しがちである。しかし注意して欲しい。コミュニケーションという活動は，本来たがいを尊重し対等な立場にあることを認識しなければ始まらない行為のはずである。専門家側が膨大な専門知識を有していることを前提に，自説の優位さをはじめから主張する立場から対応すれば，それは訓示や勧告，命令ではあってもコミュニケーションではあり得ない。

本章で紹介した言語学的コミュニケーションモデル（図 6.1）を再度参照願いたい。メッセージの送り手と受け手は，まったく対称な関係にあることをこ

の図は示している。前掲の事例で示した専門家の応答姿勢は，この図での送り手側を高い位置において，情報が高い位置から低い位置に流れることを当然のこととしているに等しい。受け手側の状況，すなわちコンテクストに深い注意を払うという指針は，専門知識の落差による一方向性を補正することの必要性ともいいかえることができる。この対称性の重要さをぜひしっかりと理解し，実践に反映されることが肝要である。

6.6 コミュニケーションへの基本姿勢

ここまでコミュニケーション実践上の留意点について，具体的事例を示しつつ説明してきた。本章で示したかったことの骨子は，コミュニケーション活動は一方的な思い込みや，専門家としての自負に基づいてではなく，送り手，受け手がたがいに相手の意向を尊重し，推測しながらていねいに行うべきだということにつきている。図6.1に示した言語学的モデルは送り手，受け手に対して対称な形になっていることに注目されたい。

このような対称な，したがって対等な関係が大前提であることをしっかり理解して対話場にのぞむとするならば，それだけでも効果は大きいはずである。その上で，基本指針，実践時指針をできる範囲で遵守すれば，対話の実効性は間違いなく向上する。少なくとも，「まずは実践」とか，「結局はOJTしかないよ」というたぐいの方針に比べれば，状況は大きく改善されよう。

科学技術と社会の関係にさまざまなひずみが生じつつある現在，その状態改善のためにはまず専門家の側から第一歩を踏み出すべきである。そして，そのような能動的な行為は適切になされるならば，必ず受け手である市民の側にも，必ずはっきりした変化が生まれるはずである。その変化はまた専門家側のコミュニケーション内容をより有意義なものに改変させよう。コミュニケーション活動とは，本来そのような相互作用を意味していることを強調したい。

6.7 リスクコミュニケーションのあり方と組織管理

コミュニケーション行為のよりよい形を求めることが本章のメインテーマである。その観点からいくつかの指針を紹介した。しかし，何のためのコミュニケーション活動なのかを改めて問い直すことも必要である。本章ではコミュニケーションを困難にする大きな要因として，コンテクストの不一致があることを複数の事例を参照しつつ示してきた。またその内容を詳細に見れば，受け手側は，技術リスクそのものに加えて専門家や専門組織の信頼性を懸念していることが，多くの場合に現実であることを述べた。

その懸念に的確に対処するためには，「理解を求める」とか「わかりやすく語る」などの努力に加えて，技術そのものや技術担当の組織の中に潜む問題要因を見いだして，それらをよりのぞましい形に改善して行くことは，コミュニケーションに先立つ最重要課題であろう。なによりもまず，対象である技術的行為（例えば原子力発電）とそれを担う組織の信頼性，安全性を高めることが優先課題である。その評価が確立すれば，市民側は専門家が試みるコミュニケーション活動により肯定的な姿勢で向かい合えるはずと考える。

組織の信頼性を高めるという課題は，それ自体がまた，コミュニケーション活動と密接に関連しているという意味の双方向性にも注意すべきである。ただし，ここでいうコミュニケーションは組織の内から外へ向けてのものではなく，組織内部の構成員相互の活動を指している。「市民，住民とのコミュニケーション」を大事に思う気持ちは「仕事場での仲間や上司とのコミュニケーション」を大事に思う気持ちと同じ心から生まれるはずである。前者の機能不全は市民の不安増大や風評被害などにもつながるし，後者の機能不全は現場での装置事故や労働災害，職場の荒廃につながる。両者は密接に関連していると考えるのが自然である。市民とのコミュニケーション活動の重要性を知る技術専門家は，その活動内容を高めることに加えて，ぜひ組織内コミュニケーションの改善にも努力を注ぐべきである。

最後に，本章の中で示されている事例や知見の大部分は，原子力と地域社会の問題に関して筆者らが継続している対話活動，通称対話フォーラムの活動を通じて得られている。この活動に市民として参加いただいた宮城県女川町，青森県六ヶ所村の皆様に深く感謝する。またこの対話活動のパートナーとしてご尽力いただいた高橋　信氏（東北大学工学研究科准教授）と，八木絵香氏（大阪大学コミュニケーションデザイン・センター特任講師）に心から御礼申し上げたい。特に八木氏には対話記録の分析や教訓の導出なども含め多大のご支援をいただいている。記して謝意を表する次第である。

引用・参考文献

1章

1) A. Adamski and R. Westrum : Requisite imagination. The fine art of anticipating what might go wrong, In E. Hollnagel (Ed.), Handbook of cognitive task design, pp. 193-220, Mahwah, NJ : Lawrence Erlbaum Associates (2003)
2) S. Arrhenius : On the influence of carbonic acid in the air upon the temperature of the ground, Philosophical Magazine and Journal of Science, Series **5**, 41, pp. 237-276 (1896)
3) C. Perrow : Normal accidents, Living with high risk technologies, New York: Basic Books, Inc. (1984)
4) J. W. S. Pringle : On the parallel between learning and evolution, Behaviour, 3, pp. 175-215 (1951)
5) R. L. Wears, S. J. Perry, S. Anders and D. D. Woods : Resilience in the emergency department, In E. Hollnagel, C. Nemeth and S. Dekker (Eds)., Remaining sensitive to the possibility of failure, Aldershot, UK: Ashgate (2008)
6) H. W. Heinrich : Industrial accident prevention, New York, McGraw-Hill (1931)
7) R. Westrum : A typology of resilience situations, In E. Hollnagel, D. D. Woods and N.G. Leveson (Eds.), Resilience engineering: Concepts and precepts, Aldershot, UK: Ashgate (2006)
8) N. G. Leveson : Safeware —— system safety and computers, Reading, MA: Addison-Wesley (1995)
9) CISHC (Chemical Industry and Safety Council) : A guide to hazard and operabilitystudies, London, Chemical Industries Association (1977)
10) MIL-STD-1629 A : Procedures for performing a failure mode, effects and criticality analysis, Washington, DC, Department of Defence (1980)

11) J. T. Reason : Managing the risk of organisational accidents, Aldershot, UK: Ashgate (1997)
12) K. E. Weick, K. M. Sutcliffe and D. Obstfeld : Organising for high reliability: processes of collective mindfulness, Research in Organisational Behaviour, 21, 81-123 (1999)
13) E. Hollnagel : Barriers and accident prevention, Aldershot, UK: Ashgate (2004)
14) S. Dekker : The field guide to understanding human error, Aldershot, UK: Ashagte (2006)
15) R. L. Helmreich, A. C. Merritt and J. A. Wilhelm : The evolution of Crew Resource Management training in commercial aviation, International Journal of Aviation Psychology, 9(1), pp. 19-32 (1999)
16) E. Hollnagel, D. D. Woods and N. G. Leveson : Resilience engineering: Concepts and precepts, Aldershot, UK: Ashgate (2006)
17) S. E. Cooper, A. M. Ramey-Smith, J. Wreathall, G. W. Parry, D. C. Bley and W. J. Luckas : A Technique for Human Error Analysis (ATHEANA), Washington, DC: NuclearRegulatory Commission (1996)
18) E. Hollnagel : Cognitive reliability and error analysis method, Oxford, UK: Elsevier Science Ltd (1998)
19) P. Le Bot, F. Cara and C. Bieder : MERMOS, A second generation HRA method, Proceedings of PSA '99, International Topical Meeting on Probabilistic Safety Assessment, Washington, DC (1999)
20) O. Svensson : Accident and Incident Analysis Based on the Accident Evolution and Barrier Function (AEB) Model, Cognition, Technology & Work, 3(1), pp. 42-52 (2001)
21) A. Isaac, S. Shorrock and B. Kirwan : Human error in European air traffic management: The HERA project, Reliability Engineering and System Safety, 75(2), pp. 257-272 (2002)
22) P. Wilson, et. al. : Root cause analysis —— A tool for total quality management, Milwaukee, WI: Quality Press (1993)
23) K. Takano, K. Sawayanagi and T. Kabetani : System for analysing and evaluating human-related nuclear power plant incidents, Journal of Nuclear Science Technology, 31, pp. 894-913 (1994)
24) INPO : Human performance enhancement system: Coordinator manual

(INPO 86-016, Rev. 02), Atlanta, GA: Institute of Nuclear Power Operations (1989)
25) Y. Yoshizawa: Activities for on-site application performed in human factors group, Proceedings of 3rd International Conference on Human Factors in Nuclear Power Operation (ICNPO-III), Mihama, Japan (1999)
26) J. T. Reason: Human Error, Cambridge University Press (1990)
27) P. Hudson, M. J. Primrose and C. Edwards: Implementing tripod-DELTA in a major contractor, In: Proceedings of the the SPE International Conference on Health, Safety and Environment, Jakarta, Indonesia. Richardson, TX: Society of Petroleum Engineers (1994)
28) J.-P. Bento: Människa, teknik och organisation. Kurs i MTO-analys för Socialstyrelsen, Studsvik, Nyköping: Kärnkraftsakerhet och Utbildnings AB (1992)
29) C. Rollenhagen: MTO —— En Introduktion, Sambandet Människa, Teknik och Organisation, Lund, Sweden: Studentlitteratur (1995)
30) Y. Fujita and E. Hollnagel: Failures without errors: Quantification of context in HRA, Reliability Engineering and System Safety, 83, pp. 145-151 (2004)
31) N. G. Leveson: A New Accident Model for Engineering Safer Systems, Science, 42(4), pp. 237-270 (2004)
32) T. Sawaragi, Y. Horiguchi and A. Hina: Safety analysis of systemic accidents triggered by performance deviation, Bexco, Busan, South Korea, October 18-21. SICE-ICASE International Joint Conference 2006 (2006)
33) D. Nouvel, S. Travadel and E. Hollnagel: Introduction of the concept of functional resonance in the analysis of a near-accident in aviation, Ispra, Italy, November 2007, 33rd ESReDA Seminar, Future challenges of accident investigation (2007)

2章

1) JIS Q 2001：リスクマネジメントシステム構築のための指針，日本規格協会 (2001)
2) B. Giannici and M. Galluzzo: Reliability Engineering, **5**, p. 37 (1983)
3) S. Kalpan and B. J. Garrick: Risk Analysis, **1**, p. 11 (1981)
4) 関根和喜，花安繁郎，泉太一郎ほか：構造物の安全性と信頼性，**4**，p. 95

(2000)
5) 花安繁郎, 梶山正朗, 関根和喜：産業安全研究所研究報告, NIIS-RR-2001, p. 43 (2002)
6) 例えば, 高安秀樹：フラクタル, 朝倉書店 (1986)
7) 関根和喜, 泉太一郎ほか：圧力技術, **32**, p. 240 (1994)
8) 関根和喜, 泉太一郎ほか：圧力技術, **33**, p. 147 (1995)
9) 例えば, 繁桝算男：ベイズ統計入門, 東京大学出版 (1985)
10) L. J. Savage：The Foundation of Statistics, New York, John, Wiley (1954)
11) 例えば, D. H. Mellor: Probability, a philosophical introduction, Routlodge, Taylor and Francis, London (2005)
12) W. E. Vesely, F. Goldberg et. al：Fault Tree Handbook, NUREG-0492, US Nuclear Regulatory Commission, Washington DC (1981)

3章

1) Guidelines for Hazard Evaluation Procedures, Second Edition with Worked Examples, Center for Chemical Process Safety of the American Institute of Chemical Engineer (1992)
2) 高木伸夫：化学プラントの安全性評価――プラント設計におけるHAZOP手法の活用――, 化学工学, **56**, 10 (1992)
3) 高木伸夫：プロセスプラントの安全設計基礎講座（7）, 安全工学, **39**, 3, pp. 199-206 (2000)
4) 高木伸夫：プロセスプラントの安全設計基礎講座（8）, 安全工学, **39**, 4, pp. 264-270 (2000)
5) 高木伸夫：プロセス安全性評価におけるHAZOPの効率的運用, 安全工学, **44**, 1, pp. 31-36 (2005)
6) H.G. Lawley：Operability Studies and Hazard Analysis, Cmeical Engineering Progress, **70**, 4, pp. 45-56 (1974)
7) A Guide to Hazard and Operability Studies, Chemical Industries Association (1977)

4章

1) S. Kaplan and B. J Garrick：On The Quantitative Definition of Risk, Risk Analysis, **1**, 1, pp. 11-27 (1981)
2) W. E. Vesely, et. al.：Fault Tree Handbook (NUREG-0492) (1981)

3) A. N. Kolmogoroff : Grundbegriffe der Wahrscheinlichkeitsrechnung, Springer, Berlin (1933)
根本伸司, 一条 洋 訳:確率論の基礎概念, 東京図書 (1969)
4) L. C. Cadwallader and G. L. Taylor : Failure rate data for glovebox components and cleanup systems at the Tritium Systems Test Assembly, Journal of Fusion Energy, **12**, pp. 1-2 (1993)
5) WASH-1400 : Reactor Safety Study An Assessment of Accident Risks in U. S. Commercial Nuclear Power Plants, NRC (1975)
6) A. Mosso, A. Ponta and T. Pinna, ENEA FUS TECN S & E : Reliability Data of Components in Nordic Nuclear Power Plants (1992)
7) S. A. Eide and M. B. Calley : Generic Component Failure Rate Database, Proceedings of the International Topical Meeting on Probabilistic Safety Assessment, PSA '93, pp. 1175-1182, American Nuclear Society, Clearwater Beach (1993)
8) http://www.tsminc.co.jp/download.htm (2007年8月現在)
9) http://www.nucia.jp/ (2007年8月現在)
10) http://www.nrc.gov/reading-rm/doc-collections/cfr/part050/part050-0073.html (2007年8月現在)
11) K. N. Fleming and A. Mosleh : Classification and Analysis of Reactor Operating Experience Involving Dependent Events, Pickard, Lowe and Garrick, Inc., prepared for Electric Power Research Institute, EPRI NP-3967, PLG-0400 (1985)
12) K. N. Fleming, et al. : A Database of Common Cause Events for Risk and Reliability Evaluations, PLG, Inc., prepared for Electric Power Research Institute, PLG-0866 (March 1992), EPRI-100382 (1992)
13) T. B. Sheridan : Supervisory control: Problems, theory and experiment for application to human-computer interaction in undersea remote system, MIT Man-Machine Systems Laboratory Report (1982)
14) E. Hollnagel : The role of human error in risk analysis and safety management, 平成17年度第3回横浜国立大学公開セミナー (2005)
15) R. E. Hall, J. Fragola, J. Wreathall : Post Event Human Decision Errors: Operator Action Tree/Time Reliability Correlation, NUREG/CR-3010, Washington (1982)
16) P. Moieni, G. W. Hannaman : Uncertainty Analysis in Time-Dependent

Human Reliability Models —— Application to the Human Cognitive Reliability (HCR) Model, NUS-4915, NUS Corporation, Gaithersburg, MD (1986)

17) J. Rasmussen : On the Structure of Knowledge —— A Morphology of Mental Models in a Man-Machine Context. Riso-M-2192, Riso National Laboratory, Roskilde (1979)

18) A. D. Swain, H. E. Guttmann : Handbook of Human Reliability Analysis with Emphasis on Nuclear Power Plant Applications. Draft Report, NUREG/CR- 1278, Washington (1980)

19) D. E. Embrey, P. Humphreys, E. A. Rosa, B. Kirwan, K. Rea, SLIM-MAUD : An Approach to Assessing Human Error Probabilities Using Structured Expert Judgement, Vol. I: Overview of SLIM-MAUD, Vol. II: Detailed Analyses of the Technical Issues, NUREG/CR-3518, Washington, DC (USA) (1984)

20) G. Fechner : Elemente der Psychophysik I and II, Breitkopf u. Hartel, Leipzig (1907)

21) Y. Niwa : A proposal for a new accident analysis method and its application to a catastrophic railway accident in Japan, Cognition, Technology and Work, Springer（2008 Springer 電子版掲載済，本誌には 2008 年掲載予定）

22) A. Hibino and Y. Niwa : A Graphical Representation of Nuclear Incidents/Accidents by Associating Network in Nuclear Technical Communication, Nuclear Science and Technology (2008)

5 章

1) E. Hollnagel : The role of human error in risk analysis and management, 平成 18 年度第 2 回横浜国立大学公開セミナー（2006）
2) 木原重光，富士彰夫：RBI/RBM 入門 リスク評価によるメンテナンス，日本プラントメンテナンス協会（2002）
3) Ministration of Federal Aviation, AC-120-92 : Introduction to Safety Management for Air Operators (2006)

6 章

1) リスクマネジメント調査会 編：リスクマネジメントシステム構築ガイド，日本規格協会（2003）

2) 小林傳司：誰が科学技術について考えるのか，名古屋大学出版会（2004）
3) 平川秀幸：リスクガバナンスのパラダイム転換，思想，**973**，pp. 48-67（2005）
4) 電通パブリックリレーションズ 編著：広報110番，電通（1998）
5) 関沢 純 編：RCの最新動向を探る，化学工業日報社（2003）
6) R. Carson：Silent Spring, Penguin Books（1962）
7) C. Perrow：Normal Accident, Princeton University Press (first published by Basic Books（1984）
8) U. Beck 著，東 廉，伊東美登里 訳：危険社会──新しい近代への道，法政大学出版局（1986）
9) 小林傳司 編：公共のための科学技術，玉川大学出版部（2002）
10) J. Reason 著，塩見 弘 監訳：組織事故，日科技連（1999）
11) N. Leveson：Safeware, Addison-Wesley Publishing Co.（1995）
12) 産経新聞取材班：ブランドはなぜ墜ちたか，角川書店（2002）
13) 松本三和夫：知の失敗と社会，岩波書店（2002）
14) 藤垣裕子 編：科学技術社会論の技法，東京大学出版会（2005）
15) 八木絵香：反復型対話フォーラムに基づくリスク認知共進化モデルと日本版公共空間の提案，東北大学工学研究科学位論文（2005）
16) 八木絵香，高橋 信，北村正晴：リスクコミュニケーションにおける原子力技術専門家の役割，科学技術社会論研究，**3**，pp. 129-140（2004）
17) 八木絵香，高橋 信，北村正晴：「対話フォーラム」実践による原子力リスク認知構造の解明，日本原子力学会和文論文誌，**6**，2，pp. 126-140（2007）
18) 田口ランディ：寄る辺なき時代の希望，春秋社（2006）
19) 鈴木孝夫：教養としての言語学，岩波新書（1996）

演習問題解答

2章
【1】～【7】 略

3章
【1】 答：④
解説：化学プラントは，多様な機器から構成される複雑で大規模なシステムである。このため危険源の特定にあたっては，安全の専門家や運転を熟知しているオペレータなど1人の知識では限界がある。また，オペレータが多数参加してもオペレータのみでは安全技術に関する知識に欠けることがある。このため，専門分野の異なる複数のメンバーからなるチームを編成して，多角的な視点から検討を行うのがのぞましいといえる。

【2】 答：②
解説：HAZOPは，化学プラントに内在する潜在的な危険源ならびに運転操作上の大きな問題点を洗い出すことにより，潜在危険が事故として表面化しないよう安全対策を検討する危険性評価手法である。HAZOP手法を適用することにより，プロセスの変動がどのように伝播していくかという検討も可能であるが，これがHAZOPの本来の目的ではなく，プラントに内在する危険源を特定し，それが事故として表面化しないよう対策を講じることを目的としている手法である。

【3】 答： 解表3.1のHAZOPワークシートを参照。

4章
【1】～【6】 略

5章
【1】～【3】 略

解表 3.1

ずれ	ずれの原因	システムへの影響
流れなし	FCV-01 閉止	V-01 への原料油供給停止により K-01 吸い込み，ガス流量がなくなり，K-01 はスピルバック運転となる。なお，V-01 の液面は LIC-01 制御により維持される。
	LCV-01 閉止	V-01 の液面上昇し，オーバーフローにより K-01 に液が流入し K-01 破損の可能性。
	K-01 故障停止	V-01 圧力上昇するが設計圧力を超えることはなく安全上問題なし。
流れ減	流れなし参照	
流れ増	FCV-01 全開	V-01 の液レベルが上昇するが，LIC-01 により液レベルは制御される。運転トラブル。
	LCV-01 全開	V-01 液面低下し，液がなくなり高圧 (1.5 MPaG) のガスが V-02 (設計圧：0.8 MPaG) に吹き抜け，V-02 破損の可能性。
逆流	特になし	
温度高	C-01 冷却媒体停止	高温の原料油 (250°C) が V-01 に流入し，V-01 の設計温度 (80°C) を大幅に超えてフランジなどからの漏洩の可能性。また，K-01，V-02 についても同様の危険性あり。
温度低	C-01 冷媒温度低	V-01 への流入温度低下するが，大きな影響なし。運転トラブル。
圧力高	検討済み。新たな原因なし	
圧力低	特になし	
液レベル高	検討済み。新たな原因なし	
液レベル低	検討済み。新たな原因なし	
組成変化	特になし	
不純物混入	C-01 チューブリーク	灯油，メタンが冷却媒体系統に漏洩。冷却系に若干の影響が考えられる。

索 引

【あ】

安　全	3, 48
安全インターロック	92
安全概念	13
安全側の評価	110
安全性	48
安全性指数	50, 55
安全文化	14
安全目標	156

【い，う】

一階論理推論	140
イベントツリー解析	49
インターロック	87
受け入れ可能なリスク	42
受け手側コンテクスト	191

【え，お】

影響分析	92
疫学モデル	20
エラーファクタ	114
エンドポイント	44, 101
送り手側コンテクスト	191

【か】

蓋然性	62
ガイドワード	88
ガウス分布	148
確認バイアス	196
確　率	62
確率算法	66
確率の公理系	64
確率密度分布	113
確率論的リスク評価	49, 99
加法公式	67

【き】

簡略化	65
起因事象	100
危機管理	39
機器故障率	118, 128
危険源	3
危険源同定	82
危険源同定手法	81
技術専門家	167, 186
技術的リスク認知	179
技術リスク	171, 173
機能的共鳴事故モデル	28
基本事象	71
逆確率の公式	69
共通原因故障	128
共通原因故障モデル	157

【く，け】

偶発故障領域	128
結　合	8, 9
懸念の言語表現	181, 187
言語学的コミュニケーションモデル	206
言語学的対話モデル	185
原子力リスク	174

【こ】

行動主義	137
故障モード	100, 117
故障率	111, 117
故障率データベース	111, 133
コミュニケーション実践方式	176
コミュニケーションモード	168
コミュニケーション要因	180
コンテクスト	187
根本原因分析	28

【さ】

災害規模	52
災害リスク	44, 81, 105, 133
最小カットセット	76, 110
最小パスセット	76
サクセスツリー	77
サポート系	106
サポート系故障	108

【し】

刺　激	137
事後確率	68
事　象	62
指数分布	112
システム安全工学手法	82
事前確率	68
自然災害	40
市民参加型テクノロジーアセスメント	184
使命時間	120
社会技術システム	3
——の複雑性	24
社会的受容	42
社会的受容係数	42
社会的リスク認知	179
集　合	62
修正FT図	76
修正リスク曲線	58
主観確率	63

索引

純粋リスク　43
条件付き確率　67
乗法公式　67
人為的災害　40
人的因子　139
信頼度　112

【す】
スイスチーズモデル　20
スキルベース　141
スタディノード　88
ステークホルダー　166
ずれの発生原因　91

【せ】
正規化リスク曲線　60
正規分布　112
制　御　155
説明責任　40
セーフウェア　14
全確率の公式　68
全体集合　64
専門家責任　172

【そ】
相互作用　9
相互作用性　8
双対 FT 図　79
双対関係　77
想定損害曲線　41
測　度　62
組織化　137
組織価値　40
組織管理　208
組織事故　14, 134
組織リスク　171
損　失　40

【た】
第1世代 HRA　137
第2世代 HRA　137
第2世代人間信頼性解析手法　16

大 ET 小 FT　107
大 FT 小 ET　107
待機冗長系　114
対数正規分布　112
対話活動　168
対話モード　189
タスク分解　143
タスク分析　143

【ち】
チェルノブイリ事故　14, 16, 200
地球温暖化　5
逐次合理性　70
知識ベース　141
中央値　114
超過累積頻度　52
頂上事象　3, 71, 104

【て】
低確率事象近似　75
定量的リスク比較　60
定量的リスク評価　99

【と】
投機的リスク　43
統計的安全性指数　60
透明性　40, 132
独　立　67
ドミノモデル　11
トリガ事象　100
トレーサビリティ　110, 132

【な】
内部コスト　42
ナノテクノロジー　170

【に】
人間-機械系　135, 149
人間信頼性　146
人間信頼性解析　136
人間信頼性解析手法　15
人間性能強化システム　19

【ね、の】
熱間待機モード　115
ノード　103
ノンリニア　12, 29

【は】
バウンダリコンディション法　109
ハザード　3, 39
はしごモデル　140
バリア機能　17
パレート分布　59
反　応　137
反復型対話フォーラム　176

【ひ】
被害規模　99
非信頼度　112, 161
ヒューマンエラー　14, 119
ヒューマンエラーET　145
ヒューマンエラー確率　143
ヒューマンエラー率　136
ヒューマンファクタ　139
標準偏差　44, 113
費用-便益解析　41
品質管理技術　134
頻　度　62

【ふ】
ファシリテーター　175
ファッセル・ベスリー重要度　158
不安感構成要因　179
フィードバック制御　155
フェールセーフ　163
フェールセーフ機能度　55
フォーラム　174
フォールトツリー解析　49
不確実性　43, 61, 112
不確実性モデル　62
複合事故　130
複雑システム　8

索引 221

不動作状態	115
部分的な故障	104
フラクタル分析法	52
フラクタル分布	55
ブール代数	65
プロセスパラメータ	88
フロントライン系	106
分　散	44
文　脈	137

【へ】

平均急性死亡リスク	157
平均故障時間間隔	111
平均保守時間間隔	162
ベイズ処理	116
ベイズ推定	69
ベイズの定理	64, 68
べき乗指数	55
ヘディング	103
ベローダイヤグラム	11
便　益	40
ベン図	64

【ほ】

ポアソン分布	112
補集合	64
保守的な評価	110

【む】

無応答確率	139

【め】

メディアン	114

【ゆ，よ】

尤　度	68
予備的危険解析	81

【り】

リスク	1, 43, 99
リスクアセスメント	15, 45, 81
リスクアチーブメントワース重要度	158
リスク移転	155
リスク回避	155
リスク曲線	50
リスクコスト	40
リスクコミュニケーション	43, 166
リスクコミュニケーション指針	184
リスク重要度	158
リスク受容	155
リスク制御	155
リスク対応	181
リスク対策曲線	41
リスクチャート	51
リスク同定	166
リスクとベネフィット	40
リスクトレードオフ	198
リスク認知	43, 178, 179
リスク比較	57
リスク分析	45, 81
リスク-ベネフィット	164
リスクマトリクス	44, 160
リスクマネジメント	39, 155
リスクマネジメントシステム	39, 46
リスクリテラシー形成	198
リテラシー	197
リニア	3, 6, 12
リニアモデル	11

【る，れ】

ルールベース	141
冷間待機モード	115, 121
レジリエンス工学	14, 24

【ろ】

論理演算	64
論理記号	71
論理ゲート	74
論理ゲート演算	116
論理積	64, 72
論理和	64, 72

【わ】

ワイブル分布	112

AEB	17	ETA	49, 62, 82	HCR 法	139
ALARP	6, 45	ETL	109	HEP	143
ALARP 領域	46	FMEA	13, 82, 94	HERA	18
AND ゲート	72, 74	FMECA	13	HINT	19
ATS	130	FRAM	25, 28	HRA	136
CCF	128	FT	3, 13	HRES	19
CM	39	FTA	49, 62, 82, 104	INES	10
COCOM	22	FTL	108	MIL-HDBK-217	116
CREAM	15, 20, 22	FT 図の整理	76	MTBF	111
EF	114	FV 重要度	158	MTO	20
ET	102	HAZOP	13, 81, 87	MTO モデル	21

n-out-of-m	116	RA	45	SRK モデル	141
OAT 法	138	RAW 重要度	158	STAMP	24
OR ゲート	72, 74	RBI	158	T-book	116
P&ID	87	RBM	158	THERP 法	142
PA	42	RCA	28	TRC 曲線	138
P-D-C-A サイクル	46	RMS	46	TRIPOD	21
PIF	147	SAFER	19	WASH-1400	114
PRA	49, 99	SCM	20	What-if	85
PSF	141, 143	SLI	146	What-if 分析	81
QRA	49, 99	SLIM 法	146	β ファクター法	128

―― 編著者・著者略歴 ――

関根　和喜（せきね　かづよし）
1966 年　横浜国立大学工学部金属工学科卒業
1968 年　横浜国立大学大学院工学研究科修士課程修了（金属工学専攻）
1968 年　横浜国立大学助手
1979 年　工学博士（東京大学）
1980 年　横浜国立大学講師
1982 年　横浜国立大学助教授
2000 年　横浜国立大学教授
2004 年　横浜国立大学　安心・安全の科学研究教育センター　センター長（併任）
2008 年　横浜国立大学　安心・安全の科学研究教育センター　特任教授
　　　　　現在に至る

Erik Hollnagel（エリック・ホルナゲル）
パリ国立高等鉱業学校教授。Ph. D.
認知システム工学の研究に携わる。レジリエンス工学をはじめ著書論文多数。

丹羽　雄二（にわ　ゆうじ）
1979 年　大阪大学大学院基礎工学研究科前期課程修了（物理系制御工学専攻）
1979 年　関西電力株式会社勤務
1997 年　博士（工学）（京都大学）
2004 年　横浜国立大学助教授
2007 年　横浜国立大学准教授
　　　　　現在に至る

高木　伸夫（たかぎ　のぶお）
1971 年　横浜国立大学工学部安全工学科卒業
1973 年　横浜国立大学大学院修士課程修了（安全工学専攻）
1973 年　千代田化工建設株式会社勤務
1999 年　横浜国立大学非常勤講師
2000 年　システム安全研究所設立
　　　　　現在に至る

北村　正晴（きたむら　まさはる）
1964 年　東北大学工学部通信工学科卒業
1970 年　東北大学大学院工学研究科博士課程単位取得退学（原子核工学専攻）
1970 年　東北大学助手
1971 年　工学博士（東北大学）
1986 年　東北大学助教授
1992 年　東北大学教授
2005 年　東北大学名誉教授
　　　　　未来科学技術共同研究センター客員教授
　　　　　現在に至る

技術者のための実践リスクマネジメント
Practical Risk Management for Engineers
　　　　　　　　　Ⓒ Sekine, Hollnagel, Niwa, Takagi, Kitamura　2008

2008年10月31日　初版第1刷発行

検印省略	編著者　関　根　和　喜	
	著　者　Erik　Hollnagel	
	丹　羽　雄　二	
	高　木　伸　夫	
	北　村　正　晴	
	発行者　株式会社　コロナ社	
	代表者　牛来辰巳	
	印刷所　壮光舎印刷株式会社	

112-0011　東京都文京区千石 4-46-10

発行所　株式会社　コロナ社
CORONA PUBLISHING CO., LTD.
Tokyo　Japan

振替 00140-8-14844・電話(03)3941-3131(代)

ホームページ http://www.coronasha.co.jp

ISBN 978-4-339-02432-6　　(安達)　　(製本：グリーン)
Printed in Japan

無断複写・転載を禁ずる

落丁・乱丁本はお取替えいたします

辞典・ハンドブック一覧

制振工学ハンドブック編集委員会編
制振工学ハンドブック B5 1272頁 定価36750円

編集委員会編
電気鉄道ハンドブック B5 1002頁 定価31500円

編集委員会編
新版 電気用語辞典 B6 1100頁 定価 6300円

文部科学省編
学術用語集 電気工学編(増訂2版) B6 1120頁 定価 4536円

電子情報通信学会編
改訂 電子情報通信用語辞典 B6 1306頁 定価14700円

光産業技術振興協会編
光通信・光メモリ用語辞典 B6 208頁 定価 2415円

映像情報メディア学会編
映像情報メディア用語辞典 B6 524頁 定価 6720円

編集委員会編
新版 放射線医療用語辞典(増補) B6 692頁 定価 7350円

日本エム・イー学会編
ME用語辞典 A5 842頁 定価23100円

編集委員会編
機械用語辞典 B6 1016頁 定価 7140円

日本ロボット学会編
新版 ロボット工学ハンドブック B5 1154頁 定価33600円
—CD-ROM付—

日本生物工学会編
生物工学ハンドブック B5 866頁 定価29400円

編集委員会編
モード解析ハンドブック B5 488頁 定価14700円

日本エネルギー学会編
エネルギー便覧 —資源編— B5 334頁 定価 9450円

日本エネルギー学会編
エネルギー便覧 —プロセス編— B5 850頁 定価24150円

安全工学会編
新安全工学便覧 B5 1042頁 定価31500円

日本機械学会編
新版 気液二相流技術ハンドブック A5 604頁 定価10500円

日本塑性加工学会編
塑性加工便覧 —CD-ROM付— B5 1194頁 定価37800円

―― 定価は本体価格+税5％です。
定価は変更されることがありますのでご了承下さい。

技術英語・学術論文書き方関連書籍

マスターしておきたい 技術英語の基本
Richard Cowell・佘 錦華 共著
A5／190頁／定価2,520円／並製

本書は，従来の技術英語作文技法の成書とは違い，日本人が特に間違いやすい用語の使い方や構文，そして句読法の使い方を重要度の高い順に対比的に説明している。また理解度が確認できるように随所に練習問題を用意した。

科学英語の書き方とプレゼンテーション
日本機械学会 編／石田幸男 編著
A5／184頁／定価2,310円／並製

本書は情報化，国際化が進む現在，グローバルな技術競争の中で，研究者や技術者が科学英語を用いて行うプレゼンテーションや論文等の書類作成の方法を，基礎から実践まで具体的な例を用いてわかりやすく解説している。

いざ国際舞台へ！
理工系英語論文と口頭発表の実際
富山真知子・富山 健 共著
A5／176頁／定価2,310円／並製

ルールを知れば英語で研究論文を国際舞台に送り出してやることは，そう困難なことではない。本書は英語という言語文化にのっとった書き方，発表の仕方をまず紹介し，その具体的方法やスキル習得の方策を解説した。

知的な科学・技術文章の書き方
－実験リポート作成から学術論文構築まで－
中島利勝・塚本真也 共著　日本工学教育協会賞（著作賞）受賞
A5／244頁／定価1,995円／並製

理工系学生と若手の研究者・技術者を対象に，実験リポートと卒業論文のまとめ方，図表の描き方，プレゼンテーション原稿の作成法，校閲者への回答文の執筆要領，学術論文の構築手順などすべての科学・技術文章の書き方を知的に解説。

知的な科学・技術文章の徹底演習
塚本真也 著　工学教育賞（日本工学教育協会）受賞
A5／206頁／定価1,890円／並製

本書は「知的な科学・技術文章の書き方」に準拠した演習問題集である。実験リポート，卒業論文，学術論文，技術報告書を書くための文章と図表作成に関して徹底的に演習できる。文部科学省特色ＧＰ採択，日本工学教育協会賞を受賞。

定価は本体価格＋税5％です。
定価は変更されることがありますのでご了承下さい。

図書目録進呈◆

シリーズ　21世紀のエネルギー

(各巻A5判)

■(社)日本エネルギー学会編

			頁	定価
1.	**21世紀が危ない** ― 環境問題とエネルギー ―	小島紀徳著	144	**1785円**
2.	**エネルギーと国の役割** ― 地球温暖化時代の税制を考える ―	十川芳樹 市川　勉　共著 佐川直人	154	**1785円**
3.	**風と太陽と海** ― さわやかな自然エネルギー ―	牛山　泉他著	158	**1995円**
4.	**物質文明を超えて** ― 資源・環境革命の21世紀 ―	佐伯康治著	168	**2100円**
5.	**Cの科学と技術** ― 炭素材料の不思議 ―	白石・大谷 京谷・山田　共著	148	**1785円**
6.	**ごみゼロ社会は実現できるか**	行本正雄 西　哲生　共著 立田真文	142	**1785円**
7.	**太陽の恵みバイオマス** ― CO_2を出さないこれからのエネルギー ―	松村幸彦著	156	**1890円**

定価は本体価格+税5％です。
定価は変更されることがありますのでご了承下さい。

図書目録進呈◆

産業制御シリーズ

（各巻A5判）

- ■企画・編集委員長　木村英紀
- ■企画・編集幹事　新　誠一
- ■企画・編集委員　江木紀彦・黒崎泰充・高橋亮一・美多　勉

			頁	定価
1.	制御系設計理論とCADツール	木村・美多／新・葛谷 共著	172	2415円
2.	ロボットの制御	小島利夫 著	168	2415円
3.	紙パルプ産業における制御	神長・森／大倉・川村／佐々木・山下 共著	256	3465円
4.	航空・宇宙における制御	畑・剛／泉達司／川口淳一郎 共著	208	2835円
5.	情報システムにおける制御	大平・前井・力／涌井・洋伸二 編著	246	3360円
6.	住宅機器・生活環境の制御	鷲田・野中・翔一博 編著	248	3465円
7.	農業におけるシステム制御	橋本・村瀬／大下・森／鳥居・本 共著	200	2730円
8.	鉄鋼業における制御	高橋亮一 著	192	2730円
9.	化学産業における制御	伊藤利昭 編著	224	2940円
10.	エネルギー産業における制御	松村司郎／平山開一郎 共著	244	3675円
11.	構造物の振動制御	背戸一登 著	262	3885円

以下続刊

- 自動車の制御　大畠・山下 共著
- 船舶・鉄道車両の制御　寺田・高岡／井床・西／渡邊・黒崎 共著
- 環境・水処理産業における制御　黒崎・宮本／栗山・前田 共著
- 騒音のアクティブコントロール　秋下貞夫他著

定価は本体価格＋税5％です。
定価は変更されることがありますのでご了承下さい。

図書目録進呈◆

情報・技術経営シリーズ

(各巻A5判)

■企画世話人　薦田憲久・菅澤喜男

			頁	定価
1.	企業情報システム入門	薦田憲久／矢島敬士 共著	230	2940円
2.	製品・技術開発概論	菅澤喜男／国広誠 共著	168	2100円
3.	経営情報処理のための知識情報処理技術	辻洋／大川剛直 共著	176	2100円
4.	経営情報処理のためのオペレーションズリサーチ	栗原謙三／明石吉三 共著	200	2625円
5.	情報システム計画論	西村一則／坪根直／栗田毅学 共著	202	2625円
6.	コンピュータ科学入門	布広永示／菅澤喜男 共著	184	2100円
7.	高度知識化社会における情報管理	村山博／大貝晴俊 共著	198	2520円
8.	コンペティティブ テクニカル インテリジェンス	M.Coburn 著／菅澤喜男 訳	166	2100円
9.	ビジネスプロセスのモデリングと設計	小林隆 著	200	2625円
10.	ビジネス情報システム	薦田憲久／水野浩孝／赤津雅晴 共著	200	2625円
11.	経営視点で学ぶ グローバルSCM時代の在庫理論 —カップリングポイント在庫計画理論—	光國光七郎 著	200	2625円
12.	メディア・コミュニケーション論	矢島敬士 著	180	2205円
13.	ビジネスシステムのシミュレーション	薦田憲久／大川剛直／秋吉政徳／大場みち子 共著	188	2520円

定価は本体価格+税5%です。
定価は変更されることがありますのでご了承下さい。

図書目録進呈◆

リスク工学シリーズ

(各巻A5判)

■編集委員長　岡本栄司
■編集委員　　内山洋司・遠藤靖典・鈴木　勉・古川　宏・村尾　修

配本順			頁	定価
1.(1回)	**リスク工学との出会い** 伊藤　誠・掛谷英紀・岡島敬一・宮本定明 共著	遠藤　靖　典 村尾　　　修 編著	176	2310円
2.	**リスク工学概論** 内山洋司・糸井川栄一・稲垣敏之 岡本栄司・金野秀敏・宮本定明 共著	鈴木　　勉編著		
3.(2回)	**リスク工学の基礎** 村尾　修・岡本　健・掛谷英紀 岡島敬一・庄司　学・伊藤　誠 共著	遠藤　靖　典編著	176	2415円
4.	**リスク工学の視点とアプローチ** 佐藤美佳・片岸一起・羽田野祐子 梅本通孝・谷口綾子・亀山啓輔 共著	古川　　宏編著		
5.	**あいまいさの数理**	遠藤　靖　典著		
6.	**確率論的リスク解析の数理と方法**	金野　秀　敏著		
7.	**エネルギーシステムの社会リスク**	内山　洋　司 羽田野祐子 共著 岡島　敬　一		
8.	**情報セキュリティ**	岡本　栄　司 満保　雅　浩 共著		
9.	**都市のリスクとマネジメント** 鈴木　勉・村尾　修・梅本通孝・谷口綾子 共著	糸井川　栄　一編著		
10.	**建築・空間・災害**	村尾　　　修著		

定価は本体価格+税5％です。
定価は変更されることがありますのでご了承下さい。

図書目録進呈◆